江苏省"十四五"首批职业教育规划教材

2017-2-085

面向"十三五"
学前教育专业
规划教材

早教基础与实务

翁治清　　　主　编
杨　淼　张　俞　副主编

清華大学出版社

北　京

内 容 简 介

本书对早期教育进行系统介绍,使读者既掌握相关理论,更能以理论指导实践。本书内容从认识早教,了解早教的概念和意义开始着笔,逐步介绍古希腊的早期教育思想、近代早期教育思想、现代的蒙台梭利早期教育理论、瑞吉欧方案教学、班克街教育方案、冯德全"零岁方案"、皮亚杰儿童智力理论和感觉统合训练,充分了解早期教育理论之后,进入实践教学,通过技能实践,掌握婴幼儿保育知识,懂得如何组织和实施婴幼儿活动,从而能专业地对婴幼儿家长进行早期教育指导。力求做到理论与实践相结合、指导与评价相结合,对早期教育师资培育具有理论的引领性和实践的指导性,为提升早教师资教育能力,促进早教师资的全面发展提供有价值的理论支持和可借鉴的实践经验。本书还增加了拓展阅读资料,扫二维码即可阅读学习。

本书可作为早教师资专业学生教材,也可作为早教机构教师、教研员等的培训教材,还可供早期教育研究者参考使用。本书为"十三五"江苏省高等学校重点教材。

本书封面贴有清华大学出版社防伪标签,无标签者不得销售。

版权所有,侵权必究。举报:010-62782989,beiqinquan@tup.tsinghua.edu.cn。

图书在版编目(CIP)数据

早教基础与实务/翁治清主编. —北京:清华大学出版社,2019(2024.8重印)
(面向"十三五"学前教育专业规划教材)
ISBN 978-7-302-51871-6

Ⅰ.①早… Ⅱ.①翁… Ⅲ.①早期教育-教学研究-幼儿师范学校-教材 Ⅳ.①G612

中国版本图书馆 CIP 数据核字(2018)第 277898 号

责任编辑:张 弛
封面设计:于晓丽
责任校对:刘 静
责任印制:丛怀宇

出版发行:清华大学出版社
   网 址:https://www.tup.com.cn, https://www.wqxuetang.com
   地 址:北京清华大学学研大厦 A 座   邮 编:100084
   社 总 机:010-83470000   邮 购:010-62786544
   投稿与读者服务:010-62776969, c-service@tup.tsinghua.edu.cn
   质量反馈:010-62772015, zhiliang@tup.tsinghua.edu.cn
印 装 者:三河市少明印务有限公司
经 销:全国新华书店
开 本:185mm×260mm   印 张:14   字 数:318 千字
版 次:2019 年 1 月第 1 版   印 次:2024 年 8 月第 9 次印刷
定 价:49.00 元

产品编号:069868-01

前　言

　　早期教育(以下可简称早教)的重要性已经得到专家学者的肯定,并从脑科学、心理学、教育学的角度进行了众多的研究和探讨。对0~3岁婴幼儿进行早期教育也正在成为世界潮流。在我国,早期教育不仅被纳入学前教育体系,而且成为终身教育体系的开端。近几年,国内各种针对0~3岁婴幼儿的早期教育机构如雨后春笋般建立起来。一方面,许多幼儿园以"低成本,高质量"和"托幼一体化"为指导思想,开始普及和推广0~3岁早期教育;另一方面,许多私立早教机构开始面向0~3岁婴幼儿推广专业的早期教育。然而,某些"快餐式"的早期教育培训机构既不规范也不系统,师资严重匮乏甚至不具备教师资质,也缺少早期教育的专业理论,早期教育的质量堪忧。长期以来,我国学前教育被定义为"面向3~6岁儿童的教育"。高等师范院校学前教育专业、专科师范院校和中等师范学校学前教育专业的人才培养目标是为幼儿园培养师资。20世纪90年代以后,学术界对学前教育的概念有了新的共识,将年龄范围扩大到从出生到上小学前,但相应的师资培养却没有跟进,所用教材仍然是幼儿师资教材,而没有专门针对0~3岁的早期教育教材,导致早期教育在整个师资培养体系中处于十分薄弱的地位。

　　"早教基础与实务"是早期教育专业学生的必修课程,是成为一名合格早期教育工作者必须学习的基础课程。

　　西方许多教育理念中对早期教育的定义不同,有的认为0~3岁是早期教育,有的认为0~8岁是早期教育,我国普遍将0~3岁教育称为早期教育。本书希望学生对早期教育有一个系统的了解,既掌握相关理论,更能以理论指导实践。本书从走近早教,认识早教,了解早期教育的概念和意义开始,逐步介绍古希腊的早期教育思想、近代早期教育思想,到现代的蒙台梭利早期教育理论、瑞吉欧方案教学、班克街教育方案、冯德全"零岁方案"、皮亚杰儿童智力理论和感觉统合训练。充分了解早期教育理论之后,进入实践教学,通过技能实践,掌握婴幼儿保育知识,懂得如何组织和实施婴幼儿活动,从而能专业地对婴幼儿家长进行早期教育指导。本书力求做到理论与实践相结合、指导与评价相结合,对早期教育师资培育具有理论的引领性和实践的指导性,为提升早教师资的教育能力、促进早教师资的全面发展提供有价值的理论支持和可借鉴的实践经验。本书可作为早教师资专业学生教材,也可作为早教机构教师、教研员等的培训教材,还可供早期教育研究者参考使用。

　　为了更好地使学生掌握早期教育的理论知识和实际操作技能,本书基于工作过程,每一个模块分解为若干任务,每一个任务从具体案例导入,启发学生针对案例中的现象或出现的问题进行思考,寻找解决问题的方法或途径,再由此引入早期教育的相关理论,给出更多案例或创设情境,引导学生模拟场景,并用理论去分析和解决问题。每一个模块的结尾,均设有围绕该模块的同步实训和教学做一体化训练,并根据具体的评价标准对学生进行全面的评价和检测。本书尽量融入鲜活的案例(贴近生活现实的热点问题和社会现象),并涵盖了实践运用,教材结构脉络清晰,理论与实践相结合,保证学习者既能掌握早期教育的理论,又能掌握相关的专业技能。本书的具体特点如下所述。

(1)以职业活动过程为导向。遵循职业教育规律,以早期教育职业活动过程为导向来设计教材内容,建立起知识与职业工作之间的紧密联系,使职业工作"完整呈现"的同时,独立、离散的学科知识内容也得到有机串接,形成了理论教学与实践教学高度一体化的新型课程内容,实现了学科课程向工作活动导向课程的跨越。

(2)以职业工作任务为载体。根据职业分析成果,校准教材内容参照系,以高度概括的早期教育职业工作任务为载体来组织课程内容,形成以工作任务为中心、以实践操作为主线、以理论知识为背景的课程内容结构,实现了课程内容由学科结构向工作结构的转变。

(3)以职业活动内容为情境。职业教育课程生活化、情境化是职业教育技术的基本要求。为此,本书设计了一系列职业活动情境,将学生置于职场中,由传统意义上的"教师讲,学生听"的被动行为逐步向学生的主动探索行为(完成某项活动)转变。伴随着工作过程,可以完成"资讯、决策、计划、实施、检查、评价"的学习过程,同时在职业氛围中鲜活地实现了职业教育的育人功能。

(4)以职业技能证书为参照。由行业、企业技术专家组成课程开发小组,科学概括职业典型工作任务,根据职业成长规律,确立学习情境素材并参与教材设计,使学习目标具体、明确、系统,学习内容先进、取舍合理、结构清晰、层次分明。在方便学生职业技能养成的同时,也兼顾了学生获取相应职业资格证书的需要。

本书由常州纺织服装职业技术学院翁治清担任主编并进行全书的大纲制定和统稿工作。北京礼悟教育咨询有限公司总裁杨淼、常州纺织服装职业技术学院张俞担任副主编,其他参编人员有北京乐星球教育科技有限公司教育总监张丛林、山东齐鲁师范学院杨斌、常州纺织服装职业技术学院蒋晓莉和夏莹。各项目编写分工如下:模块一、五、八由翁治清编写,模块二、十由蒋晓莉编写,模块三、四、六由张俞编写,模块七由夏莹编写,模块九由张丛林编写,模块十一、十二由杨淼和杨斌编写。

本书在编写过程中,参考了许多同类教材和论文,并深受启迪,在此,对这些文献的作者表示诚挚的谢意。由于编者水平所限,虽然经过了全体编写成员的多次修订和改正,本书可能仍有疏漏和不当之处,希望能够得到读者的批评与指正,以便于我们不断地修订与完善。

编 者

2018 年 10 月

目　录

模块一
认识早教

学习目标

- 识记：早期教育。
- 领会：早期教育的概念（简答）。
- 理解：早期教育的意义、目的、原则和内容（论述）。
- 应用：早期教育的具体实施（案例分析）。

模块描述

本模块主要通过走近早教，认识什么是早期教育，早期教育有什么意义，早期教育的目标是什么，早期教育的原则是什么，以及早期教育的内容包括哪些。

任务解析

根据早期教育职业工作活动顺序和职业教育学习规律，"认识早教"模块可以分解为以下任务。

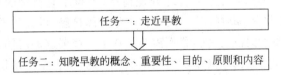

任务一：走近早教

任务二：知晓早教的概念、重要性、目的、原则和内容

任务一：走近早教

案例导入

小宝跟着妈妈去逛街，到了玩具店，小宝的眼睛大放光芒，不停地要这个，要那个，不买就撒泼打滚哭闹不止，小宝妈对她简直是束手无策，不知道应该怎么办。

案例思考

请问，如果你是小宝妈，你会怎么做？

孩子要买玩具，不满足就哭闹，怎么办？

每个妈妈都会遇到这样的尴尬：带着孩子逛街，只要一到玩具店，孩子就走不动了，要这个，要那个，不买就哭闹不止。此时，家长往往束手无策。面对这样的尴尬，家长们应该怎么做才能化解呢？让我们一起到早教中心去听听老师的建议。

Betty老师：第一步，家长要学会安抚孩子的情绪，鼓励孩子表达情绪。比如，妈妈可以牵起孩子的手，蹲下来，和他（她）保持眼神交流，说一些帮助他（她）表达情绪的话，"妈妈知道你很想买，你真的很喜欢这个玩具，这个玩具真的太好玩了"之类的话。第二步，待孩子情绪稍微稳定之后，再加以引导，可以找一些适龄的、孩子喜欢的解决方法，丢给孩子，让孩子选择。比如说他（她）特别喜欢金宝贝，问他（她）能不能去金宝贝上课，把这个活动带回家去做呢？第三步，解决问题，相信游戏的力量。对于孩子来说，游戏可以解决绝大多数问题，所以，让游戏来解决当下的难题，不要一直纠缠。妈妈应该高兴地带着孩子直接回家玩游戏去。

如果家长处理不当，会有什么影响呢？

Iverson老师：如果妈妈拉着孩子直接走掉，孩子会觉得"我的表达在妈妈那里是行不通的"，久而久之，孩子对妈妈的安全感及信任度都会大打折扣。

所以，认同孩子，认同他们的表达，这一点非常重要。

当家长们以后遇到类似的情况时，请记住：首先处理情绪，当孩子有情绪的时候，走过去，蹲下来，和孩子保持同一个水平，牵着孩子的手，有一些身体接触，以此传递对孩子的爱。多数时候，家长不太愿意孩子哭泣，其实，我们需要给孩子一些哭泣的时间，甚至鼓励他（她）去哭泣，因为哭泣是释放情绪的重要手段。其次处理问题，待孩子情绪稍微稳定之后，我们就找到了和孩子交流的机会，但是需要采取贴近孩子生活的解决方法，以便帮助孩子走出情绪，让孩子学会控制情绪，让孩子学会解决问题。

早教机构的教师帮助家长解决了问题，帮助孩子走出情绪，让孩子学会控制情绪，让孩子学会解决问题，这只是早教作用很小的一个方面，我们参观的这个机构也只是众多机构中的一个。

由于早期教育的重要性已经得到专家学者的肯定，并从脑科学、心理学、教育学的角度进行了众多的研究和探讨。0～3岁婴幼儿早期教育也正在成为世界潮流，在我国不仅将被纳入学前教育体系，而且成为终身教育体系的开端。目前除了一些直辖市和发达地区有官方的早期教育机构外,其他都为商业早教机构。一方面,许多幼儿园以"低成本,高质量"和"托幼一体化"为指导思想,开始普及和推广0～3岁早期教育;另一方面,许多私立早教机构开始面向0～3岁婴幼儿推广专业的早期教育。同时国外的知名品牌也开始进入中国市场。目前全国早教市场最活跃的是上海、北京、广州、深圳四个城市,早教机构类型分别为英语类早教机构(占48.6%),启蒙类早教机构(占23.5%),思维类早教机构(占21.8%),其他则为运动类、益智类、音乐类早教机构。国内主要运营的早教机构介绍请扫描本书最后的二维码学习。

接下来,让我们走近早教,去了解一下早教机构是怎么开展早教活动的,这些活动能起到什么作用。

在某早教机构的一间活动室里,几个年轻的爸爸妈妈带着刚出生不久的宝宝正在参与早教活动。

步骤一:教师把宝宝放在地上趴着,然后教师一边唱着儿歌,一边在宝宝的前方移动手电筒(见图1-1)。

步骤二:教师让宝宝躺着,并在宝宝头部的两侧拍打手抓球(见图1-2)。

图 1-1

图 1-2

步骤三:教师用软软的小刷子,在宝宝的手心、手臂或脸部刷过(见图1-3)。

步骤四:教师指导家长把宝宝放在毯子上,让家长轻轻地把毯子的四个角拉紧提起并左右摆动(见图1-4)。

图 1-3

图 1-4

通过和教师交流,原来这些简单的动作是该早教机构的育乐课程,对0～6个月的婴儿成长具有重要的意义。

新生儿来到的世界,与之前居住的子宫完全不同。它黑暗与明亮交替,时而安静,时而充满各种声音。因此,生命中的第一个半年需要完成的最重要的目标就是来适应这个新的世界。通过丰富的感官体验父母的关爱,感觉安全,对外界产生好奇,完成对世界的第一步学习和对父母的信任。这个阶段的孩子,可以被称作"小小观察者"。

教师或家长用手电筒游戏来刺激宝宝的视觉技能,帮助宝宝发展视觉跟踪技能,即双眼跟随物体的能力,这对学习和了解不同事物非常重要。观察移动的光点,也有助于宝宝的视觉对焦和提高分辨能力,以及通过视觉来区别事物的能力。

球是孩子最喜欢的玩具。当宝宝耳朵旁边听到手抓球拍打出来的声音时,宝宝很快就会定位,并开始会把头和身体转向球的方向。除了让宝宝感受到声源,还让宝宝尝试锻炼颈部肌肉的力量。

探索各种触觉物品,让家长了解到宝宝是如何接受各种不同的刺激和反应,并有助于家长创造一些游戏体验,去迎合宝宝个人的需求,了解宝宝如何向家长表示对这个活动是否感兴趣,宝宝能否够到并抓着这个有形的物体,是否显示对某个物品的偏爱,是否会将注意力集中在某个物品上。挪动宝宝的双腿和手,双眼追随物体的移动,或者,当宝宝感到物品在肌肤上时,他是否会转开。

把宝宝放在毯子上,家长轻轻地把毯子四个角拉紧提起,让宝宝整个身体充分感受到飞毯带来的平衡体验。

任务二:知晓早教的概念、重要性、目的、原则和内容

✎ 案例导入

卡路·维蒂出生于 200 年前德国一个叫洛休的乡村。他的父亲是一位极具创见性的牧师,他坚信:"一个平凡的孩子,只要从婴儿阶段开始得到合适的教育,他就一定会成为一个不平凡的人。"教会里所有的人都认为,他父亲的教育论过于偏激,和当时的一般教育论,即"才能全部来自遗传"的观点格格不入。因此,大家都异口同声地表示反对。面对这种情况,他父亲毫不示弱,并向众人宣布:"我别无选择,只有拿出证据才能向大家说明一切。如果神把孩子赐给我,我就一定要让大家看到,我是如何将一个普普通通的孩子培养成天才的。这是我心中酝酿已久的计划。"计划的实施,使他成为惊世骇俗的人物。

▨ 案例思考

卡路·维蒂父亲的教育理念是什么?正确的教育理念对孩子的成长具有什么样的影响?

美国芝加哥大学的著名心理学家布鲁姆,根据对近千名儿童多年的观察研究后认为,如果把 17 岁青少年所测得的普通智力水平作为 100%,那么,大约 50% 的智力发展是在出生到 4 岁内完成的,30% 是在 4～8 岁完成的,大约 20% 是在 8～17 岁完成的。也就是说,在一个需要终身学习的社会里,一个人学习能力的 80% 是在 7～8 岁前获得的。可

见,婴幼儿早期教育是终身教育的起始阶段,婴幼儿早期教育为婴幼儿的近期和终身发展奠定了良好的素质基础。

正确认识早期教育的概念、意义、目的、原则和内容,是现代家长和从事早期教育的教育工作者必须了解并掌握的。

一、早期教育的基本概念

早教是什么?有的家长认为是提前给孩子上课,有的家长认为是让孩子变聪明,有的家长认为是让孩子赢在起跑线上。这些答案都没有错,但也都只是片面的观点。儿童早期教育的着重点并不单是在"教育"上,还有孩子成长环境的塑造。

广义早期教育是指从人出生到6岁入小学以前阶段的教育,即对0~6岁儿童进行的以促进其身心和谐发展为目的的教育。狭义早期教育主要是指0~3岁幼儿阶段的早期学习。一些国家出现提前开始学习读、写、算,提前开始正式教育的探讨和实验。但另有人主张早期教育应重在发展智力。还有人认为早期教育应向前延伸到出生以前的母亲怀孕期的胎教。家庭教育对早期教育有重大影响。

准确地说,早期教育是指孩子在0~6岁阶段,根据孩子生理和心理发展的特点以及敏感期的发展特点,进行有针对性的指导和培养,为孩子多元智能和健康人格的培养打下良好的基础,侧重开发儿童的潜能,促进儿童在语言、智力、艺术、情感、人格和社会性等方面的全面发展。

二、早期教育的意义和目的

(一)早期教育的意义

当今世界,由于科学技术迅速发展,许多国家都十分重视科技人才的培养,婴幼儿的早期教育问题也受到了越来越多的重视,并从多方面进行了研究。但是,由于传统思想的影响,很多人认为一岁以内的婴儿和两三岁的孩子年龄小,不懂事,只要照料他们吃饱、穿暖、睡好、身体长好就行了,对于孩子的动作、语言、智力、情感等方面的发展都漠不关心,有的人甚至认为早期教育会损伤孩子的脑筋,有害孩子的身心发育。很多父母对婴幼儿的早期教育既缺乏正确的认识,也没有引起必要的重视。

有的妈妈每次都在宝宝睡觉前哼唱催眠曲,时间一长,宝宝一听到这首催眠曲,就知道应该睡觉了,形成了睡眠的条件反射。又如,宝宝在母体宫内孕育时,一直听着妈妈的心跳。出生后,有时宝宝哭闹不安,只要一靠在妈妈身边,听到妈妈的心跳,就会停止哭闹。这些都说明宝宝具有内在的能力,具有记忆和吸取各种信息的能力。可是,父母往往都没有意识到这一点,错误地认为小孩的教育是从上幼儿园开始,由教师们去教育,父母的主要任务是照料宝宝生活,这是十分可惜的。如果这样,会给孩子造成无法挽回的损失。

著名生理学家巴甫洛夫有句名言:"婴儿降生第三天开始教育就迟了两天。"这就是说教育应及早开始,越早越好,从宝宝出生那一刻起,爸爸妈妈就要想到宝宝的教育,正常的孩子,只要出生后教育得法,都能培养成为非常优秀的孩子。

根据生理学家和心理学家的研究,人类的脑细胞在出生时就超过了 1000 亿个,而且这个数目在出生时为最高值,终其一生不会增加,这是一笔巨大财富。人的大脑在婴儿出生以后第 5~10 个月发育最快,到第 2 年年末,就基本完成了它的生长过程。在生命的前 4 年里,如果没有足以促使大脑发育的营养,特别是没有足够促使智力迅速发展的外界环境的刺激,将会使幼儿的智力发展受到抑制。例如,一个与人隔绝的婴儿,长大了很可能是个白痴。又如中国科技大学破格录取的少年大学生,如果不是生长在一个重视儿童早期教育的家庭里,如果没有机会从小就接触到那么多关心儿童又能传授给他各种知识的亲友和师长,就不会有今天这样的智力。音乐学院录取的一些少年儿童,如果他们从小没有接触钢琴、小提琴的机会,他们要达到现在的造诣也是不可能的。所以,一个缺乏早期教育,或教育方法不当的婴儿,他一生智力的发展将会受到严重的影响。遗憾的是,人的一生中有 90% 以上的脑细胞处于冬眠状态,未能开发出来。经过科学研究表明,人的行为个性由大脑来控制。幼儿时期的孩子大脑发育不完善,属于一个相对动态的阶段,孩子的所看、所听、所感都会在很大程度上形成孩子的情绪性格等。

这一事实告诉我们,人脑存在着巨大的开发潜力,而婴儿时期则是发展这种潜力的关键时期。婴儿脑细胞功能恰似一张白纸,要有外界足够的听、视、触觉等感官的刺激,才会渐渐发达,刺激得越多,发达得也越快。宝宝从出生那一刻开始,就开始感受着周围的一切事物,像一块海绵不断地吸取各种信息,不断地充实自己的大脑,不断地建立各种条件反射,其求知欲之大,接受能力之强,学习效果之惊人,也是我们想象不到的。但是,这种快速发展的时间并不会持续一生,它只存在于出生后短短的几年中,其中又以 0~3 岁为最佳阶段。

人类的智力和性格,从出生到 3 岁,就已经完成了 60%,而且这 3 年具有天才般的吸收能力。1 岁半左右的儿童,平均每天用 15 分钟的时间就可以学习 2~3 个汉字。又如在托儿所中,1 岁半至 2 岁的儿童,在保教人员的辅导和启发下,有的儿童可以学会 1~10 个阿拉伯数字和汉字,有的儿童可以利用手指头做 10 以内的加减法。有的儿童还能复述 250 多个字的小故事。2 岁多的儿童能够随着音乐的节奏动作,3 岁的儿童能够随着音乐的节拍打击小乐器。如果坚持学到 4~5 岁,就可以认识 2000~3000 个汉字,到了 6 岁,脑细胞的组织完成了 80%,基本上就可以阅读一些书报了。但这一时期必须以游戏化的学习方式教导,在音乐、语言、文字或者绘画方面,才会有明显的进步。到 8 岁时,脑部的发育达到了 90%。也就是说儿童入学时,智力发展的水平大致上就已经接近成人水平了。以上这些事例说明,婴幼儿具有惊人的学习能力。

大脑神经系统的构建方式主要受环境的影响,早期教育就是为孩子打造这样一个环境,充分刺激孩子的听觉、视觉、嗅觉、感知等,培养孩子的兴趣,激发出求知欲。父母自然是孩子的第一榜样,但也并不是家长说什么孩子就会依着做,所以需要科学的教育方式来正确地引导孩子。

早期教育会根据孩子的特点创造环境,不断地激发孩子的想象力和创造力。早期教育会注重于游戏教学,让孩子感受课堂的氛围,培养孩子的学习兴趣。0~6 岁是孩子早期教育的最佳时期,让孩子对听说读写有一定的概念,从而达到智力开发的目的。以听觉举例,在婴儿时期,家长对孩子进行一些听觉刺激,例如一些乐曲、歌声、笑声等,就会对孩子的听力功能有很大帮助。很多家长不知道孩子在 4 个月时就具备认知能力,如果很好地开发将会激发孩子的潜质,进而还可以促进孩子的语言发育。

科学研究表明,人的大脑发育与年龄的增长成反比趋势。可见,幼儿时期是进行教育的最佳时机。很多家长认为孩子进入学校以后会自己开始学的,孩子的确会在学校中学习,但那时往往会出现问题。因为学校的严格管理,教学内容繁多,孩子不能快速适应,缺乏正确的学习习惯,从而会渐渐地丧失学习的积极性。让孩子进行早期教育,可以让孩子提前形成学习的意识,从而逐渐养成良好的学习态度和习惯。孩子的年龄越小,培养越容易,效果越好;年龄越大,培养越费力,效果也就越差。

由此可见,早期教育不仅十分必要,而且也是完全可能的。家庭和托儿所应该积极创造条件,从各方面挖掘婴幼儿的学习潜力,抓好早期教育,为早出人才、出好人才作出贡献。

(二)早期教育的目的

早期教育是为了让孩子能多数几个数字?多写几个汉字?会几句外语?弹几首钢琴曲?是为了培养孩子的潜力?想造就一个神童来发展孩子更好的未来?还是为了圆我们以前没有继续的所谓成功的路?显然早期教育不是这样简单。

世界著名的成功学家拿破仑·希尔在他的《成功学全书》中说道:教育就是让人去思维,思考能拯救一个人的命运。而教育家罗素则说:教育是要儿童过快乐的生活。可见,对婴儿实施教育的时候,启发他们怎样去思维及让他们如何在思维的过程中体会到学习带给他们的快乐,是尤为重要的两点因素。

在高度信息化的知识海洋中,有关婴幼儿教育启智的儿童脑思维开发、儿童脑思维拓展、儿童脑训练等已逐渐为人们所认识,但人们的了解还不够深入。众所周知,人的大脑分为左右两个半球,左脑偏向于用语言、逻辑进行思考,属于抽象性、学术性的脑。而右脑则是以图像、心像进行思考,属于艺术性、创意性的脑。

孩子从出生起,就会借着听觉、视觉、味觉、触觉等感官来熟悉环境,了解事物。对于忙忙碌碌的家长常常忽略的周边环境中的细小事物,但孩子却常常能捕捉其中奥秘。

美国芝加哥大学著名心理学家布鲁姆于 1964 年出版了《人类特性的稳定与变化》一书,提出了著名的智力发展的假设:5 岁前是儿童智力发展最迅速的时期。同时,人的智力或心理是遗传与环境交互作用的结果。有研究表明:儿童的潜在能力遵循着一种递减规律,即儿童出生后越早进行理想的教育,越能够充分开发儿童潜能。然而,也有家长担忧过早对儿童实施教育,反而不利于他们长远发展。其实,早期丰富的环境刺激与学习机会不但不会伤害反而会促进大脑的发育。

早期教育就是通过科学实施平台——训练色彩图片、思维启迪音乐、操作模板、思维拓展操、趣味游戏及教师的爱心,加上左右脑平衡训练、听觉训练、视觉观察训练、具体操作训练、肢体训练来有效开发婴幼儿的左右脑,促进大脑的发育,提高他们在语言、创造、思考、学习、解决五方面的能力。早期教育通过拉近教师、家长与孩子之间的心灵距离,巧妙地利用儿童自身的成长要求,在游戏性、趣味性的学习过程中,调动孩子们的主观能动性,培养他们对自己所感兴趣的特定事物产生尝试或学习的热情,引导他们发挥自己天生的感悟力、想象力、创造力,去解决遇到的问题。把握时机,鼓励孩子对自己在某方面的天赋保持热情,帮助家长发现自己孩子身上的亮点。

三、早期教育的原则

对婴幼儿实施早期教育,开发各项潜能,不能盲目而行,必须遵循一定的原则。

1. 兴趣第一的原则

俗话说:"兴趣是最好的老师。"对孩子而言,学和玩是统一的,有益的玩就是学,有趣的学就是玩。因而,教师和家长应该顺应婴幼儿的心理特点,在"玩"字上下功夫,把知识融入游戏中,让孩子在玩中学,在学中玩,求知就变成了一种乐趣和心理需要。例如,教师和家长可以让孩子通过混合红、黄、蓝三种颜料的游戏,知道三原色两两混合后会产生哪种新的颜色。早期教育的关键就是培养兴趣和学习品质,是吸引而不是灌输,没有兴趣的硬性灌输很可能会造成幼儿心理上的厌学,一旦孩子在幼儿时期产生厌学情绪,这对其长远发展是极为不利的。

2. 因材施教的原则

不同年龄段的孩子的发展水平固然不同,但同一年龄段的不同的孩子,由于遗传基因、家庭教养方式、所处社会环境及个人努力程度不同,其性格、兴趣爱好和身心发展水平均有不同。因此,成人要根据每个孩子的个性特征实施个性化的教育。教育是一种"种植活动",而非"工厂生产",目的是促进每个孩子在原有基础上个性化的发展,而不是把所有孩子都培养成为一模一样的"产品"。

3. 学科渗透的原则

婴幼儿的早期教育并没有严格的学科划分,也不必有学科划分。陈鹤琴先生提倡的"整个教学法"揭示了早期教育应该是综合教育、整合教育或者渗透式的教育,各学科应该相互融合、相互渗透,共同促进婴幼儿各方面的发展。例如,美工活动中不仅能够提升孩子的审美能力、创造能力,而且可以锻炼孩子手部小肌肉动作的发展,还可以在活动过程中通过分工合作促进孩子社会性的发展。

4. 生活课堂原则

生活是一个大课堂,孩子从出生起就存在于这个大课堂中,耳濡目染地接收着外界的各种信息和影响。陶行知先生也曾说:"幼儿教育应该渗透于孩子的一日生活各项活动之中"。因而,成人要敏锐地发现并抓住生活中的点点滴滴,使之成为教育契机。例如,家长与孩子在户外活动时,如果孩子发现了蚂蚁并表现出对蚂蚁的兴趣,家长就可以抓住这个契机和孩子一起进行探索,包括蚂蚁的生活习性、外形特征,等等。

5. 赏识鼓励的原则

婴幼儿由于身体、心理各方面尚未发育完全,所以他们是脆弱的,需要成人的用心呵护,无论是身体方面,还是心理方面。因此,冯德全先生在《零岁方案》一书中提出要养育好孩子的两个生命,即心理生命和生理生命。当孩子在原有基础上取得些许进步时,成人不应吝啬自己的赏识;当孩子遇到一些小挫折时,成人也不要吝啬自己的鼓励,可以运用语言或肢体语言等方式表达对于孩子的赞赏,使孩子体会到成功感和成就感,从而更有自信地向前发展。例如当孩子摔倒的时候我们说:"勇敢点,爬起来!"当孩子胆小的时候我们说:"不要怕,你能行!"当孩子失败的时候我们说:"没关系,再来一次!"

6. 性格首位的原则

一个人要想取得成功,在很大程度上取决于他(她)优良的性格,因为世上没有一帆风顺的事业,也没有唾手可得的成就,没有优良的性格就像小鸟缺少一扇羽翼,飞不高也飞不远,不可能达到成功的彼岸。所以在智力开发的同时,不能忽视非智力因素的培养,不能只进行一半的教育。俗话说:"习惯成自然。"播下行为的种子,就收获习惯;播下习惯的种子,就收获性格;播下性格的种子,就收获命运!

给孩子良好的性格,聪明的大脑是孩子一生用之不尽的财富。

四、早期教育的内容

"小荷才露尖尖角,早有蜻蜓立上头。"——早期教育的重要性日益被爸妈所接受,而了解它所涉及的内容更是爸妈应该关注的。

早期教育是指在宝宝生命的初始阶段(通常指0～6岁),利用大脑半球急剧增长、分化的有利时机,挖掘潜能,使之早慧,同时形成良好的习惯和性格。归纳来说,早期教育有15个区域,这15个方面都要涉及,但不是平均进行,而是通过行之有效的方式,同时培养宝宝的智力和非智力因素。

1. 训练感觉器官

视觉:新生儿所在的房间要宽敞明亮,视力所及处要有鲜艳的物品。

听觉:不要避开人的声音,而且要有音乐存在。

嗅觉:让宝宝闻各种各样的气味。

味觉:让宝宝品尝酸甜苦辣的滋味。

触觉:经常抱宝宝,并有意识地用软、硬等不同材质的东西触碰宝宝,让他(她)能够有所感受。

2. 发展交往能力

这是宝宝心理健康的重要标志,也是宝宝进入社会的开始。

爸妈要有意识、有目的、有计划地让宝宝接触同龄宝宝和成人,鼓励他(她)在大庭广众之下落落大方、行事礼貌;并给宝宝创造机会,比如鼓励宝宝正确称呼客人,给客人倒茶,带宝宝串门等。这样不仅培养了宝宝的语言能力,提高了自信心,而且为其正常的人际交往打下了基础。

3. 培养观察提问的能力

教宝宝学会看世界。从衣食住行、花草树木、砖瓦泥石等日常所见来培养宝宝的观察能力,并能够即时地对宝宝的提问做出回应。比如宝宝指天上的星星,爸妈就要立刻告诉他"星星"这一概念,将物与概念对应起来。等宝宝再大些,观察的事物多了,就要引导他

进行思考提问,刺激他认识世界的强烈欲求。

4. 进行体能训练

平时多带宝宝进行运动,有条件的家庭从宝宝一出生就应该开始注意这方面的训练,比如新生儿期开始学游泳、1岁半左右学滑冰等。根据对中美两国儿童的调查,在身体运动、发展体力方面,中国儿童稍有不足。爸妈要提高宝宝的体能训练,让宝宝在拥有健壮体格的同时,还可培养大胆勇敢等品格。

5. 训练劳动制作

从猿到人的标志是:开始用手使用和制作工具。人的个体成长也是需要劳动和制作的,但是现在的独生子女的动手能力却很差,其原因在于爸妈的溺爱剥夺了宝宝的动手权力。所以爸妈要鼓励宝宝培养自我服务的能力,将宝宝力所能及的动手权力还给宝宝,让他在做纸工、玩玩具中体会创造的快乐。

6. 培养口语能力

语言是思维的工具,巴甫洛夫将语言称为"人类独有的第二信号系统"。在早期教育中,要增加语言的信息量,将足够的语言信息输入宝宝的大脑;要用规范化语言,比如每天花20分钟给宝宝朗诵美文。此外,若要学习外语,就让宝宝及早接触。

7. 学会音乐舞蹈

这是美育教育的范畴。爸妈与宝宝一起欣赏优美的音乐、给宝宝唱儿歌、打节拍,让宝宝在音乐中感受美,提高审美能力,而且爸妈会发现,音乐令宝宝的表情、动作、容貌等透出优雅的气质。进而从美育切入,让宝宝接触真和善。

8. 学习绘画造型

这也是美育的范畴,对刺激宝宝右脑发育,增强想象力、形象思维力,提高美的鉴赏力有极大的作用。爸妈可带宝宝参观摄影展、雕塑展,并对各种工艺品、绘画、艺术照片等进行品评;家里的摆设也要有美的讲究。人的精神生活不能强求,所以爸妈所要做的,就是感染熏陶宝宝,让他自觉地去学习、去追求。

9. 给宝宝很好的玩具观

玩具有好多类,如果是买的,爸妈不要买了之后直接丢给宝宝不管,也不要认为玩具是消磨时光的,爸妈要陪着宝宝一起玩;如果不买,也可发现不少不是玩具的玩具,比如吸铁石、闹钟、卷尺等;而最好的玩具则是爸妈和宝宝一起制作的玩具,比如做风筝、风车、灯笼等,宝宝会更有兴趣。

爸妈购买玩具时要考虑宝宝的年龄。

0~1岁:感知触摸玩具。色彩鲜艳、音质优美、便于抓握丢掷,但不要太小以免宝宝误吞。

1~2岁:可拖动玩具和可训练双手精细动作的玩具。

2~3岁:可激发想象力的玩具。如小餐具、积木、拆装玩具。

3~4岁:智力玩具。如七巧板、小算盘等。

10．参加亲子教育

参加社区的亲子活动,在集体生活中可锻炼宝宝的友爱协作、竞争等意识,形成良好的社会交往。

11．热爱大自然、走进大自然

大自然是婴幼儿的精神营养之源,是融智育、美育、体育于一体的大课堂,宝宝在这里可以学习种花草、分辨五谷杂粮、观气象、感受劳作等。

12．了解社会

带宝宝去工厂、农村、博物馆、名胜古迹等地方,接受人文教育,扩充见闻。见多识广的宝宝更聪明。

13．早期识字,提前阅读

爸妈可结合与宝宝生活有联系的事物,进行识字教学,寓识字于游戏中,制作各种专门的识字卡片等,并陪宝宝一起看绘本讲故事。

14．建立空间、时间、数的概念,培养高超的数学逻辑智能

爸妈可以在一日活动中,通过引导宝宝走、爬、跑,让其感知空间的远近、高低不同,培养宝宝的空间感;可以利用吃饭、睡觉、玩游戏等生活环节让宝宝体验时间概念;还可以通过数水果、分餐具等游戏让宝宝领会数的概念。

15．其他种种全方位活动

爸妈可因条件而异、因人而异地广泛开展丰富多彩的、积极健康的活动,如集邮、摄影、钓鱼、种花卉、养鱼虾等。这些活动既是学习,又是拉近亲子关系的重要途径。

同 步 实 训

早教专业体验实训

1．实训目的

(1)感性认识和了解早教行业的工作环境和流程。

(2)学习早教活动设计。

(3)学会运用理论知识进行实际操作的专业综合能力。

(4)培养整理和分析资料,并撰写体验实训报告的能力。

2．实训安排

(1)确定体验实训主题。

(2)制订体验实训方案。

(3)进行实地体验实训。

(4)撰写体验实训报告。

(5)总结报告演讲。

3. 资源（时间）

实训项目	实 训 内 容	时间安排
早教专业体验实训	确定体验实训主题：学生分好组后，共同确定实训主题	
	制订具体的体验实训方案：与校外实训中心负责人就本次体验实训共同制订具体的体验实训方案，具体安排由对方后期提供（网络和电话沟通完成）	
	进行实地体验实训：按照具体的实施方案完成与 KindyRoo 绍兴中心负责人就本次体验实训共同制订体验实训方案（外出完成）	
	撰写体验实训报告	
	学生做实训总结报告演讲，指导老师做点评并指出不足	

4. 评价标准

表 现 要 求	是否适用	已达要求	未达要求
小组活动中，外在表现（参与度、讨论发言积极程度）			
小组活动中，对概念的认识与把握的准确程度			
小组活动中，角色扮演的精准度			
小组活动中，文案制作的完整与适用程度			

知 识 结 构

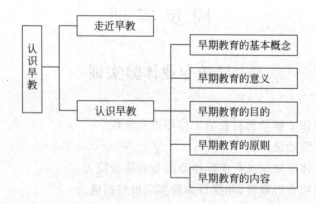

教学做一体化训练

一、重点名词

早期教育　早期教育机构

二、课后讨论

如何说服家长接受早期教育的理念并主动对孩子实施早期教育？

三、课后自测

1. 早期教育的意义是什么？

2. 早期教育的原则是什么？

3. 早期教育的目的是什么？

4. 早期教育的内容是什么？

课 后 推 荐

图书：

1. 黄人颂. 学前教育学[M]. 北京：人民教育出版社,1989.

2. 黄人颂. 学前教育学参考资料[M]. 北京：人民教育出版社,1991.

3. 卢乐山. 学前教育学原理[M]. 北京：北京师范大学出版社,1991.

4. 唐淑,钟昭华. 中国学前教育史[M]. 北京：人民教育出版社,1993.

5. 陈帼眉. 学前教育新论[M]. 北京：北京师范大学出版社,1996.

6. 郑慧英. 幼儿教育学[M]. 福州：福建教育出版社,1996.

7. 杨汉麟,周采. 外国幼儿教育史[M]. 南宁：广西教育出版社,1998.

8. 唐淑. 学前教育思想史[M]. 北京：人民教育出版社,2010.

期刊：

1. 侯莉敏. 百年中国幼教事业的变化及发展[J]. 幼儿教育,2004(2).

2. 侯莉敏. 不同学科视野中的儿童研究及其对早期教育的启示[J]. 教育导刊,2006(4).

3. 侯莉敏. 理论的引入与我国学前教育的变革与发展[J]. 幼儿教育,2010(7).

4. 王春燕. 学前教育价值取向的百年追思与启示[J]. 学前教育研究,2011(9).

5. 张利洪,李静. 学前教育学的研究对象[J]. 学前教育研究,2011(9).

网站：

1. 中国学前教育网：http://web.preschool.net.cn/.

2. 中国学前教育研究会：http://www.cnsece.com/.

3. 中国早教论坛：官方微信。

4. 杨森亲子汇：微信公众号。

模块二
古希腊的早期教育思想

学习目标

- 识记：城邦、斯巴达。
- 领会：斯巴达早期教育发展的时代背景；雅典早期教育发展的时代背景。
- 理解：斯巴达教育的目的、行政主管机构，斯巴达教育的内容、特点、局限性；雅典教育的目的、行政主管机构，雅典教育的内容、特点、局限性。
- 应用：1. 能够清楚地说明斯巴达教育和雅典教育的异同；
       2. 能够借鉴斯巴达教育和雅典教育，对当前中国早期教育的发展提出自己的见解。

模块描述

本模块主要介绍古希腊早期教育思想，特别是斯巴达和雅典的早期教育思想，掌握其教育内容和教育方法，正确评价其利弊，并结合当前中国社会现状和教育需求，特别是早期教育的需求，去芜存菁，加以甄别和借鉴。

任务解析

根据古希腊的早期教育思想的分类，"古希腊的早期教育思想"模块可以分解为以下任务。

任务一：浅析斯巴达的早期教育思想

↓

任务二：浅析雅典的早期教育思想

0～3岁婴幼儿的早期教育,伴随着人类的繁衍和发展,在古今中外都备受重视。在原始社会,由于生产力水平低下,人类只能通过群居方式生存,且婴幼儿作为氏族部落生存、繁衍的希望,被当作氏族部落的公共财产,因此,婴幼儿由氏族部落的成年妇女和老人实行"公养公育",主要学习生活、劳动的一些经验。进入奴隶社会和封建社会以后,随着社会生产水平的提高、剩余价值的出现,逐渐出现了贫富分化和阶级,婴幼儿的教育由"公养公育"逐渐转化为在家庭中进行喂养、看护和教育。在古代文明发达的地区,如古代中国、古希腊都在实践中探索如何对婴幼儿进行早期教育,并形成了各自的教育方法和独特风格。

古希腊是西方文明的发源地之一,西方文化受到了古希腊文化的深远影响,西方教育也受惠于古希腊的教育思想、理论和实践。美国教育史家克柏利认为,古希腊教育是奠定欧洲教育发展的四大支柱之一,且是最早树立的支柱。

斯巴达和雅典是最能代表古希腊文化精髓的两个城邦,它们不仅淋漓尽致地体现了古希腊文化,而且也反映了古希腊的教育状况,并且是截然不同的两种教育方式。

任务一：浅析斯巴达的早期教育思想

📝 案例导入

近年来,"虎妈"蔡美儿和"狼爸"萧百佑在教育界刮起了一股旋风。无论是虎妈还是狼爸,在教育子女方面都取得了"赫赫战绩":虎妈的大女儿14岁就在卡耐基音乐大厅弹奏钢琴,小女儿12岁就成为耶鲁青年管弦乐团首席小提琴手,狼爸的四个孩子有三个都考进了北京大学……仔细了解虎妈、狼爸的教育思想和教育方式,可以发现,他们不约而同都奉行"传统的中国式"的教育理念,对子女采用了严格的几乎不近人情的教育方式:虎妈对孩子的管教是全方位无死角的,通过N条家规规定孩子不可以选择自己喜欢的课外活动,不可以经常看电视或玩电脑游戏,任何一门功课的成绩不能低于A,等等;狼爸家里常备藤条和鸡毛掸子,孩子犯错就要挨揍,狼爸也不准孩子看电视、上网、随意开空调……

▓ 案例思考

1. 虎妈、狼爸的教育方式让你联想到历史上的哪一个民族的教育?
2. 你怎么看待虎妈、狼爸的教育方式?

一、斯巴达早期教育发展的时代背景

公元前2000年初期,一支叫作阿卡亚人的希腊部落来到伯罗奔尼撒,逐渐建立了一些城市,当时各城市处于迈锡尼王国统治之下。公元前1100年左右,另一支叫作多利亚人的希腊部落入侵伯罗奔尼撒,毁灭了原有的迈锡尼政权,在公元前10—前9世纪建立了斯巴达城,居住在斯巴达城的多利亚人就被称为斯巴达人。

斯巴达人逐渐征服了拉哥尼亚地区,迫使被征服的原住民居住在斯巴达人的周围,并剥削他们,把他们称为皮里阿西人(意为周围地区的居民)。后来居住在南部沿海希洛斯城的被征服者不堪斯巴达人的压迫而发动了起义。斯巴达人将起义者镇压下去之后,将他们变为奴隶,称为希洛人。公元前 8 世纪中叶,由于斯巴达人本身社会分化加剧和人口增加,为了解决土地不足,斯巴达人一方面向外殖民,另一方面侵入美塞尼亚。最终,斯巴达人占领了整个美塞尼亚,把其居民也变成希洛人,把侵占的土地在斯巴达人与皮里阿西人之间分配,斯巴达人分得平原的土地,皮里阿西人分得山区的土地。希洛人被固定在土地上,从事艰苦的农业劳动,每年将一半以上的收获缴给奴隶主,自己过着半饥半饱、牛马不如的生活。并且由于斯巴达人经常对外发动战争,因此希洛人的军役负担十分沉重,例如,希波战争期间,斯巴达人一次就征发了 3.5 万希洛人随军出征,他们被迫去打头阵,用自己的生命去探明敌方的虚实,削减敌方的战斗力。希洛人作为所有斯巴达人的公共财产,个别斯巴达人无权买卖希洛人,但可以任意伤害希洛人。在节日里,斯巴达人常用烈酒灌醉希洛人,把他们拖到公共场所肆意侮辱。希洛人即使没有过错,每年也要被鞭笞一次,目的是要希洛人记住自己的奴隶身份。长期的压迫,终于使希洛人爆发了反抗压迫的起义,特别是公元前 685—前 668 年那场长达 20 多年的起义几乎席卷了斯巴达城邦,斯巴达人不得不把全国变成一座大军营,实行严格的公民军事训练制度。

斯巴达是一个奴隶主贵族专政的国家,它的社会分为三个等级。斯巴达人是城邦的全权公民,依靠剥削奴隶劳动而生活,其男性成年公民可以加入"平等者公社",这是一种军事性质的组织,是斯巴达的统治阶层。皮里阿西人在法律上是自由的,在本地有自治权,主要务农,也可以经营手工业和商业,拥有自己的土地和财产,但是没有斯巴达城邦的公民权。斯巴达人实行黑劳士制度,将希洛人变为斯巴达城邦国有的奴隶,希洛人没有自由和政治权利。

二、斯巴达早期教育发展的状况

1. 斯巴达教育的目的

任何教育都是为国家服务的,符合统治阶级的利益和要求的。为了牢固地维护斯巴达的国家权力和社会政治制度,斯巴达把教育作为它治国的最主要的工具。由于扩张领土、压迫奴隶、维护统治的需要,尚武精神成为斯巴达国家的灵魂,这也决定了其教育的目的是通过严酷的军事体制训练把贵族子弟训练成体格强壮的武士。

2. 斯巴达教育的机构

在斯巴达,教育是国家事业,完全由国家控制,国家设立教育机构,主要有军营式的教练所和"埃弗比",教育经费由国家承担,教育者由国家委派的官吏担任。儿童完全属于国家所有,必须服从国家安排。

3. 斯巴达的早期教育

斯巴达儿童一生下来,就要接受长老和父母的考验:斯巴达婴儿一出生,就要到长老那里接受检查,如果被长老认为不健康,则会被遗弃到荒郊野外的弃婴场;父母用烈酒为婴儿擦洗,如果他(她)抽风或失去知觉,就被认为体质不佳,被放任自流而死去。体检制度的目的是要保证种族在体质上的"优越性",培养体格强壮的战士。

男童7岁以前在家里接受父亲和母亲的训练,为其以后的军营生活打下基础。父母从小就注重培养他们坚韧、不挑食、不吵闹、勇敢、不怕孤独的品格和习惯,父母对儿童的家庭教育还必须受到国家的监督。男童7岁以后要进入国家创建的军营式教练所接受训练。

斯巴达的女童也要在国家的监督下接受军事和体育训练,如竞走、掷铁饼、投标枪、格斗等。这些训练除了使女子在男子出征时可以保卫城邦,而且也为结婚后生育健康强壮的孩子做准备。因此,斯巴达的妇女一般性格坚毅,具有较高的社会地位。

4. 斯巴达的教育内容

斯巴达的教育内容以军事训练和体育锻炼为主,包括忍耐劳苦,忍受鞭笞,跑步、掷标枪等体育锻炼。儿童一进入教练所,就被编入严格的军事组织,过着极艰苦的生活。管理者甚至故意让儿童忍饥挨饿,鼓励他们去偷公共食堂的食物,以不被抓到为荣。一旦被抓住,便要遭到毒打和挨饿的惩罚,因为这表明了被抓儿童的动作不灵活,通过这种残酷的方法训练儿童的勇敢、机敏的品质。鞭笞也是教育手段之一,在日常生活中,违犯纪律的儿童要接受“执鞭者”的鞭笞,即使什么错都没犯,在每年节日敬神时,儿童都要被鞭笞一次,不许求饶、不许喊叫。在18岁时,少数身心经过严格考验的青少年再进入高一级的青年军事训练团,在团里经过两年的正规军事训练后就进入实战训练,到30岁时通过考核,才能获得“公民”称号。

斯巴达对文化教育较为轻视,青少年只要会写命令和便条就可以了,并且青少年从小就被要求语言要简洁明了、直截了当。

斯巴达的教育内容都是服务于培养坚强勇敢、严守纪律的士兵这一最终目标的,为此斯巴达教育非常重视道德教育,它贯穿于教育的全过程,和军事教育居于同等地位。斯巴达道德教育的核心是对国家的绝对忠诚和服从,并通过音乐的熏陶、背诵歌颂英雄的诗歌等途径得以实现。

此外,斯巴达人从小被灌输斯巴达人高贵、希洛人劣等的观点,在他们的教育中有“秘密行动”这一项,所谓的“秘密行动”就是以希洛人为“狩猎”对象的残忍杀戮。

5. 斯巴达的师资队伍

由于受到封闭的地理位置和自给自足的小农经济的影响,斯巴达人思想保守,既没有机会也没有意识向国外的教育同行学习。斯巴达的教育机构成员均为斯巴达奴隶主阶级的成员,严禁其他人员的加入和参与,这就造成了斯巴达教育的闭塞。

6. 斯巴达教育的特点

斯巴达是一个尚武的国家,一切活动包括教育都是围绕军事进行的。斯巴达教育的内容、教育的方式都充分证明了这一点。

斯巴达的儿童被认为是国家的财产,其教育由国家负责,这和原始社会的“公养公育”如出一辙。在教育方式上,斯巴达儿童终年赤脚走路、只穿一件衣服、忍饥挨饿,并接受屠杀希洛人的“秘密行动”,这种原始、残忍的教育方式是源于斯巴达人希望将祖先的精神继承并发扬下去,以此来激发斯巴达人身上的原始性。

相比同时代以及古代的大多数奴隶制国家,斯巴达女子的地位较高,在教育上的表现就是斯巴达的女童接受教育,不仅和男童一样参加体育锻炼,如掷标枪、跑步等,还可以参加体育比赛,甚至可以在专设的女子学校学习诗歌、音乐、舞蹈等课程。

7. 斯巴达教育的弊端

斯巴达的军事教育制度使斯巴达人几乎一生都在军营中度过(斯巴达男人要在 60 岁时才能退伍,但仍是预备军人),斯巴达社会这种重武轻文的教育方式,忽视了对孩子智力方面的教育,造成对知识文化的轻视,以致斯巴达在文化上没有为人类留下任何值得一提的遗产,斯巴达没有留下一座辉煌的建筑遗迹,没有创造出一个传世的艺术品,没有出过一个著名的作家和艺术家,也没有出过一个不朽的哲学家。这种单一的军事教育严重阻碍了斯巴达迈向文明的脚步,被同时代的雅典远远地甩在了身后。

斯巴达整个国家就像一座大军营,公民被强行灌输了牺牲、服从、纪律等品质,身心受到了严重的束缚,丧失了个性,没有发挥教育启迪人的思维、发展人的个性的作用。

斯巴达的军事教育制度成为军国主义学习的榜样,给人类社会留下了不良的影响。

8. 斯巴达教育的启示

虽然斯巴达的军事教育制度存在弊端,但是斯巴达人注重爱国主义教育的做法仍然值得我们学习,同时我们也应该学习斯巴达人从公共利益出发,服从国家和集体利益,加强幼儿的体育锻炼,培养幼儿顽强、勇敢、坚韧的品质,继续倡导并落实男女平等,赋予男女同等的机会和权利。

任务二：浅析雅典的早期教育思想

案例导入

现如今,很多家长在孩子一两岁的时候就把他们送往各种各样的培训班,例如绘画班、舞蹈班等,希望孩子能够掌握一门技能。但小王没随波逐流,他认为比知识、技能更为重要的是孩子的品行,并坚持在生活的点点滴滴中影响和塑造孩子的道德品质。

案例思考

1. 小王坚持的教育理念与西方历史上哪一个时期的教育一脉相承?
2. 如何看待道德教育?

一、雅典早期教育发展的时代背景

雅典是古希腊最强盛的城邦,位于希腊东南的阿涅夫半岛,全境多山,富有银矿、优质陶土和大理石,具有发展手工业的自然条件。由于雅典濒临爱琴海,有着优良的海港,交通十分便利,是希腊各邦与古代东方各国联系和贸易的纽带,这不仅使雅典工商业比较发达,经济繁荣,而且有利于接受外来文化的熏陶。

公元前 6 世纪以前,雅典在希腊并不能代表城市。公元前 8 世纪,雅典从原始社会过渡到奴隶制社会。公元前594年开始的梭伦改革剥夺了氏族贵族的许多特权,为雅典奠定了民主政治的基础。随着雅典工商业的发展,阶级结构发生了变化,阶级矛盾由奴隶与奴隶主的矛盾转化为平民与贵族之间的矛盾。公元前508年,克里斯提尼的改革摧毁了贵族的势力,使工商奴隶主成了国家首要政治力量。到伯利克里时代(公元前495—前429年)雅典民主政治傲视当时的奴隶制国家,确立了奴隶制民主政治。伯罗奔尼撒战争(公元前431—前404年)后,雅典战败,国力衰弱。在希波战争后,雅典利用提落同盟逐渐建立起它在希腊世界的海上霸主地位,这更进一步促进了雅典的商业发展,也使雅典有更多的机会接触和吸引外来文化,甄别、改造、引为己用。

二、雅典早期教育发展的状况

(一)雅典教育的目的

与斯巴达一样,雅典的教育也是服务于奴隶制国家——雅典城邦的统治需要的。雅典教育的最初目的是培养维护奴隶制国家的统治者和战士,军事方面的内容占相当重要的比重。但雅典和斯巴达不一样,不需要镇压反抗的奴隶,而且雅典商业发达,因此,在雅典除培养国家统治者和维护者之外,也力图把儿童培养成商人、辩论家或政治家。

(二)雅典教育的机构

与斯巴达由国家全权掌管教育不同,雅典对教育则采取放任政策,把教育子女视为国家和家庭的职责,学生上学是要缴费的。雅典的教育机构以私立为主,如体操学校、音乐学校、文法学校、修辞学校,以及哲学家的学园等,流派甚众,儿童有一定选择的自主权。

(三)雅典的早期教育

雅典的儿童出生后,也要经过严格的挑选,与斯巴达儿童由长老决定是否值得抚养不同的是,雅典的儿童由父亲决定是否抚养他。儿童在7岁以前在家中受教育。当孩子到了7岁时,便被送入学校学习,一直到16岁为止。雅典人不重视女子教育,7岁以后,女孩继续在家中由母亲负责教育,学习纺织、缝纫等技能,地位低下,为将来成为一名家庭主妇做准备。

在雅典的幼儿教育中,玩具占很大的作用。大人们还会给幼儿讲伊索寓言、简单的神话和古老的英雄故事。

(四)雅典的教育内容

雅典儿童在7岁以后进入文法学校和音乐学校,开始识字和学习荷马史诗;在十二三岁时进入体操学校;而十五六岁后,少数贵族子弟再进入国家体育馆,进一步进行训练;在他们18岁以后就进入青年军事训练团,20岁时通过一定的仪式,即可取得公民的称号。雅典儿童在此期间的学习的内容如下。

1. 体育

雅典的体育教育主要靠角力学校(Palaestra)训练完成。他们让内科医生和训练专家按照青少年的不同身体状况来划分不同阶段的训练目的,注意不同儿童以及儿童生长的不同阶段的特点,避免过度劳累,力求使训练与儿童的体力、耐力和技巧相适应。主要体育训练内容有跑步、跳远、掷标枪、扔铁饼、摔跤等。

2. 音乐和舞蹈

雅典的教育可分为两大类,一类是体育教育;另一类是音乐教育。音乐教育在雅典人的教育中几乎包括除体育以外的所有科目,它不仅指节奏、旋律、声调,而且还包括诗歌、阅读、写字、算术,甚至包括法律、哲学和自然科学。凡是有关增加知识、陶冶性情、培养德行的学问都在音乐教育的范畴中。

3. 文学教学及其他

能读、能写是雅典公民必须具备的技能,几乎每个公民都能识字。雅典的儿童刚能阅读,就开始学习荷马史诗。

法律是雅典人必须学习的科目。而为了经商,算术也是必不可少的科目之一。

4. 道德教育

在雅典,孩子的品行是比阅读和音乐更为重要的。

5. 埃弗比训练

青少年满 18 岁后,就会被正式载入城市公民册,成为一名埃弗比(Ephebe),即青丁。然后接受训练,去乡村当巡逻兵,直到 20 岁成为普通公民。

(五)雅典的师资队伍

由于雅典交通便利,是希腊各邦和东方联系的前沿,有利于吸收外邦的文化,雅典人的思想也较为开放,这也使雅典的文化教育较为开放和包容,雅典的教师队伍里除了本国的统治阶级外,来自外邦的智者也为数众多。

(六)雅典教育的特点

雅典教育重视理性主义,追求身心和谐发展的教育,反对专业和职业化的训练,呈现出开放、包容的特色,雅典教育的方法也较为灵活。

(七)雅典教育的弊端

雅典妇女的地位较低,往往深居内宅,在女子教育方面也不被重视,女孩子只能在家中接受教育,其教育内容也多为纺织、缝纫等,是为成为家庭主妇而做的准备。

(八)雅典教育的启示

雅典教育注重孩子身心和谐发展及人性的完善,教育内容丰富多彩,教学方式灵活多样;雅典的教师强调师生共同努力、教学相长,教育过程中对孩子进行启发式教育而非灌输式教育;雅典教育重视科学教育。雅典教育的理念不仅奠定了西方教育的理论,也值得我们借鉴。

拓展阅读:《古希腊雅典教育思想及其前瞻性浅析》

同 步 实 训

比较斯巴达和雅典早教思想的异同

1．实训目的

加深学生对斯巴达和雅典早教思想的认识。

2．实训安排

(1) 学生就斯巴达和雅典的早教思想上网搜索资料,制作 PPT。

(2) 小组讨论、总结。

3．教师注意事项

(1) 由电影导入斯巴达的早教思想。

(2) 提供一些网络资源,供学生讨论。

4．资源(时间)

1 课时、参考书籍、网页。

5．评价标准

表 现 要 求	是否适用	已达要求	未达要求
外在表现(参与度、讨论发言积极程度)			
资料收集的全面程度			
PPT 制作的适宜和完整程度			

知 识 结 构

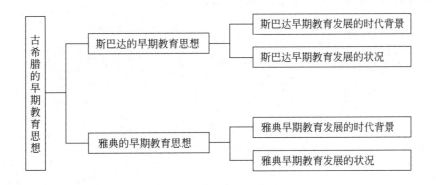

教学做一体化训练

一、重点名词

古希腊　斯巴达　雅典　城邦

二、课后讨论

1. 古希腊的教育思想对人类有什么作用?

2. 斯巴达教育的主要内容是什么?

3. 斯巴达教育的特点是什么?

4. 如何评价斯巴达教育?

5. 雅典教育的主要内容是什么?

6. 如何评价雅典的教育?

三、课后自测

比较斯巴达和雅典的教育,并结合案例谈谈对自己的启示。

课 后 推 荐

图书:

1. 李立国.古代希腊教育[M].北京:教育科学出版社,2010.

2. 冯克诚.古希腊罗马教育思想与论著选读[M].北京:人民武警出版社,2010.

3. 张法琨.古希腊教育论著选[M].北京:人民教育出版社,2007.

电影:

1. 斯巴达克斯,斯坦利·库布里克,美国,1960.

2. 斯巴达300勇士,扎克·施奈德,美国,2007.

模块三
近代早期教育思想

学习目标

- 识记：大教育论、自然教育、恩物、绅士教育。
- 领会：近代学前教育家的主要教育思想；几种教学思想的主要特色。
- 理解：分析近代学前教育思想的演变过程；分析几种教育观之间的异同。
- 应用：1. 夸美纽斯的大教育观对现代教育的启示；
  2. 卢梭的自然主义教育观和约翰·洛克的教育理论在幼儿教育中的体现；
  3. 试分析比较几种教育理论的异同点。

模块描述

　　本模块主要了解西方近代的历史背景，知道几种主要的近代学前教育思想的形成原因，了解这几种思想的基本情况和主要特色，掌握他们的教育方案的核心，明确这些教育思想对我国幼儿教育改革和发展的几点启示。

任务解析

　　根据早期教育职业工作活动顺序和职业教育学习规律，"近代学前教育思想"模块可以分解为以下任务。

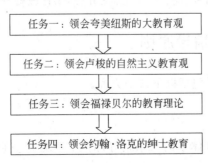

任务一：领会夸美纽斯的大教育观

任务二：领会卢梭的自然主义教育观

任务三：领会福禄贝尔的教育理论

任务四：领会约翰·洛克的绅士教育

任务一：领会夸美纽斯的大教育观

案例导入

有的人认为孩子是一张白纸，完全可以按照大人的意愿来描绘、设计未来。有的人认为孩子是一粒种子，带有与生俱来的基因密码，教育为它提供生长的土壤和条件。

案例思考

1. 你更倾向于哪一种比喻呢？为什么？
2. 如果你是夸美纽斯，你会怎么看待人的天赋和后天环境？

一、夸美纽斯的生平

扬·阿姆斯·夸美纽斯（Johann Amos Comenius，1592—1670）是 17 世纪著名的教育理论家和实践家，近代教育理论体系的奠基人，是人类教育史上里程碑式的人物。他于 1632 年发表的《大教学论》被称为世界教育史上第一部系统的教育学理论巨著。后人把他尊称为"教育史上的哥白尼"。

1592 年，夸美纽斯生于捷克一个磨坊主的家庭，12 岁时父母双亡。受到资助先后进入拉丁文法学校、德国赫尔伯恩大学学习。在大学期间，他研读了古代思想家以及人文主义思想家的著作，产生了在人民中间传播知识的民主愿望。1614 年，夸美纽斯大学毕业回到祖国，开始了改革旧教育，建立新教育的事业。

不久后，处于德国统治下的捷克爆发了起义并失败，战乱中，夸美纽斯的藏书和手稿全部丧失，他又在战后的瘟疫中失去妻子和儿女。夸美纽斯迁居波兰的黎撒避难，从此他终生漂泊国外，未能重返祖国。

夸美纽斯在黎撒从事教育理论研究，研究了古代希腊、罗马的优秀教育遗产，吸取了文艺复兴时期人文主义教育思想，总结了当时新兴资产阶级教育经验，并结合自己长期的教育实践，系统地阐述了改革旧教育建立新教育的各方面问题，写出了大量教育专著和教科书，包括近代第一本教育学论著《大教学论》（1633 年）和近代第一本学前教育学论著《母育学校》（1632 年）。他还编写了著名的儿童启蒙读物《世界图解》（1658 年），这是西方教育史上第一本附有插图的儿童百科全书，该书构思新颖、内容广泛、图文并茂，堪称教材一绝。

二、夸美纽斯的教育体系指导原则

夸美纽斯的教育体系指导原则主要包括以下两个方面。

（一）适应自然

教育必须适应自然是夸美纽斯教育体系的一条指导原则。教育适应自然，是教育必须遵循自然界的普遍规律。自然界有一种普遍规律，人是自然的一部分，因而人类的教育活动必须与自然界的普遍规律相适应。夸美纽斯要求新学校应把自然的"秩序"作为"把一切事物教给一切人类的主导原则"。

自然适应性原则还包括教育必须适应儿童本身的"自然"，即儿童身心发展的特点。夸美纽斯为使自己改革封建主义、经院主义教育的斗争立于不败之地，以自然界的普遍规律作为自己教育思想的理论依据，并注意到儿童的年龄特征，这在当时是进步的。但由于时代和阶级的局限，夸美纽斯对儿童心理的认识也是肤浅的、粗糙的。

（二）"泛智"思想

"泛智"思想是夸美纽斯教育体系的又一指导原则，也是其教育理论的核心，是夸美纽斯从事教育实践和研究教育理论的出发点和归宿点。所谓"泛智"，用夸美纽斯的话来说，就是"把一切事物教给一切人类"。它包含着两个方面内容：一是教育内容泛智化，夸美纽斯对几乎以《圣经》为唯一教育内容的旧教育极为不满，认为人们所受的教育应当是周全的，要"学会一切现世与来生所必需的事项"，即百科全书式的知识，从而"懂得科学，纯于德行，习于虔敬"；二是教育对象普及化，夸美纽斯指责当时的学校只是为富人、贵人设立的，穷人、贱人被排斥在校门之外，他要求学校向全体人们敞开大门，不论富贵贫贱，一切男女青年都应进学校接受教育。

夸美纽斯的"泛智"思想，反映当时新兴资产阶级反对宗教蒙昧主义，提倡认识世界和发展科学的时代精神，以及广泛普及教育的民主要求，具有极大的进步意义。"泛智"是夸美纽斯改革旧教育，建立新教育的思想基础，夸美纽斯的一系列教育主张与活动都是跟"泛智"思想紧密联系在一起的。

三、论学校制度和课程

夸美纽斯的"泛智"思想，反映在学校制度方面，就是夸美纽斯从普及教育思想出发，提出了一个前后衔接的单一的学校制度体系。夸美纽斯重视学校，认为"学校是造就人的工场"，所有青年都应该进学校受到共同的教育。夸美纽斯要求每个城市和乡村都设立学校，让全体男女儿童不分贫富贵贱都进学校。夸美纽斯关于普及教育的主张，反映了包括资产阶级在内的广大人民的要求，体现了夸美纽斯的民主思想。

夸美纽斯所设计的学校制度体系明显反映了儿童身心发展特点。夸美纽斯把儿童从出生到青年分为四个阶段，每个阶段6年，设有与之相适应的学校。

第一阶段：0～6岁——婴儿期——母育学校。

第二阶段：6～12岁——儿童期——国语学校。

第三阶段：12～18岁——少年期——拉丁语学校。

第四阶段：18～24岁——青年期——大学与旅行。

夸美纽斯认为每个家庭应当是一所母育学校，母亲是主要的教师。母育学校的主要任务是保护和发展幼儿的身体健康，给予初步的、知识的、道德的和宗教的教育，为培养身心和谐发展的人打下基础。

夸美纽斯十分重视体育,坚信身体是精神的基础。他说,最重要的是父母应首先注意保持其子女的健康,因为除非他们生气勃勃而有力,否则就不能成功地把他们培养起来。

夸美纽斯为母育学校拟订了一个范围极为广泛的课程计划。他要求用适当的方法教给儿童物理学、光学、天文学、地理学、年代学、历史学、算术、静力学、机械学、辩证法、文法学、修辞学、诗词、音乐、经济学、政治学、道德学、宗教与信仰等各种学科的基础知识。这个课程计划极其明显地表现了夸美纽斯的"泛智"思想。

四、教学理论

夸美纽斯所说的教学理论是指"教学的艺术",即"把一切事物教给一切人类的全部艺术",包括三层意思:①夸美纽斯的教学论是为"一切人类"服务的,人人都可受教;②"泛智"思想,教学内容包括"一切事物"的知识;③夸美纽斯把教学看作一项艺术。

(一)学年制和班级授课制

夸美纽斯对中世纪学校工作的缺乏计划性和个别教学极为不满,提出实行学年制和班级授课制。所谓学年制,就是所有公立学校在一年之中只招一次学生,秋季始业,同时开学,同时放假。学生入学之后,必须坚持完成学业,不许中途退学。一学年分四个学季,四次节假日,三次安排在宗教节日前后,每次八天,在收葡萄的季节安排一个月的假期。学校工作应按年、按月、按日、按时安排妥当。学年终了时,通过考试同时升级。

教学组织方面,夸美纽斯要求用班级授课来代替个别教学,就是把不同年龄、不同知识水平的学生,分成不同年级,通过班组进行教学。夸美纽斯认为一位教师可向全班几百名学生同时授课。教师把全班学生分成若干个十人小组,每个小组由一个成绩优秀的学生去管理(称"十人长")。

夸美纽斯断定,班级授课制具有极大的优越性:①它扩大了教育对象(每位教师可教几百名学生),有利于普及教育;②教师面对众多的学生,工作兴趣大增,工作热情高涨,从而能够促进学生学习的积极性;③在学生方面,大群的伴侣在一起,可以互相激励,互相帮助。例如,每当在课堂让学生进行复述练习时,就可以帮助他人记忆,同时,在复述练习中,学生会逐步养成细心、注意和镇定的习惯,而这种习惯对学生在日后处理生活实际问题时有极大的用处。

虽然夸美纽斯关于学年制和班级授课制的许多意见还是粗糙的,其中也有不少片面性的地方,但他总结了教育实践中的宝贵经验,给予了理论上的论述,从而大大加强了学校工作的计划性,提高了工作效率,它反映了教育工作的客观规律,符合近代学校教育,特别是普及教育发展的需要,因而被后人广泛采用,夸美纽斯在世界教育史上建立了不朽的功绩。

(二)教学原则

夸美纽斯认为,周全的教育必须对旧的教学方法进行改革。应当追随自然规律,把教学提高到科学水平,他根据自然"秩序",对新学校提出了五条原则,即延长生命的原则;精简科目,使知识能够更快地获得的原则;抓住机会,使知识一定可以获得的原则;开发心智,使知识容易获得的原则提高判断能力,使知识能够彻底地获得的原则。

针对教学,夸美纽斯的原则归纳起来,主要有以下几个方面。

1. 直观性原则

夸美纽斯依据"一切知识都是从感官的感知开始的唯物主义感觉论",把通过感官所获得的对外部世界的感觉经验作为教学的基础,强调教学中的直观性原则。他强调教学中实际观察、使用图片模型、呈现直观教具的重要作用,论述了直观教学的具体规则,如距离要合理,观察的顺序应是先整体后细节等。

关于直观教学,古人早有提及,文艺复兴时期许多人文主义教育家尤为重视。夸美纽斯的重大功绩在于他第一次赋予直观教学以感觉论的理论基础,并详细阐述了它的重要性和具体方法,这不仅对当时的死记硬背、文字说教的经院主义教育来说有着巨大的革新意义,而且对教学理论的发展也有着深远的历史影响。但他把直观知识和间接知识对立起来,又承认"神启"的作用,在教学中有着一定的局限性。

2. 自觉性和主动性原则

夸美纽斯认为求知的欲望是人的天然倾向,是人的自然本性。父母、教师、学校和国家必须采取一切可能的方式激发孩子们的求知欲,引导他们自觉自愿地学习。比如,父母当着孩子的面鼓励他们去用功;教师可用温和的、循循善诱的语言,仁慈的感情去吸引学生,用时时表扬用功的学生的方法,去激发他们向往学习;学校则应当用光亮清洁的课室,饰以伟人照片、历史图表以及图画的墙壁,可供游戏和散步的空地,赏心悦目的花园等快意、幽美的环境,去激励孩子们爱好知识的心思。

3. 循序渐进和系统性原则

夸美纽斯要求教学工作要依据儿童的年龄特点和理解能力,循序渐进地进行。教材的难易要符合儿童的理解能力,分量要适当。循序渐进是与系统性紧密联系的。他认为教学必须按照一定的秩序和阶段逐渐发展,给予学生系统知识。教学应遵守从易到难,从简到繁,从已知到未知,从具体到抽象。

4. 巩固性原则

夸美纽斯指责当时学校没给孩子以巩固的知识,使之获得"彻底的教育"。他认为,出现这种情况的原因有二:一是学校专教无意义的、不重要的功课;二是孩子所学的知识没有在头脑中固定下来,犹如继续不断地向筛子上泼水,最后仍然是一无所得。为了使孩子真正掌握知识,夸美纽斯强调,首先,应教给孩子真正有用的科目,有价值的知识;其次,要循序渐进,真正打好基础。夸美纽斯高度评价记忆在巩固知识中的作用。他认为,记忆靠练习,因而自幼就应练习记忆,在教学过程中应有适当的反复与练习,不断巩固知识。

夸美纽斯依据自然适应性原则,详细地论述了教学过程中应遵循的规则,第一个提出较为完整的教学原则体系,为改革教学做出了重大贡献,在世界教育史上建立了功绩。夸美纽斯的教学原则实际上是前人特别是人文主义教育家以及他本人教育实践经验的总结,其中有不少合理的因素,因而为后人所接受,并不断充实、发展和完善,成为一份珍贵的教育遗产。

拓展阅读:《剖析夸美纽斯〈母育学校〉中的学前教育思想》

任务二：领会卢梭的自然主义教育观

案例导入

　　家长们越来越重视孩子的教育,舍得对孩子的培养投入金钱和精力,甚至是把3岁的孩子送到兴趣班。而且很多家长们有这样的想法:"别家孩子都在上兴趣班,我家孩子不学点才艺,好像落伍了。"除了识字、算数,有的家庭让孩子学钢琴、书法、绘画,甚至英语,原本天真烂漫的孩子变成了"机器人"。一位妈妈假期给孩子报了三个兴趣班,英语、舞蹈和绘画。这位妈妈说,她希望孩子将来多才多艺,看到很多孩子都在学英语,她也不愿自己的女儿落后。

案例思考

　　1.你是否赞成这些家长的做法?

　　2.什么样的学习方式更适合3岁的孩子?

　　让·雅克·卢梭(Jean-Jacques Rousseau,1712—1778年)是法国18世纪伟大的启蒙思想家、哲学家、教育家、文学家,18世纪法国大革命的思想先驱,杰出的民主政论家和浪漫主义文学流派的开创者,启蒙运动最卓越的代表人物之一。他的自然教育论及其思想完成了教育中儿童观的革命,使教育发展方向发生了根本的转变,在西方教育史上具有划时代的意义。卢梭的教育思想对我们当今教育理论和倡导以素质教育为主题的改革实践有较强的现实意义和指导价值。

一、自然教育的基本含义和培养目标

(一) 基本含义

　　卢梭"自然教育"的核心是教育必须顺应儿童天性发展的自然历程。所谓顺应儿童天性发展的自然历程,就是教育必须遵循儿童身心发展的特征。

　　在他看来,儿童生理、心理的发展有其规律,是不可能改变的。每个人都是由自然的教育、人为的教育、事物的教育三者培养起来的。只有三种教育圆满地结合才能达到预期的目的。所谓自然的教育,是指儿童身心自然发展;所谓人为的教育,是指教育者对于受教育者所施的有意识、有目的的指导;所谓事物的教育,是指环境对受教育者的影响。人为的教育与事物的教育必须服从自然教育的指导。卢梭要求教育内容、方法以及儿童生活和学习的环境都必须适合儿童自然发展的进程,教师应当成为自然的理性助手,为儿童自然发展创造条件。

　　教育必须遵循自然,夸美纽斯早已提出,但夸美纽斯所理解的自然,主要是指客观世界的自然秩序,没有强调儿童身心发展的特点。卢梭对自然的理解主要是指儿童的年龄特点,这比夸美纽斯有所进步。但是卢梭关于教育三个来源的论述,虽然过分强调了自然

的决定作用,对环境特别是教育对人的发展主导作用认识不足,表现了他的形而上学观点。但卢梭作为卓有远见的教育思想家,早在 200 多年前,就对遗传、教育、环境三者对人的发展的作用有了初步认识,这对教育学理论的发展是有意义的。

(二)自然教育的培养目标

自然教育的目的是培养自然人。"自然人"这个概念是与"公民""国民"等概念相对立的,但也不是原始社会的野蛮人,而是身心和谐发展的人。自然人主要有以下四个特征:一是独立自主的人,能体现自身价值。二是平等的人,而社会中公民是有等级的。三是自由的人,不必固定于某一个职业,而国家公民在社会中常常是某种专业化的职业人。四是自食其力的人,无须依赖他人为生,这是独立自由的可靠保证。总之,自然人就是独立自主、平等自由、道德高尚、能力和智力极高的人。

二、自然教育的方法原则

(一)正确认识儿童

卢梭认为儿童有其特有的看法、想法和感情,不能用成人的思想来代替儿童的思想和感情。卢梭指出,在万物的秩序中,人类有他的地位;在人生的秩序中,儿童有他的地位。应当把成人看作成人,把孩子看作孩子。他呼吁人们既不要把孩子当成待管教的奴仆,也不能把他作为成人的玩物。

(二)给儿童自由

卢梭反对过早对儿童进行理性的教育,向他们灌输成人的东西。他主张不干预、不灌输、不压制和让儿童遵循自然率性发展的"消极教育"。"消极教育"并非什么都不做,而是观察自由活动中的儿童,了解他们的自然倾向和特点,并且防范来自外界的不良影响。"消极教育"与传统的教师为主的教育相反,以儿童的自主发展为中心。卢梭"消极教育"思想是卢梭哲学观点在教育上的反映,是他的自然教育理论在教育上的运用。它颠覆了一直以来的儿童观和教育观,对近现代教育有重要的启发意义。

(三)因材施教

卢梭认为教育适应儿童的身心发展的年龄特征,还应当适应儿童的个性差异,每一个人的心灵有他自己的形式,必须按他的形式去指导他。只有确切地了解每一个儿童之后,再对他进行正确的指导,这样才能让儿童的个性得到自由的、充分的发挥。

三、自然教育的实施

卢梭告诫教育者要按照儿童的年龄去对待他们。他在《爱弥儿》一书中根据自己对儿童的观察和研究,提出了教育的四个阶段。

（一）婴儿期的教育（0～2 岁）

卢梭认为这一时期的婴儿不会说话，体弱无能；虽能活动，有感觉，但不成熟，更没有思考能力。应以身体的养育和锻炼为主，一切身体保育措施都要合乎自然，给孩子活动的自由。这时的教育不在于教给孩子的是什么，而是促使他们自己去发现。

在具体养护方面，他主张送孩子去乡下环境自然生长，反对襁褓束缚孩子和对孩子的娇生惯养。提倡用母乳喂养孩子，由父母亲自养育孩子。

（二）儿童期的教育（2～12 岁）

此时儿童具备了一些独立性，但是他们的认识仍处于对外界形象的感觉阶段。不要教他道德观念，也不要强迫他接受道德规则，应结合具体事物进行教育。这时期着重进行感觉教育，使其获得丰富的感觉经验，如进行绘画、唱歌、游戏等活动。感觉是智慧的工具，训练感觉和身体器官，为理性活动打好基础。

卢梭对如何发展感觉、训练儿童的各种感官方面提出了许多见解。比如，触觉在感觉功能中运用最多，发展触觉的主要方法是练习。可以让儿童像盲人那样抚摸物体，训练触觉的敏锐性和准确性。视觉与触觉相比，视觉具有不可比拟的优越性。它延伸的范围较广，接触物体很快，能使心灵迅速做出判断。可以通过各种活动游戏、写生、制图等，发展视觉。还要重视听觉官能的教育，主要是训练判断发声物体的大小和远近，它的振动是猛烈还是轻微等。听觉主要靠学说话、唱歌、听音乐来练习。

（三）青年期的教育（12～15 岁）

这一阶段的教育包括文化知识学习和劳动教育两个方面。在文化知识学习方面，卢梭把培养兴趣和能力放在首位，并注意通过学习知识陶冶情操。在劳动教育方面，他主张学生必须学习一门职业。通过劳动教育可以使思想得到陶冶，同时锻炼思维能力。

（四）青春期的教育（15～20 岁）

卢梭认为儿童在这一阶段可以由农村返回城市，接受道德教育，学会做一个城市社会中的自然人。

拓展阅读：《爱弥儿（选段）》

任务三：领会福禄贝尔的教育理论

 **案例导入**

有一位母亲盼星星盼月亮只盼自己的孩子能够成才。她带着自己年仅 3 岁的孩子找到一位著名的化学家，想了解这位大人物是如何踏上成才之路的。知道来意后，化学家没有向她历数自己的奋斗经历和成才经验，而是要求他们随他一起去实验室。来到实验室，化学家

将一瓶紫色的溶液放在孩子面前。孩子好奇地看着它,显得既兴奋又不知所措,过了一会儿终于试探性地将手伸向瓶子。这时,他的背后传来了一声急切的断喝,母亲快步走到孩子旁边,孩子吓得赶忙缩回了手。化学家哈哈笑了起来,对孩子的母亲说:"我已经回答你的问题了。"母亲疑惑地望了望化学家。化学家漫不经心地将自己的手放入溶液里,笑着说:"其实这不过是一杯染过色的水而已。你的一声呵斥出自本能,但也呵斥走了一个天才。"

案例思考

1. 为什么化学家说这位母亲呵斥走了一个天才?
2. 你认为母亲应不应该阻止孩子把手伸向瓶子?为什么?

一、福禄贝尔的生平

福禄贝尔(Friedrich Wilhelm Frobel,1782—1852 年)生于德国乡村图林根,其父是位虔诚的牧师,母亲在他 9 个月时就去世了,继母对他并不好。孤独的他喜欢和大自然接触,并沉浸在大自然的安慰里,不断地思索自然的真理和奥秘。之后他被舅舅带走抚养,在这位虔诚的传道人的影响下,受到了宗教熏陶。福禄贝尔 15 岁到林业官那里学习林业管理和测量,17 岁考入耶拿大学,攻读自然科学,同时接受了唯心主义哲学、浪漫主义和进化论的影响,形成了复杂的世界观,两年后因家庭经济困难而被迫辍学。回家后,他先后从事林业、书记员、会计员,过着颠沛流离的生活。

后来他仰慕裴斯泰洛齐,一方面在裴斯泰洛齐的学校里任课,钻研动物、植物、物理、化学、矿物等自然科学;另一方面又吸取裴斯泰洛齐的教育思想和经验。1817 年,福禄贝尔在自己的故乡为学龄儿童创办了一所学校,实验裴斯泰洛齐的教育原则,1826 年,他写了《人的教育》一书,系统地阐述了他关于教育与教学的主张。1837 年,55 岁的福禄贝尔开始专门研究幼儿教育问题。他回到德国,在山林中创立了一所招收 3～7 岁幼儿的实验学校。1846 年,热爱自然的福禄贝尔为这个学校取名 Kindergarten 幼儿园——幼儿园如同花园,幼儿如同花草,教师犹如园丁。这也是世界上最早创立的幼儿园之一。同时他又开办了讲习班,训练大批妇女成为幼儿园教师。

二、福禄贝尔教育思想的教育原则

(一)教育适应自然发展原则

福禄贝尔接受了裴斯泰洛齐的教育适应自然原则的解释,进一步地把教育适应自然的原则理解为适应潜藏在人身中的力量和能力的自我发展。他还把教育适应自然法则理解为"小心翼翼地追随本能"。他认为儿童的活动受本能的制约。他说,儿童有四种本能:即活动的本能、认识的本能、艺术的本能、宗教的本能。教育要追随活动的本能,就是要唤起发展儿童的积极性、创造性和自动性。我们应该抛弃这种不正确的"论证",但应该重视裴斯泰洛齐发展学生的积极性、创造性和自动性的主张,这对我们的教育是有价值的。

（二）自动发展原则

福禄贝尔关于教育的另一个重要原则是人的"自动"发展的原则。福禄贝尔认为,这种"自动"发展是个体利用自我能动的力量,通过内部表现于外部和外部表现于内部的两个阶段实现的。福禄贝尔之所以提出人的"自动"发展的教育原则,还在于反对旧教育对儿童的束缚。他研究了儿童的发展过程,将其划分为三个阶段:幼儿期、少年期和学生期。生命的发展乃是连续性的,父母的要求过多、过远,强迫子女去强加模仿,努力达到不属于他们时期的样子,会阻碍子女,使他们成为虚弱的孩子。他认为整个教育制度,应该建立在儿童不断成长、发展的基础上。教育的目的在于帮助儿童达成他自己的发展。教育工作者应该创造条件,使儿童能在这种条件下把自己内部所蕴藏着的神的本源很好地表现出来,发展起来。

三、福禄贝尔的早期教育理论

（一）论早期教育的地位和作用

福禄贝尔把早期教育放在极其重要的地位,他认为婴幼儿时期对人的发展是非常重要的,一个人对于自然、家庭以及社会关系的认识都取决于这个时期的生活。他提倡早期教育,是由父母的教育来开始的。婴儿看外界是像雾一样朦胧混沌的,由看到的东西及父母的话来认识事情,婴儿的感官的发展是从听觉、视觉,乃至四肢循序发展的,所以要先准备环境,在环境中让婴儿能够正确地去观察认识事物的特性、相互关系、时间、空间关系。他比以前所有的教育思想家更强调重视早期教育的重要性。福禄贝尔在1844年出版了《母亲的爱抚之歌》,并创设早期教育环境,让婴幼儿在母爱的环境中正确观察认识事物的特征和相互关系。为了培养婴儿期和幼儿期的身心和手脑并用能力,他还设计了"恩物"(gift),让幼儿由"恩物"游戏来认知外界事物。

（二）论幼儿园的意义和任务

福禄贝尔详细地研究了西欧各国和美国广泛流行的学前教育的理论和体系。他和裴斯泰洛齐一样重视家庭教育,但是他看到当时的德国由于资本主义经济的发展,许多妇女要进工厂劳动,于是小资产阶级家庭的母亲没有充分的时间来教育自己的子女,而且也没有受过足够的教育专业的训练,不可能把孩子教育好。因此,他认为建立幼儿园很重要。他继承了欧文等人办学前教育的思想,训练了大批幼儿园教师,创办了幼儿园,为学前教育和幼儿园在思想理论上做了大量的工作。

福禄贝尔认为幼儿园的任务是发展儿童的体格,锻炼儿童的外部感觉器官,使儿童认识人和自然,并在游戏、娱乐和天真活泼的活动中,去做升入小学的准备。这些思想都是很有意义的。19世纪后半期至20世纪初期,他的幼儿教育方法一直深刻地影响着欧美各国、日本和其他国家的幼儿教育。

但是,福禄贝尔认为幼儿园还要进行宗教教育和道德教育,培养服从、驯服、忍耐、节制等品格,这却是当时德国反动的封建统治所需要的。因此,福禄贝尔有关宗教教育、道

德教育的观点是落后的、不可取的。

（三）论游戏在儿童教育中的地位

游戏是儿童活动的特点。为了发展儿童的积极性、创造性和自动性,福禄贝尔认为必须应用各种游戏、作业和练习。

福禄贝尔认为,游戏和语言是儿童生活的组成部分,通过各种游戏,儿童的内心活动和内在生活变为独立的、自主的外部自我表现,从而获得愉快、自由和满足,并保持内在与外在的协调;游戏是儿童认识世界的工具,是快乐的源泉,是培养儿童道德品质的手段,在游戏过程中最能表现(或发展)儿童的积极性和主动性。

福禄贝尔为幼儿园制造教学材料和玩具,设计一整套作业体系的思想和方法,这在整个幼儿教育史上是首创,具有重大的历史意义。虽然他在利用"恩物"等玩具和材料进行教学和作业的方法过于枯燥和形式主义,但如果我们能结合儿童实际灵活运用这套"恩物"和作业体系,确实可以发展儿童的各种能力。因此,福禄贝尔的"恩物"和作业体系在西方各国的幼儿园中被广泛采用,影响很大。但他为各种游戏规定了严格的次序,儿童在游戏中多半是机械模仿教养员的动作,很大程度上使游戏变成了令人厌倦的单调的练习,这些又阻碍了儿童各种能力的发展,存在不足。

四、福禄贝尔在世界幼儿教育史的贡献

福禄贝尔把自己的一生贡献在幼儿教育上。他曾经详细地研究了学前教育的理论和幼儿园的教学方法,并在教育实践和理论研究的基础上创立了比较完整的学前教育理论体系,至今人们仍把幼儿园与福禄贝尔的名字联系在一起。他的"恩物",直到今天都具有广泛的影响,现在的儿童玩具中仍包含有它的某些基本形式。

福禄贝尔的整个教育理论体系建立在唯心的哲学基础上,带有宗教神秘主义色彩,具有一定的局限性。尽管如此,他的理论体系中的许多合理因素是不容低估的。例如,他反对强制性教育,重视儿童的积极活动,重视发展儿童的创造性等,都是正确的。他重视儿童游戏以及手工制作活动和劳动的教育作用,对19世纪后期资本主义国家初等教育有一定的影响。他对儿童发展的看法和自我活动等的一些教育原则,对20世纪初的"新教育理论"有直接的影响。尤其是他创办的幼儿园以及提出的幼儿教育理论,对世界各国幼儿教育的发展有广泛的影响,直到20世纪初期,他所制定的学前教育体系仍是学前教育领域中最流行的。

任务四：领会约翰·洛克的绅士教育

案例导入

据英国《每日邮报》报道,中国香港某奢侈童装品牌在上海某私人会所中推出"英式贵族礼仪"课程,针对家境富裕的中国"小公主""小王子"们,由英国著名礼仪专家James

Seatton 亲自授课，一天的定制课程高达 3800 元人民币。这一新闻经腾讯新闻转载，受到了网民们的热烈讨论。

《东方网》评论道，这些家长不惜巨资让子女上"英式贵族礼仪"课程，其心态可以理解。但不可否认的是，这是这些有钱家长对自己家教的不自信。也就是说，对于期盼自己子女养成"贵族气息"的家长而言，一定认为自己提供的家庭环境培养不出"贵族"，所在的家庭环境不具有"培养贵族"的氛围。也就是说，在这些"小公主""小王子"的日常生活空间中是没有"贵族环境"和"培养不了贵族"的，否则，家长们又何必舍近求远、不惜巨资让子女上"贵族礼仪班"？

案例思考

1. 你是怎么看待这个课程的？
2. 你认为什么是真正的"贵族"？贵族是如何培养出来的？

约翰·洛克(John Locke，1632—1704 年)是 17 世纪英国哲学家、政治家和教育家，被誉为启蒙时代最具影响力的思想家和自由主义者。他的著作影响了伏尔泰和卢梭，以及许多苏格兰启蒙运动的思想家和美国开国元勋。

早期资产阶级革命时期，资本主义制度正式在英国确立。洛克在政治上拥护由大资产阶级与贵族联合专政的君主立宪政体，其哲学观继承并发展了培根的唯物主义经验论，要求教育为现实生活服务，系统地提出了绅士教育理论。在其发表于 1693 年的著名教育著作《教育漫话》中，洛克总结了自己从事家庭教育的经验，为英国绅士的培养提供了详细的方案。

一、论教育的作用、目的和途径

洛克高度评价教育在人形成中的巨大作用，教育的社会意义在于可以促进国家的幸福和繁荣；教育的个人作用体现于教育对每个人幸福、事业、前途的影响。他反对天赋观，倡导"白板论"，认为儿童的天性是白板或柔软的蜡块，可以任人随心所欲地涂写或塑造。

洛克还明确地提出，教育的目的就是培养绅士。所谓绅士，就是一种有德行、有学问、有能力、有礼貌的人。这其实反映了英国的资产阶级统治者对自己的下一代的要求，要求他们有良好的品德，有发展资本主义事业的能力，并具有与人交往的能力，具有多方面的学识。

在教育的途径上，洛克主张绅士的培养绝不能通过学校教育，而只能通过良好的家庭教育来进行。凡是有能力的家庭应不惜重金聘请具有良好品格、丰富社会经验和良好文化素养的人作为家庭教师，以便取得良好的教育效果。

二、绅士教育的内容和方法

(一)健康教育的内容和方法

洛克把健康教育当作健康精神寄居的寓所、基础和前提条件。他说："健康之精神寓于健康之身体;要能工作,要有幸福,必须先有健康;要能忍受劳苦,要能出人头地,也必须先有健康的身体。"

洛克在牛津大学学过医学,当过私人医生和家庭教师,具有丰富的医学知识,并以此为基础拟订了具体完整的健康教育实施计划。他提出要从幼年起对儿童实施锻炼,反对娇生惯养。他提出作为父母必须对儿童的衣、食、住及生活常规提出严格的要求。例如,无论冬夏,儿童的衣着不可过暖;饮食要清淡、简单、定时;儿童要早睡早起,要睡较硬的床。在体育上,洛克特别重视加强儿童的身体锻炼。他主张儿童每天要用冷水洗脚,要学会游泳,多过露天生活,多外出活动,加强身体锻炼,增强身体的抵抗力。洛克关于体育的见解反映了当时英国新兴资产阶级对其子女在身体素质上的严格要求。在西方,第一个详细拟定儿童的保健制度的功绩应归于洛克。

(二)德育的内容和方法

洛克始终把儿童应具备的良好的德行放在首位,认为德行是绅士教育的灵魂,其他教育围绕着德行这个核心并为之服务。

1. 德育的内容

德行是什么? 主要是指儿童在具有健康身体的基础上,精神和品德必须能够健全发展。洛克认为一切德行与美善的原则,在于克制理智所不容许的欲望的能力。一个人有了这种能力就可以智慧而有远见,有胆略,善于处理自己的事物,可以获得一切和他接近的人的尊重和好感。这是一个人成长和事业的基础。

洛克认为绅士应具有理智、礼仪、智慧、勇敢、节制、公正等品德。对于理智,洛克认为具有"健康精神"的人是必须能够运用理智或理性去驾驭和支配自己的。绅士的第二种美德是良好的礼仪,美德是精神上的宝贵财富,但能使其发出光彩的则是良好的礼仪。而且对于礼仪,洛克给予的关注比德行的其他几个方面更多。洛克强调儿童的"第一件大事"就是懂礼节、讲礼貌、有风度。因此,家长及导师首先就要教会儿童言谈举止得体,与人交往合礼仪。洛克认为一个人事业的成功与否与其人际交往能力是紧密相连的。至于智慧和勇敢,洛克所说的智慧就是为人处世之道,也就是在未来社会"生存"的技巧。他还要求儿童能够及时学会处理自己的事务,具有处理好所面临的各种事务的远见、才干和能力。洛克还认为勇敢和坚忍也是绅士必备的美德,是一个真正有价值的人的品性,为此需要从小锻炼孩子的胆量,即培养孩子的勇敢精神,使之能忍受痛苦,克服怯弱、脆弱的本性,能够做到刚毅、果断、勇敢。

2. 德育的方法

洛克主张教育方法应适应儿童的"心性",即符合儿童的年龄。不管对儿童施以什么样的教育或教导,都必须要了解儿童,教育要适合儿童的自然天性和才能。在实践过程中,要保护孩子的天真稚气,但遵循自然原则并不意味着要溺爱、放任儿童的缺点,要注重理智的规范作用。对于孩子不合理的要求和不良的嗜好要加以禁止,要让他们学会用理智来克服欲望。具体方法有以下几种。

（1）及早实践。洛克认为儿童应该在极小的时候就被管教。每个人在不同的年龄段，都有不同的欲望。这是人的本性。而人的德行好坏，区别不在于有没有欲望，而在于能不能管理与克制自己的某种欲望。小时候不能克制自己欲望的人，长大后也不会服从自己的理智。所以培养这种品德应当"及早"地"通过练习"养成"习惯"。人在懵懂的婴幼儿期，没有形成自己的见解，可塑性强，教育可达到事半功倍的效果。建议父母在孩子出生后就要树立自己的权威，利用孩子对父母的崇敬，使孩子从小接触一些道德范畴，例如诚实、勇敢、谦逊等品质。

（2）宽严结合。孩子长大一些后，可以用符合儿童的能力和理解力的语言来规范其道德素质。说理的时候，教师和家长的举止应温和，即使惩罚，态度还是要镇定，要使他们觉得教师和家长的作为是合理的，对于他们是有益的，而且是必要的。而当孩子逐步成长，有自己的思想和见解时，教师和家长则应越来越亲切，像朋友一样对待他，给予其一些参考意见。因此，在德育中，教育儿童要注意爱与畏这两方面尺度，既要尊重、爱护儿童，与儿童建立一种良好的亲情关系，唤起儿童对教育者的爱恋，又要对儿童严格要求。儿童对道德知识的获取、道德规范的遵守只有建立在对教育者敬畏的基础上才能成功，要张弛有度，宽严结合。

（3）奖励、惩罚与练习相结合。练习是培养儿童道德习惯的有效途径。教师和家长应当创造机会让他们练习，使他们养成习惯。洛克主张练习时，教师要认真观察儿童的行为，研究儿童的天性与才能，然后为儿童制定相应的道德规范体系。把体系分为若干规则进行练习，当一种规则经过练习，建立基础之后，再去增加另外一种规则。对儿童练习时的好行为，进行公开的表扬或适当的物质奖励；反之，则私下责备，用语应严肃认真，不受情绪支配。这样儿童会学会爱好名誉并在其中体会到尊重与耻辱之心，自觉地去维护其行为。洛克明确反对体罚，认为那是一种奴隶式的管教，因为它所培养的是一种奴隶式的脾气。教鞭威胁的时候，儿童是会屈服，可一旦不用教鞭，没人看见，知道不会受处罚的时候，儿童便会放任本来的倾向。

（4）榜样教育。洛克在书中写道："与榜样相比，没有任何事情能这么温和而又深入地打动人的心扉。父母与教师一定要以身作则，你不愿意他去效法之事，你自己便不可当着他的面去做。"儿童出生后，心智未开，对外部事物没有自己的见解，往往会先进行模仿。因此家长要为儿童提供优良的生活及教育环境，为儿童选择好的生活伴侣以及聘请一位具有良好教养、通晓礼仪、又具有智慧的教师来指导他们。这样儿童的道德水平才会向着良性循环的方向发展。

（三）智育的内容和方法

洛克认为，相对于品德，学问不是最重要的，只是作为辅助更重要的品德之用。洛克主张智育的目的不仅仅在于传授知识，更重要的是借此发展儿童各方面的能力，培养儿童的理解力、判断力、思维能力。洛克认为思维能力的发展比知识的掌握更有价值，因此洛克极其反对死记硬背。洛克认为，教师的职责并不在于把世上可以知道的全部知识都教给学生，而在于使学生爱好知识，尊重知识，采用正当的方法求知。洛克还主张智育必须同实用性结合起来,要求儿童把大部分时间用在日常生活中最有利的事情上,主张智育既应有助于儿童思维能力的培养,也应有助于绅士品格的形成,还要有助于对日常生活中实用知识的掌握。洛克在如何教学上有不少行之有效的见解。

1. 激发兴趣与好奇心

洛克认为,儿童天性爱玩,如果让他们去学习一些枯燥无趣的知识,或者是通过责罚和打骂强迫他们去学习,结果会适得其反。他主张一方面教师要针对儿童的天性,将枯燥的教学过程变为有趣的游戏,比如借助玩具、插图等辅助教学,使儿童感到轻松又愉快。在游戏的过程中,对于儿童良好的表现进行奖励。另一方面,教材也应尽可能地具有趣味性和可读性,内容要适合他们的理解力,要能激发他们的兴趣,倡导用实物教学,让儿童在经验中获得知识。

同时,教师和家长要保持儿童的好奇心。当儿童提出"为什么"或"是什么"时,父母和教师要鼓励和重视,正确、认真地回答儿童提出的一切问题,当然还要符合他们的理解水平。家长和教师还应给予鼓励和赞赏,可以当着儿童所敬仰的人的面赞扬他们求知的欲望,使他们更喜欢知识。

2. 集中并保持儿童的注意力

洛克认为教师的技巧在于集中儿童的注意力,并且保持他的注意力。

(1) 态度温和,不要粗暴专横。如果教师把自己当作惊吓鸟儿的稻草人,使儿童见了自己的面就害怕,儿童脆弱的心灵就会产生恐惧心理,就不能很好地接受教导、增加知识。教师应当经常庄重、安适、和蔼地与儿童交谈,这种对儿童的爱护,能够使儿童心情愉悦,更容易接受新知识,也更有动力去学习。

(2) 教师应该使儿童学习的用处——能够做出以前不能做的事情,以此激发儿童学习的动力。

(3) 要根据不同学科的特点,选择运用适当的教学方法,只要能保持儿童学习的兴趣与欲望,集中和保持儿童的注意力就容易了。

3. 循序渐进

洛克要求教师在教学中遵循由易到难、由简到繁、由已知到未知、循序渐进的原则。从明白简易的地方开始,一次教的分量越少越好,一部分完全明白了,才可以再教下一部分,要在不知不觉中一步一步地往前教。从已具有的知识入手,进而探求那些与它相邻相关的知识。这样儿童的悟性也会逐步得到开发,思维能力也能得到进步。

4. 练习法

洛克认为,干练的事业家必须先受到身体、道德、智力等多方面的训练。他认为,知识并不都在书本教材中获得,而主要是通过各种有关的实践活动即练习来获得。如通过地球仪与地图学习地理知识;通过实际计数活动学习算术;通过了解本国历史、古代法律以及当前的国家宪法来学习法律知识;通过阅读和会话来学习语言课程等。他还认为,让儿童把自己已经学过的知识教给别人,是儿童巩固知识的一种有效的方法。一个人如果学会了什么事情,要想使他记住,要想鼓励他前进,最好的方法莫过于让他教

给别人。

三、对约翰·洛克的评价

洛克反对封建的旧教育,从当时英国资产阶级的需要出发,提出了一套全新的绅士教育理论,旨在培养资产阶级发展所需要的人才,这和封建的、宗教的教育相比,无疑是一大历史进步。他坚决反对封建贵族为维护等级差别而鼓吹的遗传决定论,提出了著名的"白板说";他主张对儿童进行德、智、体三方面的教育,使之全面和谐地发展;他提出许多符合人类认识规律的教育原则和方法。

但洛克的教育观点也存在许多时代局限性,如他提出的培养目标是适应当时资产阶级发展需要的"绅士";他没有认识到教育与环境和遗传之间的辩证关系;他完全否定学校教育;他提出的广泛的课程体系,强调学习"有用"的、能"获取个人幸福"的知识,具有明显的资产阶级功利。

拓展阅读:《教育漫话(节选)》

同步实训

近代学前教育思想的比较

1. 实训目的

加深学生对近代几种学前教育思想的认识。

2. 实训安排

(1)学生选择近代学前教育思想的两种,分组进行归纳。

(2)分析并比较这些思想的异同。

3. 教师注意事项

(1)从人物所处的时代背景入手引导产生异同的原因。

(2)提供一些学习资源,供学生参考讨论。

4. 资源(时间)

2课时、参考书籍、案例、网页。

5. 评价标准

表 现 要 求	是否适用	已达要求	未达要求
小组活动中,外在表现(参与度、讨论发言积极程度)			
小组活动中,对概念的认识与把握的准确程度			
小组活动中,角色扮演的精准度			
小组活动中,文案制作的完整与适用程度			

知 识 结 构

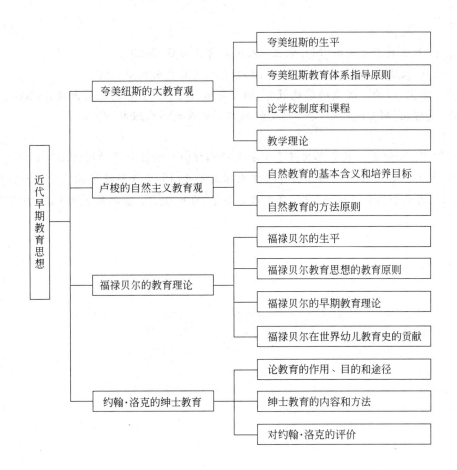

夸美纽斯的生平

夸美纽斯教育体系指导原则

论学校制度和课程

教学理论

夸美纽斯的大教育观

自然教育的基本含义和培养目标

自然教育的方法原则

卢梭的自然主义教育观

福禄贝尔的生平

福禄贝尔教育思想的教育原则

福禄贝尔的早期教育理论

福禄贝尔在世界幼儿教育史的贡献

福禄贝尔的教育理论

论教育的作用、目的和途径

绅士教育的内容和方法

对约翰·洛克的评价

约翰·洛克的绅士教育

近代早期教育思想

教学做一体化训练

一、重点名词

大教育论　自然教育　恩物　绅士教育

二、课后讨论

时代背景与不同教育观之间有什么样的联系？

三、课后自测

1. 试述夸美纽斯的"泛智"思想的基本含义及其主要体现。

2. 卢梭自然教育的方法是什么？

3. 福禄贝尔的教育理论对后世有什么影响？

4. 洛克的绅士教育对我国早期教育有什么启发？

课 后 推 荐

图书：

1. 诸惠芳.外国教育史纲要[M].北京：人民教育出版社,2003.

2. 夸美纽斯.大教学论[M].任中印,译.北京：人民教育出版社,2006.

3. 约翰·洛克.约翰·洛克的家庭教育[M].海鸣,译.福州：海峡文艺出版社,2005.

4. 卢梭.爱弥儿[M].成墨初,李彦芳,译.武汉：武汉大学出版社,2014.

期刊：

1. 徐小洲.19世纪西方教育思想演变中的若干问题[J].浙江大学学报,2001(3).

2. 杨帆,杨静.论16世纪中西方教育思想内容及差异[J].重庆科技学院学报,2012(18).

3. 向月.论夸美纽斯与卢梭的"自然主义教育思想"的异同[J].基础教育研究,2010(15).

模块四
蒙台梭利早期教育理论

学习目标

- 识记：儿童发展敏感期、儿童心理发展的三个阶段、蒙台梭利的教育内容。
- 领会：蒙台梭利的教师观；蒙台梭利感官教育。
- 理解：蒙台梭利的教育目标；蒙台梭利教育中环境的重要性。
- 应用：1. 总结蒙台梭利理论对我国早期教育改革的启示；
  2. 掌握蒙氏教学的流程；
  3. 比较蒙台梭利教具和福禄贝尔恩物。

模块描述

    本模块主要了解蒙台梭利早期教育理论的儿童观、教师观、教学观，领会蒙台梭利早期教育基本情况和主要特色，掌握蒙台梭利教育内容和方法的有关内容，正确评价和利用蒙台梭利理论。

任务解析

    根据早期教育职业工作活动顺序和职业教育学习规律，"蒙台梭利早期教育理论"模块可以分解为以下任务。

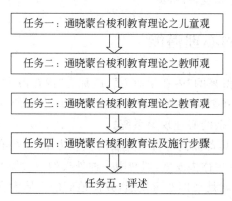

任务一：通晓蒙台梭利教育理论之儿童观

任务二：通晓蒙台梭利教育理论之教师观

任务三：通晓蒙台梭利教育理论之教育观

任务四：通晓蒙台梭利教育法及施行步骤

任务五：评述

蒙台梭利早期教育法又称蒙氏教育,系由意大利心理学家兼教育学家玛丽亚·蒙台梭利(Maria Montessori,1870—1952年)发展起来的教育方法。1907年,蒙台梭利在罗马贫民区建立"儿童之家",她运用自己独创的方法进行教学,结果出现了惊人的效果。几年后,那些"普通的、贫寒的"儿童,心智发生了巨大的转变,被培养成了聪明自信、有教养、生机勃勃的少年英才。蒙台梭利崭新的、具有巨大教育魅力的教学方法,轰动了整个欧洲,"关于这些奇妙儿童的报道,像野火一样迅速蔓延"。人们仿照蒙台梭利的模式建立了许多新的"儿童之家"。1909年,蒙台梭利写成了《运用于儿童之家的科学教育方法》一书,1912年这部著作在美国出版,同时,很快被译成20多种文字在世界各地流传,100多个国家引进了蒙台梭利的教育方法,欧洲、美国还出现了蒙台梭利运动。1913—1915年,蒙台梭利学校已遍布世界各大洲。到20世纪40年代,仅美国就有2000多所蒙台梭利学校。蒙台梭利在世界范围内引起了一场幼儿教育的革命。

任务一:通晓蒙台梭利教育理论之儿童观

📝 案例导入

2岁的贝贝最近特别爱扔东西,而且很明显是故意扔的,妈妈帮他捡起来马上又被他扔掉了。他还喜欢推着他的小推车四处转,有一天用力过猛,把书柜的玻璃门都撞裂了。还有,他会趁大人不注意爬到茶几上面玩,骑在沙发靠背上吃东西,吃到一口还得意地哈哈笑。他喜欢和妈妈一起搭积木,可是妈妈好不容易搭起来的积木,他就喜欢一巴掌打翻,然后乐不可支。出门时,贝贝一定要走马路牙子,摇摇晃晃却乐此不疲……贝贝的"惊人壮举"真是数不胜数。面对贝贝的捣蛋行为,妈妈又气又担心:"贝贝这是怎么了?"

📑 案例思考

贝贝到底怎么了?你知道原因吗?儿童在成长的不同阶段,会出现不同的行为现象,蒙台梭利是怎么对此总结的?

儿童观是对儿童的本质看法,蒙台梭利的儿童观受卢梭、裴斯泰洛齐、福禄贝尔的自然教育和自由教育的影响,是结合当时生物学、遗传学、生理学和生命哲学的理论,以及自己的实际观察和实验研究而加以阐述和发挥成的。

一、儿童具有与生俱来的心理潜能

蒙台梭利认为,儿童存在着与生俱来的"内在生命力",或称为"内在潜力"。它是儿童自我成长、发展并形成独特心理的内在源泉的基本动力。这种心理潜能的分化和发展使儿童逐渐出现各种心理现象并形成复杂的心理现象系统。

蒙台梭利认为所有正常的儿童都具备能促进自我发展的积极力量,生命有自己的发展规律,而教育就是要帮助生命按本身的规律去发展,切勿用一种外在的力量使幼儿脱离自身的发展轨道。蒙台梭利毕生所追求的就是帮助儿童发展,并使他们的个体潜在能力能最充分地实现。

二、儿童具有吸收性心智

吸收性心智是指儿童受心理潜能驱动,具有一种不自觉的、无意识的感受能力,积极地从外部世界获取各种印象和文化模式,并有一定选择地进行吸收。

蒙台梭利认为人有"双重胚胎",即生理胚胎和心理胚胎。生理胚胎期,胎儿在母体内吸收营养;心理胚胎期是指形成最初心理萌芽的时期,是儿童出生时才开始发育的。

心理胚胎期的大脑空无所有,但它能积极地从周围环境中吸收各种事物印象。儿童吸收所处地区的气候和自然地理条件,吸收所处地区的风俗等民族文化传统,并将自己塑造成具有适应当地条件的体质和心理的人;儿童吸收抚育自己的双亲、家族、教师等社会关系的人格,吸收了社会环境中的有效成分并形成了自己的心理。在蒙台梭利看来,在生命的最初几年里,儿童正是依靠这种吸收性心智获得了关于周围世界的各种印象和文化模式,使之成为自己心理的一部分,并在此基础上形成了自己的个性和行为模式。

儿童通过"吸收"来"形成"其心理。从"吸收"到"形成",这是一个主动建构的过程。儿童一方面依靠动作;另一方面依靠吸收性心智的活动与环境互动。3岁以后,儿童逐渐觉醒并接受潜意识阶段所吸收的东西,并慢慢形成有意识的行为。儿童一方面通过活动来完成其无意识心理先前吸收的东西,另一方面继续吸收环境中的事物,但不同的是,他们的吸收开始变得有目的、有意识了。利用双手的活动使经验日益丰富,同时也发展自己。所以说,儿童心理是一个从无到有的过程,在这个过程中,事物的印象不仅进入其心理,而且形成其心理,同时形成有意识的吸收心理。儿童通过吸收逐渐建构起他的心理,直到具有记忆能力、理解能力和思维能力等。

三、儿童心理发展存在敏感期

敏感期最早是由荷兰生物学家德弗里斯(Hugo De Vries,1848—1935年)在研究动物时发现。敏感期是指生物在其发展过程中,对环境中某事物的感知极其敏锐,产生无法抗拒的冲动,而且相应器官的机能也急速发展的时期。蒙台梭利认为,儿童发展过程中也存在着与动物相同的对特殊环境刺激的敏感期,教师应将敏感期概念引入儿童的发展领域并运用于儿童的教育中。她认为儿童的敏感期是指在不同的发展阶段,儿童表现出对某种事物或活动特别敏感,或产生一种特殊兴趣和爱好,学习也特别容易而迅速,是教育的最好时机。

蒙台梭利关于儿童发展具有敏感期的思想是她儿童观思想中最重要、最具独创性的部分。这一思想和实践体系为早期教育有效地适应儿童的特点、发挥儿童的主动性提供了理论和实践依据。

(一)敏感期的特征

当幼儿处于某个敏感期时,会产生一种敏感力。当敏感力产生时,幼儿内心会有一股无法抑制的动力,驱使他对他所感兴趣的特定的事物产生尝试或学习的狂热,直到满足需求或敏感力减弱,这股力量才会消逝。

敏感期具有暂时性。敏感期是一种与成长密切相关的现象,并和一定的年龄相对应,它只持续一段短暂的时期,只要消失就永远不可能重新出现。由此,蒙台梭利认为如果不能有效地利用敏感期,宝贵的敏感期就会在未成熟的状态下稍纵即逝,造成儿童发展方面的种种障碍,使其无法达到完全的发展。她同时指出,能够充分利用敏感期的情况并不多见。绝大多数儿童在没有觉察和未充分利用敏感期的情况下,就已经定型了。这种未能充分利用敏感期的情况对于人类的发展来说是极大的遗憾和损失。

(二)敏感期的划分

1.语言的敏感期

蒙台梭利认为语言的敏感期是从出生后 2 个月开始到 8 岁,其中 6 个月至 3 岁是语言敏感期的高峰时期。这时期儿童对语言产生最大的兴趣,以模仿大人的言语来快速学习,在语言的词汇容量上快速增加,在语言的表达能力上迅速增强。语言敏感期表现在初期注视成人说话,牙牙学语;而后进一步模仿或重复成人的话;喜欢使用某些词句。

2.感觉的敏感期

蒙台梭利认为感觉的敏感期是从出生到 6 岁,其中在 2～2.5 岁达到高峰。她指出孩子在 2 岁时对细微的物体,如对成人注意不到的小东西发生兴趣并给予极大的注意,这种对细节的关心不仅使儿童有选择地注意周围的环境,而且引发了幼儿的有关活动,从而使幼儿的感觉更加敏锐。这个时期可以毫不费力地学习几何形体,辨别颜色、方向、声音的高低以及字母的形体等,而这些均可以为以后更高层次的智力发展奠定基础。

3.秩序的敏感期

蒙台梭利认为秩序的敏感期最早出现于儿童 2 岁左右,大约持续 2 年,3 岁左右表现最为明显。儿童在这一时期将知觉归类,了解环境,学会如何对待环境、物体之间的关系。儿童会表现出看到一件东西摆放在一个经常出现的位置时显得很高兴;发现环境或使用物品改变或改变固定路线会哭闹不休;如果有能力,他会坚持把不在固定位置的东西放回原来相应的位置上。如果儿童在秩序的敏感期内形成了良好的秩序感,他终生都将是一个规范、有序和温和的人。反之,如果错过了秩序的敏感期,再想培养规范性和条理性,就会很难。

4.运动的敏感期

蒙台梭利认为运动的敏感期处于出生到 4 岁之间。在这段时间中,儿童喜欢活动而且其动作逐渐完美,为以后的发展奠定基础。如果这一时期缺乏运动,就会导致儿童对运动缺乏自信、性格上缺乏协调性和精神上的不满足。蒙台梭利指出,在这一段时期内,儿童开始时是喜欢爬,然后是学习行走,到 1.5～3 岁时,他们又喜欢经常地抓握东西,如打开—关上、放进—拿出、搭好—推倒等,到 4 岁左右时,儿童又喜欢闭着眼睛靠手触摸来辨认物体,并用手和身体做各种较为复杂的动作。

5."工作"的敏感期

在蒙台梭利教育法中有一个非常重要的概念是"工作",蒙台梭利所谓的"工作",简言之就是儿童在"有准备的环境"中和环境相互作用的活动。她认为儿童必须通过自己的"工作"才能使自己达到心理的健康发展。蒙台梭利认为儿童"工作"的敏感期是3岁到六七岁。在这一段时间里,儿童像一个"工作狂",以令人惊讶的热情投入"工作"。蒙台梭利不仅仅把"工作"的敏感期看作一个独立的敏感期,更认为"工作"是各种敏感期的主要特征,是儿童得到各种发展的基础。

四、儿童心理发展具有阶段性

蒙台梭利认为儿童是处在连续的和不断前进的发展变化中的,而且这种发展变化是有阶段性的。儿童在其发展变化的每一阶段都表现出与另一阶段明显不同的特点,前一个阶段是后一个阶段的准备,为后一个阶段奠定基础。

蒙台梭利特别论述了儿童发展呈现阶段性,根据对儿童认真地观察和研究,她把儿童心理发展划分为以下三个阶段。

(一)幼儿阶段(0～6岁)

这一阶段是儿童为适应环境而自我变化并转换形象的时期。根据儿童是否有意识地适应环境,这一阶段又可以分为两个时期,即0～3岁无意识地适应环境的时期和3～6岁有意识地吸收环境的时期。

1. 幼儿前期(0～3岁)

这一时期是儿童身心各种能力发展的奠基时期,在这一时期里,儿童在无意识中通过旺盛的吸收性心理的作用,大量感受和吸收周围的环境,获得大量的关于周围环境的印象和心理等各方面的进步。

2. 幼儿后期(3～6岁)

儿童满3岁以后,便开始有意识地吸收环境,从这时起儿童有了记忆。这一时期的儿童不像前一时期那样仅仅依靠感觉,更主要的是依靠手的活动有意识地吸收环境。他们有意识地用双手不停地做事、触摸和把握各种东西,有选择地模仿成人的动作,并通过这些活动一步一步地发展自己的心理,直至获得较为完整、系统的心理发展,使各种心理现象初步形成体系。蒙台梭利还把这一时期说成是性格形成的时期,认为儿童在各种能力均得到发展并初步形成系统的基础上,稳定的性格特征在这一时期就开始出现了。

(二)儿童阶段(6～12岁)

这一阶段是儿童在安宁、幸福的心态下开始有意识地学习的阶段,是儿童增长学识和艺术才能的阶段。这一阶段儿童的主要特征有三方面:①要求离开过去那种狭小的生活圈子;②开始具备抽象思维能力;③产生道德意识和社会感。因此,蒙台梭利要求扩大他们的生活范围,把对他们的教育从早期的感觉练习转向抽象的智力活动,并用道德标准和社会规范来要求他们。

（三）青春阶段（12～18岁）

这一阶段是儿童社交关系的敏感时期。在这一阶段，儿童强烈地意识到自己是社会团体的一员，并开始具备自尊心和自信心。因此，蒙台梭利主张在个体发展的青春期必须重视对他们进行社会性训练，帮助他们学习适应社会，成为合格的社会一员——公民。

任务二：通晓蒙台梭利教育理论之教师观

✎ 案例导入

早教教师是法官，每天都有处理不完的小官司；早教教师是"孩子王"，每天和孩子摸爬滚打在一起，上蹿下跳，忘记了自己的年龄；早教教师是清洁工人，打扫教室，清理玩具，所有的体力活都要自己干。早教教师是艺术家，唱歌、跳舞、弹琴、手工、画画，十八般武艺样样精通；早教教师是教育专家，因为在家再难缠的孩子，到了早教中心都会乖乖地听话；早教教师是设计师，家长园地的布置，区域活动的设计，样样都凝聚着教师的心血；早教教师是妈妈，给年幼的孩子们带来无微不至的呵护。

◤ 案例思考

1. 早教教师还是哪些角色？
2. 成为一名优秀的早教教师需要具备哪些素质？

蒙台梭利从根本上改变了传统幼儿教育的教师与儿童之间的关系。她对教师的作用及其应当扮演的角色做了详细的论述。

一、教师是环境的创设者和维护者

"有准备的环境"是蒙台梭利教育的核心。这样的环境包括有规律、有秩序的生活环境；提供有吸引力的、美的、实用的设备和用具；允许儿童独立地生活，自然地表现，使儿童能意识到自己的力量；丰富儿童的生活印象，促进儿童智力的发展，培养儿童社会性行为。蒙台梭利坚持教师应成为这一"有准备的环境"的创设者和维护者，使这个环境充满舒适、清洁、秩序、和平。让幼儿在教师为其创设的"有准备的环境"中进行自由活动和自我教育，而教师则"被动"地观察、研究和进行必要的指导。教师应当为幼儿提供具有吸引力且能够保持他们专注于工作的环境。在教师提供的环境中，幼儿可以自由地选择、操作教具，获得自由的环境经验，从而得到能力的发展。蒙氏教育的环境应该是有序的、美的，同时又必须是贴近儿童生活实际的，具有保护性和吸引力。

二、教师是幼儿的示范者和指导者

蒙台梭利把教师称为"启导员"。她认为教育工作者的首要任务是刺激生命，使儿童自由发展,因此,教师是幼儿教育活动的示范者和指导者。

（一）示范者

教师首先在自己的言行、仪表等方面起示范榜样作用,如举止自然优雅、仪容整洁、宁静端庄等。因为儿童的心智是"吸收性"的,教师的任何言行举止都可能无意地影响儿童人格的发展。

在儿童刚开始接触教具时,教师在鼓励儿童使用的前提下,可以做一次示范性操作;或者儿童对某些较复杂的教具虽已操作过,但操作起来比较困难,教师可做适当解释,但必须做到简单、明了、准确。

（二）指导者

儿童的发展离不开教师的指导和协助。蒙台梭利说:"必须把教育理解为对儿童生命的正常扩充与发展给予积极的帮助。"

教师应该掌握好适度干预的时机和方式,时刻准备着在儿童需要的时候帮助他们。但教师的支持和帮助,必须以引导孩子向独立自主的方向发展为目标,而不是包办代办。传统的说教会破坏儿童自发的活动和独立自主意识,扼杀他们的主动性和创造性。

同时,在儿童的自由损害集体利益、冒犯或干扰他人时,教师还要负起维护良好纪律和阻止不良行为的责任。对幼儿超越自由限度的行为如冒犯打扰他人等,要予以禁止和纠正。

三、 教师是幼儿的观察者

观察是幼儿教师必须具备的素质。教师在教育过程中,应当将自己定位于观察者,才能耐心地等待而不去粗暴地干涉儿童的各种自由活动,使儿童能够自动地将其内在需求显示出来。活动是儿童内在生命力的外部表现,教师只有通过观察儿童在自由活动中的各种行为表现,包括儿童是否对对象感兴趣,怎样感兴趣,兴趣的持续时间长短等,甚至应该注意儿童的面部表情,才能真正地了解儿童的精神,并揭示其生命的准则——内在的秘密,而给予适时与适量的帮助。

观察者的这一角色不是自然生成的,它需要采取一系列有效的措施来加以训练,包括观察能力的提高、科学的观察态度的养成和强烈的观察欲望的激发等,并且还需要不断地实践去提高观察水平。

四、教师是幼儿的研究者

教师的研究者角色是与观察者角色紧密连在一起的。蒙台梭利强调一个好的教师应当是一个科学工作者。为了了解儿童的欲望必须用科学的方法研究他们,因为儿童的欲望常常是在不自觉的情况下流露出来的。教师通过对儿童自由活动的观察得到信息,用这些信息来研究儿童的需求,并设法帮助他们。

幼儿教师只有把自己视作研究者,不断钻研业务,其认知结构、知识经验结构等方面才能始终处于一种开放的状态,即始终能够与外界保持良好的联系,时刻关注专业发展动态,并能较快地接受新的观念。在开放的追求中,不断地完善和超越自己。教师不仅是教学的主体,还应成为幼教研究的主体。如果幼儿教师不去研究每个幼儿,就无法了解每一幼儿的特点,"因材施教"等现代教育所倡导的个别化教育的理念便会落空,而教育就有可能成为一种无效或负效的影响。

拓展阅读:《蒙台梭利教师十大守则》

任务三:通晓蒙台梭利教育理论之教育观

案例导入

明明的奶奶特别疼他,不放心他去做有一丁点儿危险的事情。小朋友们在沙坑里玩,明明想去,奶奶阻止他:"太脏啦,全是细菌。"小朋友们爬到小土坡上往下滑,奶奶也觉得太危险不让他去。明明很想和小朋友们一起玩,但是奶奶这也不让那也不让,他只能呆呆地看大家愉快地玩耍。他的所有尝试都被奶奶打断,他渐渐失去了探索的欲望。

案例思考

1. 在生活中你肯定也遇到过明明奶奶那样的家长。应该如何引导这些家长放手呢?

2. 未来存在各种各样的挑战,怎样才能让孩子们为这些挑战做好准备呢?请你从蒙台梭利的理论中找到帮助他们的办法。

一、提供有准备的环境

蒙台梭利认为儿童的发展是个体与环境交互作用的结果,环境的重要性仅次于生活本身,环境对人的发展有改变的力量。因此她所创设的教育体系的最根本的特征就是对环境的强调。

她认为,合适的环境需具备以下几个要素。

(一)自由的氛围

自由是蒙台梭利环境中的首要因素。只有在自由的氛围中,儿童才会显露他们的本质,展露发展的可能。只有在自由的环境中,儿童通过自由的选择可以获得意志上的独立,使其身体的功能在自由的活动中获得完善和提高,并且使其心理、人格获得完善,最终达到具有和谐、独立人格的状态。

(二)结构和秩序

儿童成长的环境应表现外面世界的结构与秩序,以使儿童能够了解、接受,进而建立自己精神上的秩序。蒙台梭利教室中,各种活动区域划分明确,各种教具材料由易到难、由简到繁、错落有致地摆放在高矮适中的教具柜上,并随儿童发展水平和发展需要不断调整和更换。

（三）真实和自然

环境中的设备应尽量真实,接近自然生活,以使儿童能够尽早地适应社会,提高实际生活能力。蒙台梭利教室中有由儿童照顾的生物,有儿童按照实际生活的要求和规则操作的真实材料及实验器材,如真的冰箱、烤炉、水池、电话等,及喝水的玻璃杯、削水果的带刃刀子、洗衣服用的搓板等。

（四）和谐与美感

环境无须装潢得精巧,布置得纷繁,应简洁、明快、协调、有朝气。蒙台梭利学校通常都是低层建筑,室内宽敞明亮,色彩柔和,户外安全、洁净、绿草茵茵。师生交谈轻声细语,操作材料轻拿轻放,环境中的气氛轻松、和缓、温暖,儿童乐在其中。

（五）拥有符合儿童身心发展需要、体现对儿童的教育要求、包含有丰富　　　教育内容的教具材料

蒙台梭利教室中有四大类教具,包括日常生活练习教具、感官训练教具、知识性训练教具和艺术类训练教具。

二、自由教育

蒙台梭利认为,在教育活动中,儿童是主体,是中心,教师是儿童活动的观察者和指导者。儿童具有天赋的生长潜能,具有内在的生命力。只有在自由的条件下产生的自我创造才能成功。

她提倡儿童根据自己的能力和需要去自由选择教具,独立操作,自我校正。她相信,没有一个人是由别人教育出来的,他必须自己教育自己。所以她设计的教具中设有专门的"错误控制"系统,如果儿童没有按照正确的方法去操作,那么操作就会失败,进行不下去。儿童在操作过程中根据教具的暗示进行自我教育,而不过多依靠成人的指点和批评。当儿童反复尝试成功以后,会获得喜悦和自信,这便是自我奖赏。传统教育中的评比、表扬、恐吓和批评,会使儿童依赖外部评价,屈从权威,丧失独立思考的能力,缺乏自信,失掉学习的乐趣。

但蒙台梭利所说的自由并不是无原则的自由,并不是任由儿童为所欲为的自由。儿童的暴力行为、粗野行为、干扰他人的行为等不良行为在蒙台梭利环境中是禁止的。除这些行为的其他行为都是允许儿童去做的。

三、儿童的发展是在活动中实现的

蒙台梭利认为儿童的教育不是以填鸭式的灌注知识为主,而是以活动为主。活动是

儿童内在生命力的外部表现。她认为早期教育的目的不应该是将一些经过选择的事实塞给儿童,而是通过活动培养其自发的学习欲望。环境本身不能制造儿童的能力,只是提供儿童活动、发挥他们能力的场所和材料,只有让儿童运用各种感官,通过各种形式去感知、研究和探索他们周围的环境,才能发展其内在潜力。

她所指的活动就是"工作"。如果儿童能全神贯注地工作,正说明这种工作能满足他内在的需要。这个过程也就是儿童生理和心理实体化的过程。这不仅使儿童得到心理上的满足,而且也使他获得独立的能力。总之,工作对于儿童来说是极有帮助的,能有助于他的肌肉协调和控制,能使他发现自己的潜力,能有助于他培养独立性和意志力,能使他在生命力不断展现的神秘世界中练习自己,并进一步完善自我。

任务四：通晓蒙台梭利教育法及施行步骤

📝 案例导入

在某早教中心的活动室里,教师一边念儿歌"食指拇指碰碰,食指中指剪剪,我是小小魔术师"。一边带领家长和宝宝做手指游戏。随后,教师出示自制的魔术瓶,边示范边念儿歌"我是小小魔术师,摇一摇,碰一碰,变出红色真神奇",边变出红色、黄色、绿色魔术瓶,节奏忽快互慢。接着,教师给宝宝几个魔术瓶,让其在多次的重复中,说出颜色词红色、黄色、绿色。

📕 案例思考

1. 教师开展这些活动的目的是什么?
2. 教师开展这些活动有什么依据?

一、教育目的

蒙台梭利关于教育目的的观点与实践是蒙台梭利教育法的第一要义,它规定了蒙台梭利教育法的起点和方向。蒙台梭利教育法所倡导的教育目的包括直接目的和最终目的,是直接目的与最终极目的的有机结合。

(一) 直接目的——培养具有健全人格的人

蒙台梭利认为,教育不再是传授知识的主要途径,而是应该寻求新的途径来释放人的潜能,幼儿教育的目的在于帮助幼儿的智力、精神和体格得到自然发展。智力、精神和体格正是构成健全人格的要素。

(二) 最终目的——建设理想的和平社会

蒙台梭利希望通过培养具有健全人格的一代"新人"建设理想的和平社会。在蒙台梭利看来,人类和平的实现不能仅仅通过军事手段或政治手段,因为这些手段只能赢得暂时的和平。真正持久的世界和平应该以人与人之间的友爱为基础,使全世界处于正义和爱的和谐状态中。由此,蒙台梭利教育法立足于在个体年幼时期为他们提供自由、和平、彼此理解、相互尊重的"有准备的环境",培养出一代又一代的新人类,并通过一代代的"新人"建设和平社会。

在晚年,蒙台梭利致力于宣传通过教育建设理想和平社会的主张,三次被提名为诺贝尔和平奖候选人。

二、教育内容

蒙台梭利指出在"儿童之家"中对幼儿的教育应该包括以下四个方面。

(一)肌肉训练

肌肉训练不仅有助于幼儿的身体发育和健康,而且有助于幼儿动作的灵活、协调和正确,还有助于锻炼幼儿的意志和发展幼儿之间的合作关系。如坐、走、站及抓握等。

(二)感官训练

蒙台梭利认为,必须对幼儿进行系统的和多方面的感官训练,使他们通过对外部世界的直接接触,发展敏锐的感觉和观察力。这是幼儿高级的智力活动和思维发展的基础。她认为感官教育的主要目的是通过训练视觉、听觉、触觉、味觉和嗅觉,使幼儿感官敏锐,促进观察、判断、比较、归类等能力的发展。

视觉训练在于帮助幼儿提高视知觉,鉴别大小、高低、粗细、长短、形状、颜色及不同的几何形体;触觉练习则是帮助幼儿辨别物体是光滑还是粗糙,辨别温度的冷热,辨别物体的轻重、大小、厚薄;听觉训练使幼儿习惯于区分声音的差别,使他们在听声的训练中不仅能够分辨音色、音高,还能培养初步的审美和鉴赏能力;嗅觉和味觉的训练则是注重提高幼儿嗅觉和味觉的灵敏度。蒙台梭利希望通过这一系列的感官训练,使幼儿成为更加敏锐的观察者,促进和发展他们一般感受的能力,并且使他们的各种感受处于更令人满意的准备状态,以完成诸如阅读、书写等复杂的动作,也为将来进行数学的学习打下基础。

(三)实际生活训练

蒙台梭利十分重视幼儿的实际生活练习,包括清洁、秩序和安静练习、日常活动中的实际生活练习、园艺活动和制陶作业。其中促进儿童独立的日常生活练习最为突出。它可以分为两方面:一方面是儿童的自我服务,包括穿脱衣服、刷牙、洗脸、洗手、梳头等盥洗活动;另一方面是管理家务的工作,包括扫地、拖地板、擦桌椅、摆餐桌、端盘子、整理房间等。

(四)知识教育

3～6岁幼儿天生具有学习初步知识的能力,完全可以教他们学习阅读、书写和计算。初步知识教育与感官训练是相联系的,正确的感官训练有助于初步知识的教育。

幼儿读、写、算以感觉训练为基础,通过触觉练习,幼儿可以自然地进行书写练习,在描摹的基础上,幼儿会爆发出书写能力。

阅读教学也以感觉教育为基础。儿童之家设计了简单字母教具,让幼儿进行练习,使视觉、触觉、听觉和发音结合起来。这样,幼儿在掌握了书面技能之后就转入阅读的练习。

数和算术教学也遵循由简单到复杂的顺序,虽然根据生活实例进行,但教学中大量运用各种感官教具。首先利用幼儿日常生活中接触到的物体帮助幼儿练习计数;其次用图形数目字通过幼儿触摸等方式进行认识和记忆数目字练习;最后用漆成红蓝相间的木棍,教幼儿学习1~20的加减乘除。

三、教育方法

1. 预备环境

蒙台梭利非常强调一个适合生命发展的环境对儿童的重要性,所以在蒙台梭利教学法中,首要的条件就是如何为儿童准备一个适合他们生命发展的环境。

拓展阅读:《欧美蒙台梭利教室是啥样》

2. 发现意愿

蒙台梭利提出了"敏感期",是指儿童学习某种知识和行为比较容易,心理某个方面发展最迅速的时期,体现了儿童在某一阶段的某种需求。成人如果能在孩子敏感期内提供相适应的环境和教育,对于孩子的启发和发展将是事半功倍的。

3. 协调意愿

蒙台梭利教师与传统教师最大的差别,在于蒙台梭利教师所扮演的角色不止是"教"学生,而是作为教具、儿童及学习意愿的协调者。她必须依儿童的需要而整理环境,并且观察儿童的需要和意愿,提出适当的教具来让儿童"工作"。

4. 延长工作周期

延长工作周期是指当儿童专心进入"工作"情境时,教师不应由于时间关系去打断儿童的工作,限制儿童的行为,而是鼓励儿童将工作状态继续下去,让儿童酌情地反复练习,感到"工作"的乐趣,其目的就是在于培养儿童的专心和耐力,使儿童发生"真正的成长,即心智的任性发展",因为一个儿童未来生命发展的"精度"与其"专心和耐力"的程度是成正比的。

5. "观察—实施—记录—研究—发现—再设计"的循环

教师的教育规划不是固定不变的,而是要随时观察、记录和研究儿童的个体差异、不同的敏感期和不断的成长过程,对拟定的教育规划不断修改,以便真正发现儿童内在的需要,并给予适当的引导,使其生命成长得更加美好。

四、课程环节

蒙台梭利课程体系要体现顺序性。蒙台梭利课程一般坚持由易到难、由简到繁的原则。课程的设计与实施在时间上除了针对儿童能力进行合理的安排之外,还在课程的每一个单元和课程的各个环节上体现了一定的顺序性。

如在许多蒙台梭利早教课程中,一般为90分钟8个环节。这8个环节是:走线(双手叉腰脚尖对脚跟,逆时针地沿蒙氏线走)、介绍自己、趣味游戏、示范工作、选择工作、器械游戏、总结工作、圆圈游戏结束。蒙台梭利教师在课程实施方面按照一定的顺序,可以帮助孩子建立一种规则意识,从而逐渐内化为自身的学习方式和学习态度。这8个环节的时间并不是一成不变的,因为课堂要素是变化的和多元的,因此教师可以根据课堂上幼儿的情况进行随时调整。

参考教案一

粉 红 塔

科目:感官

名称:粉红塔

活动目标:

1. 通过视觉,强化大小概念,学习立方体的概念,同时观察和理解由大及小和由小到大的渐变顺序(三次元空间差异变化)。

2. 锻炼手眼协调和手腕的控制力。

3. 培养注意力的集中和敏锐的观察力,培养逻辑思考能力。

活动准备:

粉红塔,工作桌,从托盘中将粉红塔放于桌子右侧。

活动过程:

1. 预备活动

师幼互相问候,跟随音乐走线。

2. 操作

(1) 最大的和最小的

教师取出最大的和最小的,放在桌子的上方。

① 命名最大的、最小的;

② 请小朋友指认,哪个是最大的,哪个是最小的;

③ 请小朋友说出,这个是什么(最大的),那个是什么(最小的)。

(2) 按由大到小的顺序搭高

粉红塔散放在教师右侧,教师右手示意,在粉红塔中选取最大的一块,(在每个正方体上面做停顿,示意幼儿是在挑选),然后按大小次序居中堆高,指出形状像塔,强调每一块的颜色和形状、材质是一样的,只有大小变化。让幼儿清楚看到塔的除掉方法,一个一个取下,散放在右侧。

(3) 归位

从最大的开始收入托盘。

(4) 延伸练习

① 对正立方体的两边及夹角,垂直向上堆高。

② 10个立方体呈水平的序列排放。

③ 从倒数第二个正方体开始变换90°,依次向上,引导幼儿从上向下观察其形状特

点,教师询问幼儿像什么。

④ 教师没有按照大小顺序垒搭,让幼儿纠正。

⑤(伴随记忆的练习)请幼儿闭上眼睛,教师从中间抽出一块,问:"这一块从哪里抽出来的?"

⑥ 从中间抽出另外一块,藏起来,请幼儿找出原来的位置。

3. 作业

用粉红色纸做十个大小渐减的正方形。课堂完成对图样的部分裁剪,课后完成裁剪及大小渐次排序。

参考教案二

按颜色分类

活动目标:

1. 能够辨识五种不同颜色、三种不同形状,建立起幼儿对颜色和形状的认知。

2. 通过对不同形状卡片的堆叠,能够进行一些手部细微动作的练习,锻炼幼儿的手部小肌肉。

活动准备:

取红、黄、蓝三色纸板,剪成圆形、三角形、正方形纸片,每种图形每种颜色各5个。

活动过程:

1. 走线,教师弹琴,让幼儿跟着音乐走线。

2. 做线上游戏《好朋友抱抱抱》。

第一轮教师请出6个小朋友,边拍手边念儿歌"一二三,两人抱抱"。(找到旁边的好朋友抱在一起)重复两次。第二轮教师可请9人或12人一起来玩,边拍手边念儿歌"一二三,三人抱抱"。(找到旁边的三个人抱在一起)重复进行两次。

3. 回座位。

4. 教师按顺序出示三种颜色让幼儿认识。

5. 做游戏《小花快快开》。

教师先请3个小朋友上来玩一次游戏,给幼儿按顺序带上圆形三色卡片,站成一排。教师说红色小花快快开,带有红色卡片的那个小朋友双手上举打开,并且向前走出一步。教师再提问幼儿:"你们看看红色小花旁边的小花是什么颜色呀?"幼儿回答:"是黄色,他们两个是离得最近的。"教师请小朋友一起说黄色小花快快开,请出黄色小花。以同样的方式请出蓝色小花。引导幼儿说出三种不同颜色的名称。

6. 教师按顺序出示红色的圆形、三角形、正方形卡片,让幼儿认识。

7. 做游戏《拼小猫》。

教师在黑板上画一个大圆,教师说,小猫的耳朵是红色的三角形,眼睛是黄色的圆形,鼻子是蓝色的三角形,嘴里咬着的面包是黄色的正方形,请小朋友们帮助老师把小猫贴好。请出两位小朋友给小猫贴上耳朵,两位小朋友给小猫贴好眼睛,一位小朋友贴鼻子,一位小朋友贴面包。引导幼儿说出红色的三角形、黄色的圆形、蓝色的圆形、黄色的正方形等名词。

8. 教师讲述故事,让幼儿将相同颜色、相同形状的卡片归类放到格子内。

9. 交流小结,收拾学具。

10. 做游戏《找朋友》。

教师可把全班幼儿分为 9 个一组来玩游戏,分别带上三种颜色三种形状的卡片,让幼儿记住自己的颜色和形状。游戏开始,教师可以任意说出一种颜色或形状,如教师说"红色",则请带有红色任意形状卡片的三位小朋友拉着手一起站出来,看看谁最快最准,并给予表扬或奖励,并分别报出自己的两个同伴的形状。游戏可多次进行。(应适当调整幼儿的数字,尽量避免重复)

活动反思:

未考虑到幼儿对课程内容的接受能力,课程内容多。

活动延伸:

请幼儿回家后和家长一起辨认家中的家具颜色及形状。

任务五:评 述

📝 案例导入

蒙氏教育受到不少家长的追捧,很多早教中心也以蒙台梭利为卖点。亲临一些教学现场,我们可以看到教师用精练的语言一丝不苟地向儿童展示操作过程,而孩子们也认真练习教师的每一步操作步骤。每种教具有固定的操作方法,如果有不一样的地方,就被认为是"错误",需要"修正"。

🔺 案例思考

1. 你认可这样的蒙氏教学现状吗? 谈谈你所了解到的情况。

2. 试讨论下如何改变这样的现状?

一、蒙台梭利早期教育理论的贡献

1. 对智障儿童教育的贡献

蒙台梭利向社会呼吁,智障儿童应当与正常儿童一样享有受教育的权利。在从事身心缺陷和精神病儿童的治疗工作中,她发现自己为智力缺陷儿童设计的教育方法也适用于正常儿童,而且会获得更显著的效果。

2. 推翻了智力不可改变的旧观念

蒙台梭利由感官教育开始,使孩子"耳聪目明",能更为"精确敏锐"地认识事物,证明了后天环境对智力的影响。她强调心理的发展虽是由内驱力推动的,但发展绝不是单纯的内部成熟,离不开环境和教育的影响,而是机体和环境相互作用的结果。

3. 发现了生长法则

蒙台梭利发现了人类成长及生存的重要法则和规律,让幼儿教师和母亲们能了解孩子是怎样成长的,以及该如何帮助孩子发展智能和发掘潜力。这项成就不但解放了儿童,同时造福了人类。

4. 提出了早期教育的重要性

蒙台梭利重视儿童的早期教育,认为童年的教育影响人的一生。儿童具有无限深厚的潜力,必须在幼儿的这个时期把握孩子各项成长的敏感期,用合理有效的办法提升儿童各感官的吸收力和认知辨异等动脑的思维力,同时培养他们爱学习、能独立、肯研究、爱世界的德行。

5. 将孩子从大人的桎梏下解放出来

蒙台梭利教育就是让儿童在有准备的环境中,根据自己的意愿和进度学习,从而促进儿童的发展。她把儿童的学习活动概括为"工作",认为工作是儿童的天性需要,儿童与成人的工作性质截然不同,工作是开展人类自然禀赋的唯一途径,儿童通过工作走向正常化,在工作中身心获得自然的发展。

6. 对后世的恒久启示

蒙台梭利终其一生探索科学的幼儿教育法,向世人展示了以前不曾被发现的童年的秘密,提出了许多有价值的见解,引发了后世的教育家对认知理论、智力结构和创造力训练的"再发现"。她的实证性与前卫性的幼儿教育观点,更推动了后世的医学家、生物学家、心理学家和教育学家在胎教、幼儿教育学的理论和方法上,有更为精进的研究和发现,值得人们吸取、借鉴或进一步研究。

二、蒙台梭利早期教育理论的缺憾

(一)孤立的感官训练

蒙台梭利非常强调感觉训练,感觉教育是蒙台梭利课程体系的核心部分。她精心为儿童设计了一套感觉教具,并提出感觉训练的方法和原则,具有重要的价值。然而,她的感觉教育也有美中不足之处。

1. 孤立地训练各种感觉

蒙台梭利设计的每一种教具都是专门针对某种特定的感官的。实际上,蒙台梭利的这种观点违背了儿童心理发展的一般规律。首先,儿童在认识事物时,往往是把事物作为一个整体来反映的,知觉的整体并不是长短、高低、大小、颜色、形状等各种感觉的简单结合。其次,感知觉能力是不可能自然而然地过渡到理解力、概括力等抽象思维能力的。此外,美国的卡特尔等人对感觉敏度和认知能力的关系进行测量,结果发现一种感觉敏度与另一种感觉敏度并不相关,而且没有哪种感觉敏度与智能有明显的关系。

2. 训练的方法带有机械化和形式化的色彩

蒙台梭利强调在操作教具时给儿童自由,但这种自由只是选择教具和选择操作时间上的自由,儿童在操作教具的方法、规则上则没有自由,因为蒙台梭利教具的操作步骤和方法是固定的。儿童按照固定的步骤和方式不断地进行重复练习,剥夺了他们自主建构、自主探究、自主发现的权利,不利于儿童主动性和创造性的发展。

（二）艺术教育课程方面

蒙台梭利明确指出了艺术教育的必要性，也开展了一些艺术教育活动。在蒙台梭利学校，绘画教育主要包括三种活动：自由绘画、画圆和涂色。她强调绘画的基础和写字的基础是相同的，关键是手的娴熟。音乐教育主要包括节奏感训练、听觉辨音训练和识谱、记谱训练。这种音乐训练的方式本身有一定的价值，但在整个音乐教学中，蒙台梭利忽视了对音乐的美感和情操的培养，使音乐教育失去了很大一部分价值。

总的来说，蒙台梭利的艺术教育思想和实践是比较落后的，她更看重的是艺术的工具价值，而不是本体价值。有人曾指出："在蒙台梭利教育方案中缺乏最能发展儿童创造力的、自由的艺术教育。"

（三）语言教育课程方面

从现代心理学和教育学的观点来看，蒙台梭利的语言教育是有问题的。最重要的问题就是忽视了语言学习中最重要的学习方式——交流。在提早学习读、写、算问题上，有些教育家"从珍惜儿童童年的立场出发而反对这一做法"。

另外，蒙台梭利反对在"儿童之家"讲神话故事，认为这些故事只能使儿童产生幻想，并且听故事对学生来讲是被动地接受，违反了活动的原则。她过分强调了真实性，没有看到想象对儿童发展的价值。

（四）社会性——品德教育课程方面

蒙台梭利的教具缺乏变化，缺乏社会生活训练和社会关系。儿童的学习一般是独立进行的，每个儿童所关心的是他自己的活动，其他的儿童仅仅"靠近"别人或在别人"边上"而不是互相"在一起"，因而社会合作的机会比较少。

（五）健康教育课程方面

蒙台梭利主张让儿童想睡就睡，不想睡就不睡。其实，这种完全由儿童自行掌握早晚睡眠时间的做法对于孩子即便是成人也显得过于自由，难以培养儿童良好的作息习惯。

另外，对于儿童膳食的问题，蒙台梭利的有些观点也是不科学的。比如，她认为鸡蛋和牛奶在煮后会被破坏营养成分，且不易吸收，主张让小孩食用母鸡刚产下的温热的生鸡蛋，喝刚从奶牛身上挤出的鲜牛奶；年龄小的孩子少吃肉，绝不能给孩子吃煮的肉，绝对不能食用龙虾、牡蛎等软体动物和甲壳动物，不可食用各种乳酪，不赞成儿童食用绿色蔬菜，尤其是生食等。

三、正确把握和利用蒙台梭利教育法

（一）完整认识蒙台梭利教育法

蒙台梭利教育法作为一种模式，有自己相对完备的系统，其儿童观、教育观是其教育方法的出发点。借鉴时应注意到蒙台梭利教育法重视的是对儿童自身的研究，重视的是尊重儿童、根据儿童的内在需求引导儿童的成长和发展。

其教育内容既包括以使用工作材料为主的内容,还包括不以工作材料为主的内容。我们学习蒙台梭利,不能单单学习那一套教具,要理解蒙台梭利教育的精髓,学习蒙台梭利研究儿童、关心儿童、从儿童出发的精神,以帮助生命发展为基点对蒙台梭利思想的体系进行全面的把握。

(二)改进和发展蒙台梭利教育

起源于 100 年前的意大利的蒙台梭利教育,固然有不少可借鉴之处,但随着社会和时代的发展,以及民族文化的不同,其历史局限性和文化差异性也是必然存在的。同时,蒙台梭利教育也不是一成不变、不可发展的,因此,我们要结合我国国情,用发展的观点来看待、研究蒙台梭利教育,使其在中国健康地成长。

1. 扩展教育内容

国外一些蒙台梭利教育思想的追随者顺应时代的发展,将蒙台梭利方案中原有的五大领域扩展为十大领域,分别为日常生活训练、感觉教育、语言教育、数学教育、文化教育、体能(大肌肉活动)、音乐教育、美术教育、戏剧(角色扮演)、社会教育(包括社会交往技能的练习)。这种改进和发展对我国当前的幼儿教育有着十分积极的意义。现代美国蒙台梭利协会也强调,让儿童通过可视艺术、音乐、舞蹈和戏剧来表达自己。

2. 把握思想实质

不拘泥于形式,不生搬硬套蒙台梭利模式。比如,虽然很多研究已表明,混龄的教育形式更有利于儿童社会性的发展,能在一定程度上弥补同伴之间互动的不足,但我国的儿童多为独生子女,在家中缺少玩伴,早教机构和幼儿园能够为儿童提供同龄的伙伴,再加上师资力量不均衡,早教机构和幼儿园可以根据自己的实际情况选择混龄还是同龄。蒙台梭利课程的核心在于在理解和尊重儿童的基础上,观察、了解儿童发展的内在需要,以确定其个别化教学的目标,满足不同儿童的需要。

拓展阅读:《基于蒙台梭利教育理念的幼儿园人文环境创设》

同 步 实 训

蒙台梭利课程实践

1. 实训目的
加深学生对蒙台梭利教育理论的认识。

2. 实训安排
(1)学生选择蒙台梭利课程内容中的一部分,分组进行讨论,并尝试运用。
(2)分析并体会蒙氏课程的适用性与特点。

3. 教师注意事项
(1)由早教机构中的具体事例导入对蒙台梭利课程的认识。
(2)提供一些蒙氏课程的简单案例,供学生讨论。
(3)参观早教机构或提供其他相应学习资源。

4. 资源（时间）

2 课时、参考书籍、案例、网页。

5. 评价标准

表 现 要 求	是否适用	已达要求	未达要求
小组活动中,外在表现(参与度、讨论发言积极程度)			
小组活动中,对概念的认识与把握的准确程度			
小组活动中,角色扮演的精准度			
小组活动中,文案制作的完整与适用程度			

知 识 结 构

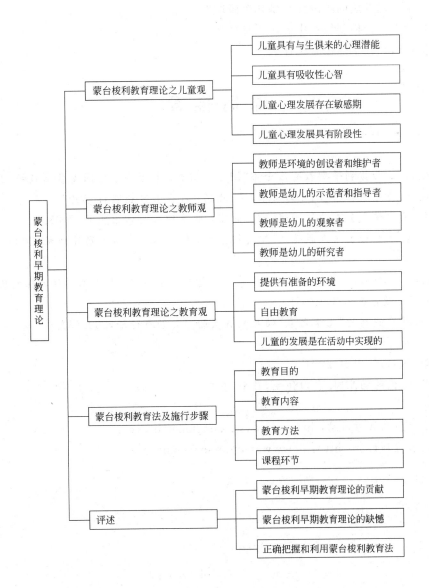

教学做一体化训练

一、重点名词

蒙台梭利　儿童敏感期　有准备的环境

二、课后讨论

1. 蒙台梭利教学可以给我国的幼教改革特别是早期教育改革提供哪些启示？

2. 蒙台梭利理论的优缺点分别有哪些？

三、课后自测

1. 列举蒙台梭利所说的儿童敏感期。

2. 儿童心理发展的阶段性是哪几个阶段？

3. 教师在蒙台梭利教育中的作用是什么？

4. 蒙台梭利教学的核心是什么？

课 后 推 荐

图书：

1. 蒙台梭利.蒙台梭利早期教育法全书[M].万信琼,译.北京：中国发展出版社,2004.

2. 蒙台梭利.童年的秘密[M].马荣根,译.北京：人民教育出版社,1990.

3. 张红兵.蒙台梭利教育理论概述[M].北京：北京理工大学出版社,2007.

4. 蒙台梭利.蒙台梭利早期教育法[M].祝东平,译.北京：中国发展出版社,2006.

期刊：

1. 王微丽,范莉,何红漫.吸收·融合·发展——学习与借鉴蒙台梭利教育法的探索历程[J].
幼儿教育·教育教学,2008(05).

2. 田景正.蒙台梭利的"儿童之家"幼儿教育实验[J].幼教论坛,2003(3).

电影：

1. 幼儿园.张以庆,中国,2004.

2. 再见啦,我们的幼儿园.水田伸生,日本,2011.

网站：

1. 中国蒙台梭利官方网站：http://www.mengtaisuoli.org/.

2. 中国蒙台梭利协会：http://www.montessori-china.org/.

模块五
瑞吉欧方案教学

学习目标

- 识记：方案教学、《儿童的百种语言》。
- 领会：研究性学习；瑞吉欧方案教学的主要特色。
- 理解：分析瑞吉欧方案教学中的师幼关系；瑞吉欧方案教学的形成及发展过程；生成课程的内涵。
- 应用：1. 瑞吉欧方案教学可以给我国的幼教改革特别是早期教育改革提供哪些启示？
       2. 根据瑞吉欧的幼教经验，试提出在早期教育中生成课程的基本思路。
       3. 试分析比较瑞吉欧方案和蒙台梭利教育法的异同点。

模块描述

本模块主要了解瑞吉欧幼儿教育方案产生、发展的时代背景，了解瑞吉欧幼儿教育方案的基本情况和主要特色，掌握瑞吉欧幼儿教育方案的核心即弹性课程与研究性学习的有关内容，明确瑞吉欧幼儿教育方案对我国幼儿教育改革和发展的几点启示。

任务解析

根据早期教育职业工作活动顺序和职业教育学习规律，"瑞吉欧方案教学"模块可以分解为以下任务。

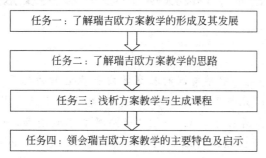

任务一：了解瑞吉欧方案教学的形成及其发展

任务二：了解瑞吉欧方案教学的思路

任务三：浅析方案教学与生成课程

任务四：领会瑞吉欧方案教学的主要特色及启示

瑞吉欧·埃米利亚(Reggio Emilia)是意大利东北部的一个小城市,以其低失业率和低犯罪率、广泛而高质量的社会服务以及地方管理机构的高效、诚实和富裕闻名于全国。自20世纪60年代以来,罗利斯·马拉古兹(Loris Malaguzzi)和该城市的教育工作者、家长和社区成员一起兴办并发展了该地的学前教育,经过数十年的艰苦奋斗,使意大利在举世闻名的蒙台梭利之后,又形成了独特而具有变革性的教育教学理论、学校组织的方法和环境设计的原则,建立了一套公立幼儿教养体制,并在全世界巡回展出,人们称这个综合体为"瑞吉欧·艾米利亚教育方法"。

1981年,题为"当眼睛越过围墙时"的展览在瑞典展出,1987年,在美国展出并更名为"儿童的一百种语言",此后,瑞吉欧成为欧洲的变革中心和世界各地教育者朝拜的圣地。当代教育心理学家吉罗姆·布鲁纳在观看展出后评论道:"最打动我的地方是他们如何培养孩子的想象力,同时在这一过程中他们如何强化孩子对'可能性'的认识和知觉……我参观时的第一个感受,那就是'对人的尊重。无论是孩子、教师、家长还是学校的全体员工,都认真地看待每个人在世界中试图创造自身的价值所代表的意义'。这份想象力和尊重使瑞吉欧·埃米利亚的教师和教育工作者的工作与众不同,……这些教育机构是一种正在学习、正在行动和想象的人所组成的团体。人人都致力于探索充满可能性的世界,都在建构充满可能性的世界,都在建构新的经验……我认为瑞吉欧·埃米利亚现在有责任向全世界更广泛地推广过去和现在的经验,必须开拓一种世界性的合作方案,支持这种对儿童、对童年和对教育的反传统思想。"

30多年来,这一展览一直在世界各地举行,不断地向世界传递着一份对儿童的潜能的尊重和认可。随着人们对瑞吉欧幼教体系越来越多的了解,瑞吉欧的幼教体系也越来越得到世界的承认。当地著名的黛安娜幼儿园被美国的《新闻周刊》评为"世界上最富创意、最先进"的学校,其他的学校也获得了美国芝加哥Kohl基金会奖、安徒生奖以及地中海地区国际学校协会的颁奖等各种奖项。美国幼儿教育协会(NAEYC)多次举办瑞吉欧教育学术交流会,而瑞吉欧方案教学的创始人和推行者马拉古兹也于1992年获教育工作贡献奖,甚至还被加德纳称为与福禄贝尔、蒙台梭利、杜威和皮亚杰齐名的伟大的教育家。

那么意大利瑞吉欧的成功经验有哪些?其方案活动是如何开展的?其中反映出了什么样的儿童观、教师观?本模块将从意大利瑞吉欧方案教学的理论和历史背景,该体制运行的基本思路,方案教学的内容和过程,以及从中反映出的儿童观、师生观以及师生关系的特点等几个方面展开论述。

任务一:了解瑞吉欧方案教学的形成及其发展

✎ 案例导入

杂志上曾经刊登过这样一例事实:留学美国的教育学博士黄全愈的儿子,在国内时3岁学画国画,寄到美国的"竹子图"让美国教授大为惊叹。黄博士的儿子5岁到美国后继续学画,去学校几次后,儿子不愿再去了。儿子说:"老师根本不教绘画,一点儿也不教!"黄博士悄悄去学校观察,发现美国教师的教学几乎是将孩子们"放羊",出一个题目,让孩子自由去画。教师不讲基本的笔法,不讲布局结构,也不在黑板上画示范画让孩子临摹。这样的教学方式黄博士觉得是误人子弟。

案例思考

请问你怎么看待美国教师的做法?是否同意黄博士的看法?

一、顺应时代的需要

瑞吉欧的幼教体系最初是从"二战"后的废墟中建立起来的家长学校。20世纪50年代初期,随着儿童数量的不断增多和"二战"后城市化进程的加剧所带来的妇女广泛就业问题,儿童接受学前教育成为家长们的普遍要求,瑞吉欧的幼教事业开始有了一定的发展,对家长学校的管理也提出了更高的要求。1967年,瑞吉欧·埃米利亚市开始实行对所有的家长学校统一管理。

与此同时,随着现代技术在社会中的作用日益明显,伴随着科技的巨大成就,人类社会出现了一系列的难题,整个社会处于急剧变化的过程中,教育也迎来了又一次的机会和挑战。

瑞吉欧人意识到:仅注重传授知识是一种有严重缺陷的教育。面临全新的教育环境,如若要生存,教育的目标就应该是促进变化和学习。唯一受过教育的人是已学会怎样学习的人,是已学会怎样适应变化的人,是已认识到任何知识都不是完全可靠,唯有探索知识的过程才是安全基础的人。为了让幼儿学会适应变化,学会在变化万千的社会中生存,就有必要转移教学目标的重心,从原来的对知识的记忆掌握转移到人的智力、能力和创造性的发展,同时满足社会对新技术力量的需求提出的要求。与在培养目标上的要求相应的,是对教育过程和教育内容的新要求——不能再满足于知识的传递和记忆,而是要充分认识儿童的潜能,给儿童一种积极的文化氛围,让儿童享受与同伴游戏和相互学习的快乐,让儿童学会学习,学会独立地获取知识。

二、得益于优良的传统——社区支持教育

瑞吉欧·埃米利亚的幼教事业的蓬勃发展,和当地的优良传统——社区对教育的支持是分不开的。首先,最初的幼儿学校是由家长从"二战"后的废墟中建立起来的。其次,瑞吉欧·埃米利亚历来就有社区支持家庭教育的传统,他们把对儿童的教育看作政府的集体责任,由此早期教育系统成了社区的一个重要组成部分。有数据显示,在意大利的20个地区中,瑞吉欧·埃米利亚所在的埃米利亚·罗曼格纳地区是市民责任感最强、对地方政府和官员的信任度最高的地区,还素有社会各阶层通过政党和经济的合作(农业、商业、信贷业、工人、厂家、消费者的联盟和核心)共同解决问题的传统。这种集体主义的传统可以追溯到12世纪,这使该地区的人们有很强的认同感和自豪感。如今,民主参与和市民政治的思想早已深入人心,并深深地影响了当地教育者的视角和使命。每年当地政府以10%的财政预算来支持其早期教育体制。

另外,瑞吉欧幼教体系在发展过程中也保持着向社区宣传、寻求社区支持、对社区和周围世界不断联系的传统:为了让周围的人知道学校的情况,获得信任和尊重,每周都要把学校带到城市里(把教师、学生和材料放到卡车上),在城市的各种场合向别人展示自己的教学。这种对外宣传的传统深深影响了瑞吉欧·埃米利亚的幼儿教育事业。

三、不平凡的发展历程

1971年,瑞吉欧·埃米利亚市由非宗教人士主办召开了名为"新儿童学校之经验"的全国性大会,大会的研讨过程和内容被编撰成书,此书多年来一直是意大利幼教机构发展所需的基本参考书籍。四年后该市又召开了题为"儿童是家庭与社会中主体和权利的来源"的全国大会,瑞吉欧幼教事业进一步朝着形成新儿童文化的方向迈进。1976年,因被指控为"反宗教",瑞吉欧幼教体系花了整整一年的时间,在各校开展了有家长、教师、学校人员、文化界、政治界人士和宗教人士参加的开放性的文化交流,讨论与教育相关的问题,明确了发展的思想和理念,并扩大了该体系的影响。1980年瑞吉欧·埃米利亚市成立了全国教育托儿所协会,即如今的全国托儿所幼儿园协会,讨论研究学前教育机构范围内的问题以及有关儿童现状的问题,为推进该市幼教的优质化提供了一个坚实的基础。协会会员主要有教师、幼教专家、学者和大学教授。

在这一发展历程中,瑞吉欧的人们不断吸纳先进的幼儿教育思想,逐渐发展形成了以方案教学为中心的一整套的幼教理念、原则、方法和体系。

拓展阅读:《儿童是花朵——花朵论》

任务二:了解瑞吉欧方案教学的思路

案例导入

有一天,刘奕希小朋友急匆匆地跑去告诉我:"老师,老师,我的种子的皮给小朋友弄破了。"听她这么一说,我和其他小朋友赶紧围过来仔细观察,还真的有小绿豆破了皮儿,上面还有小白点。小绿豆出芽了,并不是让人弄破了。但是我没有直接告诉孩子们,想听一听孩子们的说法,了解一下孩子们有没有关于发芽的经验。这时,胡海洋说:"老师,上面还有小白点呢!"程子莴问:"那个小白点是什么呀?是小芽芽吗?"黄嘟嘟说:"不像,妈妈买来的绿豆芽可比它长。""那是什么呀?""我也不知道。呀,你看,我的菜种子有一点绿点了,老师,是不是发芽了。"那边张丽丽在叫:"老师,我的种子烂掉了。"旁边的李阳说:"你给种子喝的水太多了。"为了鼓励孩子们的发现,特别是第一位发现者——刘奕希小朋友,让她把小绿豆的变化画在自己的记录表中,让黄嘟嘟也把菜种子的变化记录在表中,并用他们明白的符号做记录。同时也鼓励张丽丽小朋友,再接再厉,下午放学时特意吩咐其家长重新准备种子。然后,请他们把自己的发现告诉大家,直接肯定他们的行为,鼓励其坚持性观察以激起大家的观察兴趣。我则把他们的话记录下来。从此,每一天幼儿都关注种子的变化过程,每一天都有新的发现,争着做记录,家长们也不甘落后,与孩子一起观察,关注种子的成长。幼儿的兴趣更加浓了。

案例思考

请问案例中的"我"的做法是否正确?"我"对待孩子们的态度是否有利于孩子的成长?

瑞吉欧的教育者们不仅承认知识产生的过程,同时也强调让儿童体验各种不同的甚至是相互冲突的观点,同时他们还强调儿童不是冲突的唯一来源,成人在"指导性的参与"中也为学习提供支持、指导、挑战和刺激。其基本思路如下。

一、 社区参与管理

1971年社会参与在有关学前教育的意大利国家法律中得到确立。社会参与管理是培养市民变革的积极性、保护教育机构不受过度的官僚统治的危害并促进学校和家长合作的一条途径。社区参与管理有两种形式,公立学校主要是在学校内部成立委员会;而幼儿园托儿所主要采取的是以社区为本的管理方式。

社区为本的管理是儿童、家庭、社会服务和社会之间相互联系的理论和实践的整合。这种管理方式能够适应文化和社会的变迁,能够促进教育者、儿童、家庭和社区的互动和交流。对于个体的成长来说,这四方缺一不可。因为儿童是社会的人,儿童的教育是所有人都关心和重视的。在儿童的教育中,多方的合作才能发挥教育的一致性和一贯性作用。首先,学校的本质就是一个交流和参与的环境,所以家长的参与是学校教育存在的一个前提。其次,家庭在孩子的教育中起着首要的和独特的作用,对孩子负有一定的职责。家长积极参与到学校中,这能够让儿童获得一种安全感,也是他个人成长的动机。

社区管理采取的主要形式是咨询委员会。每两年家长、教育者、市民都要为每一所托儿所和幼儿园选举代表参加咨询委员会。每个咨询委员会都要选出1~2名代表,服务于市托儿所和幼儿园教育部门,和市长、市里的教育主管、早期教育主管、教研员一起合作,负责本市幼教事业的管理和发展。家长还可通过家长会、讲座等机会具体参加到有关学校政策、儿童发展、课程设计和评估的讨论中。在瑞吉欧的幼儿教育中,家长不是消极被动的受动者,而是参与者和领导者,掌握着孩子及其学校的未来。

二、 学校人员的组成和时间的安排

瑞吉欧·埃米利亚幼儿园在人员组成上很有特色。学校没有校长,由学校的主要负责人直接对城市的理事会负责,并和各教研员合作。教研员是该市幼儿教育的课程决策者,他们每个人负责5~6个学校(或中心),主要任务是确保市区0~6岁儿童教育的质量,并整合和协调该幼教体系的行政、技术、教学、社会和政治等影响幼教质量的各种因素。

瑞吉欧的幼儿园比较典型的构成如下。

班级:3个(婴班、托班、学前)

儿童:54人(婴班12个、托班18个、学前24个)

教师:6人(每个班级各 2 人)

艺术工作室教师:1人(接受的是艺术教育,和教师一起负责课程的发展和记录)

厨师:1人

辅助人员:4人

幼儿园的教师之间没有等级,彼此都很平等。而且,同一位教师和儿童一起相处 3 年,有利于师生之间、儿童之间形成比较持久和稳定的关系,这为瑞吉欧幼儿教育营造了一种社区的气氛。

在时间的安排上,瑞吉欧幼儿园一般是 9 月 1 日开学,次年 6 月 30 日放假,而教师上班的时间一般是 8 月 23 日到次年 7 月 5 日。从星期一到星期五,教师供职时间是早上 8 点到下午 4 点,额外服务时间是早上 7 点 30 分到 8 点和下午 4 点到 6 点 20 分。教师的周工作时间是 36 个小时,其中 30 个小时和孩子在一起,4.5 个小时开会、计划和在职培训,1.5 小时记录和分析。瑞吉欧的幼儿园也提供假期服务。具体各位教职工的工作时间如下。

第一班教师:8:00—13:48

第二班教师:8:27—16:00

艺术教师:8:30—15:33

厨师:7:45—14:54

第一辅助人员:8:30—16:03

第二辅助人员:9:00—16:03

其他人:12:30—18:54

三、 开放的、新形态的学习环境

首先,开放的环境是幼儿园的第三位老师。幼儿具有拥有环境的权利,教育由复杂的互动关系构成,也只有"环境"中各个因素的参与,才是许多互动关系实现的决定性因素。因此,学校的建筑结构、空间的配置、材料的丰富多样性,以及许多吸引幼儿探索的物品和设备都经过精心的挑选和摆放,以传达沟通的意图,激发人与人之间以及人与物之间的交流和互动。

瑞吉欧的学前教育机构环境美丽宽敞、充满艺术气息,建筑物中心有一个广场,每个活动室的门都面向广场,以增加各班幼儿间的互动机会。每间教室门口写上儿童的权利,挂上教师的照片,公告牌上介绍项目活动的主题,以便家长合作参与。瑞吉欧的幼儿园还十分注意空间的安全和儿童认知、社会性发展的空间,有大片的镜子,供孩子们躺在其间,认识自我,发现自我。

其次,经过细致规划和设计的空间及幼儿园周围的空间都加以利用,瑞吉欧认为环境是产生互动的容器,具有教育性价值。教室及工作坊的环境布置随项目活动的发展而变化,不断地充实和调整。在空间的设置中,瑞吉欧也关注给幼儿自由活动的空间、小组活动及团体活动的空间、作为展示的空间乃至个人秘密的空间。

再次,幼儿园提供记录的空间,充分利用墙面,把墙面作为记录儿童作品的场所,让墙面说话。小组每做一个主题都有师生共做的展示板,以充分利用视觉艺术的价值。

此外,空间设计还反映了意大利的文化特点。总的来说是"个性加美丽",墙壁的色彩、巨大的窗户、绿色的植物、有意义的摆设等,都显示出幼儿园的"园本文化",环境表达努力做到美观而和谐。

拓展阅读:《儿童观的三种研究方法》

任务三：浅析方案教学与生成课程

案例导入

瑞吉欧有一个经典案例《小鸟的乐园》,这个方案最初的构想来自校园里的一池清水。在校园里放置一池清水,原意是给栖息的小鸟解渴,孩子们认为如果小鸟会口渴,也一定会肚子饿,如果它们又饿又渴,也许会疲惫不堪的。

于是,有的孩子建议在树上搭建鸟巢,还有小鸟玩的秋千、老鸟搭乘的电梯;也有的孩子建议安置一个音乐旋转木马;还有的孩子建议给小鸟准备滑水用的小木片,让它们滑水;更有的孩子提议做个喷泉,是又大又真实的,能把水喷得高高的那一种喷泉。于是,一个具有想象力同时也鼓舞人心的主题出现了：为小鸟建造一座真正的乐园。接着就是一个漫长的探索与实验过程,孩子们遇到了各种各样的难题。为了建一个喷泉,孩子们各自谈了自己的构思。

有一个名叫菲利普的孩子说："这是天使喷泉,我认为在这里应该有输送水的管子。水管里的水来自水道,当水流到倾斜处和进入喷泉时,水流的速度开始加快。喷水池底有一些水,也许它每年更换一次。"

一个名叫爱莉莎的女孩子认为："水来自天上,那就是雨,它从山上流下来,流入山的小洞里,最后流入山脚下的湖中,然后又有条往下倾斜的水道将水先带入另一个湖,再带入水道中。地下的通路有很多条,老鼠会喝掉一些水,但喝得很少,其余的水就流入喷泉,从喷泉的石块中往上喷出,而石块就像滑滑梯一样,让水滑下来。"

另有一个名叫西蒙尼的孩子也谈了自己的创意："我真想有一个很大的装满水的储水槽,看到没有? 我们做了两个,一边一个,上方有一座天平告诉你水槽中是否有水。比如：如果天平平衡,表明水槽中有水,喷泉可以喷水;如果天平倾斜,就代表水不多了,你就得按开关处的按钮,让水槽装满水。"

经过实验,孩子们为小鸟做成了水车和喷泉,还为小鸟乐园举行了开幕式。

案例思考

1. 这类活动体现了瑞吉欧方案教学的什么特色?

2. 在瑞吉欧方案教学中,教师的角色是什么?

在瑞吉欧的幼教体制中,被人们讨论得最多的是其方案教学活动,方案教学也正是对瑞吉欧幼教课程的最全面的概括。那么到底什么是方案,方案和主题、单元等概念是不是一样的? 方案教学和正规的系统教学有什么区别? 方案教学在瑞吉欧的幼教工作者自己看来是一种"弹性计划"——即所谓的"生成课程",那么这种课程即方案活动的来源是什么,具体是如何展开的,可分几个阶段?这种课程是否有目标?如何对其进行评价?这种课程具体落实到教学上,该如何开展?下面将先提供一个瑞吉欧方案教学实例——雨中的城市,以及美国马萨诸塞州对这一方案的改编和应用——雪中的城市,从而透视方案及其基本的内涵,并体会方案教学活动的一般特征。

拓展阅读:《意大利瑞吉欧方案教学实例——雨中的城市》

一、什么是方案教学和生成课程

（一）方案教学

方案教学是一种既非预定的教学模式,也非一般的教学计划,而是师生共建的弹性课程与探索性教学。它的基本要素有:①解决真实生活中的问题;②以小组为单位共同进行较长期深入的主题探索;③是成人与幼儿共同建构、共同表达、共同成长的学习过程。主题的选择是非预设的,主要来自幼儿的真实生活经验、兴趣和问题,并在众多的问题中做出选择和判断,教师往往是决策者。

瑞吉欧儿童探索的主题有"看见自己感觉自己""狮子的肖像""雨中城市""一片梧桐叶""孩子与电脑""人群""有关喷泉的讨论""椅子和桥的平衡"等种种自然现象和社会现象。决定主题的原则是:合乎儿童生活经验和儿童感兴趣的;容易取得所需材料和设备,并能够运用学校和社区资源的;儿童能实际操作的;活动是有意义和价值的。探索的过程中花许多精力思考并探索这些事物、主题和环境,思考在活动过程中出现的问题和观察到的现象,克服大量难以预计的偶然性和困难,不断地将主题引向深度和广度,将新发现作为以后数周探讨的问题。下周课程的主题,可能出自本周探索过程的结论、问题及难题,循环下去,幼儿和老师一起不断思考活动的意义,设想涉及的问题及解决方法等。主题探索的结果导致创造性问题的解决。幼儿通过探索和发现,用"百种言语"表达其成果,创造出他们最感兴趣的艺术作品:图形、绘画、卡通、图表、泥塑、模型、生动的连环画等。最终展示作品,供其他孩子、家长和社区成人观赏。

方案教学是一个教和学互动的过程,是教师和儿童共同展开研究性学习的过程。方案教学活动给儿童提供了应用知识技能的机会,强调的是儿童内在的动机,教师重在鼓励儿童成为自己学习的主人,准备和安排必要的材料和环境,对儿童进行观察并与儿童协商决定学习的方向,以使儿童持久地参加到活动中。可以说,方案活动给儿童提供的是一种背景,让儿童在其中主动地学习,自己决定和选择并探索自己感兴趣的东西,不是一系列的预设,而是一个高度灵活的过程,儿童和教师之间存在很大程度的合作。

（二）生成课程

"生成"强调计划是从儿童和成人的日常生活,尤其是儿童的兴趣中产生的,"课程"又意味着还有教师的计划成分。所以"生成"和"课程"两个词放在一起,意味着同时考虑到自发性和计划性。一般来说,生成课程是在一天一天或一周一周的生活中形成的,它没有预先设定课程的目标和内容,发展没有时间的限制,而结果也是无法预测的。在这种课程中,儿童作为学习者是积极主动的而不是消极被动的,他们是自己自发学习的主人,但这并不意味着课程的内容都来自儿童,其中不乏教师的引导和启发。教师在保证自己的计划足够开放的基础上,仔细观察儿童的兴趣和问题,然后根据社会的价值观做出反应并对儿童进行实时的评估,再在评估的基础上提供反应性课程,支持个体和小组的发展。这种课程的评估不是为了在儿童之间进行比较,而是为了了解儿童的方案、情感、兴趣、倾向和能力,以计划出有意义又富有挑战性的课程。这种评估也不是着眼于儿童的缺陷和不足,而是儿童独立的或者在外界帮助下、在不同情境下能够达到的水平,是一个动态而灵活的过程,是在真实情境下的评估。

在瑞吉欧的幼教工作者看来,方案教学是一种"弹性计划"——有计划,但这种计划只是提供一个弹性而又复杂的基本框架,教师可根据活动中幼儿的反应以及活动的进程来确定活动的发展方向;同时它又是弹性的,课程的设计和实施常常是开放性的,它是借助于一定的需要和条件,在具体的情境中逐步发展而成的,可以说是教师和学生共同建构、共同协商的结果。这实际上就是一种生成课程。以下就分别从课程的来源与发展、课程的目标和评估来了解方案教学。

二、课程的来源与发展

（一）课程的来源

方案(生成课程)的来源有很多:①儿童的兴趣。一旦自己的兴趣得到承认和支持,其探索就不需要有任何的外在刺激。②教师的兴趣。教师也拥有一些值得和儿童一起探索的兴趣,开展教师喜欢的工作,不仅让孩子学到了东西,还让儿童感受到了教师的热忱。③发展的阶段任务。儿童在每个发展阶段,总有一些必须掌握的发展任务,如会单脚跳、会数、会说等,以及在社会性发展上的自主、友谊等,因此适合儿童发展的课程就要给儿童提供许多能够发展这些能力的机会。④物理环境中的事物。不管材料和工具是天然的或是人工的,都反映着一定的环境,如反映当地的气候,这些需要儿童亲身经历。⑤社会环境中的人。儿童对各种各样的人——邻居、售货员等都会感兴趣,他们是干什么的,从哪儿来,儿童需要了解这些人并和他们建立联系。⑥课程内容材料。教师手头可能拥有各种课程内容材料,可根据自己的环境、条件、教学风格以及儿童的兴趣酌情采用。⑦意外的事件。教室、社区乃至自然界发生的一切意料之外的事情,教师可以考虑采用。⑧共同生活中的事情,如冲突的解决、保育以及常规。日常生活中发生的事情都是潜在的课程内容,或者说是课程的基本成分。⑨社会文化、社区、学校和家庭的价值观。教育一定要反映并满足一定的社会期望,但价值观的习得不需要直接教学,而需要适合发展的环境。

（二）经验的选择和课程的发展

既然课程的来源有这么多,那么具体应该选择什么样的内容来开展呢? 这一过程主要在方案发展的第一阶段——开始阶段进行。方案(课程)的发展一般有三个阶段:开始、发展和结束。这三个阶段不是一个线性发展的过程,而是呈螺旋式上升的趋势,其中的经验是不断重复的,又是不断提升的,能使儿童从熟悉的东西入手并提炼新的理解。

第一阶段——开始。开始阶段的主要任务有:确定主题、制作概念图、提出要探索的问题。在这一阶段,教师一般先进行初步计划,根据儿童的兴趣、课程内容、材料是否可得选择研究的主题,如是否与儿童的日常生活密切相关,这是为了保证至少有部分孩子对这个话题足够熟悉,能够提出一些相关的问题;是否相对比较开放,除了包含一定的读写算等基本技能,还要能够融合科学、社会以及语言等多门学科;内涵是否足够丰富,至少能够让儿童探索一个礼拜;是否适合在学校里而不是在家里开展等。具体来说,选择的标准大致有以下几点:是儿童的现实生活中的;大多数儿童对此都有经验;能够进行直接的调查研究,且没有任何危险;材料很方便;可能包含多种表征方式;有可能吸引家长的参与和支持;适宜社区和社会的文化和环境;大多数孩子会感兴趣;与学校或地区的课程目标和标准相关;有充分的机会让孩子应用基本的技能;具体的——不是太窄也不是太泛。总之,一个好的话题应该增强儿童的本来的倾向,能够吸引孩子的兴趣并投入深入的观察和调查中,并以多种方式表现出自己的认识。主题确定后,教师之间一般要进行"头脑风暴",围绕某一话题制作一份概念图,提出方案发展的种种可能性,也只有这样才能保证教师有足够的开放性,随时接受来自儿童的观点。概念图还有利于活动的继续并对活动的进展进行评估。在这些准备完成之后,教师和孩子一起讨论,从中了解孩子已有的经验和知识,并帮助儿童提出有待探索的问题。

第二阶段——发展。对问题进行直接探索,包括实地去调查某场所、物体或事件;提供各种材料,实物、书籍以及各种研究性材料以帮助儿童展开调查;建议展开探索的方法,每个儿童都把自己的认识表现出来,而教师通过全班或小组的讨论使每一个孩子都互相了解各自的工作。这一阶段是方案活动的核心,儿童展开调查、从观察中获得信息并进行记录,建立模型,进行预测和讨论,并把自己的理解表现出来。如"雨中的城市",孩子在下雨时实地到雨中去观察,观察雨中的人们匆忙躲雨;去倾听,倾听雨落在不同物体表面上的不同声音;去体验,体验雨中的兴奋、忧虑和快乐。孩子们在雨中观察雷鸣、闪电、乌云,观察光和色的变化,观察城市中的人和物的变化。

第三阶段——整理并展示结果。儿童以多种形式准备各种发现以及作品,然后由教师安排一次供孩子交流和分享学习经验的机会,可以讲述活动开展的过程,其中教师可以帮助儿童精心挑选交流的材料,引导孩子回顾和评价整个活动阶段。教师还允许儿童以想象的方式如艺术、故事或戏剧表演等方式来内化新经验。最后教师还利用儿童的兴趣和想法,在这个完成的方案的基础上衍生出一个新的方案,如在"雨中的城市"中,儿童最后画出了水的循环和下雨前后天空的变化等,最后还延伸出"从一个雨水坑开始"活动,引发儿童探讨污水中光和色的变化,水的透明性以及对倒影、反射的认识。正是在这样的感知、观察和思考中,在这样一种更深更广的活动体会中,孩子的认识越来越接近科学,儿童的探究、想象和表征变得越来越融合。总之,雨、城市和儿童组成了一个巨大而统一的环境,从中可以读取儿童的语言、图像表达和思维发展过程。

瑞吉欧的方案教学是借助于教师对儿童的观察以及就某个话题对儿童的提问开始的,然后教师再根据儿童的回答和反应,引进一些材料,提出一些问题,提供一些机会,以激发儿童继续探索。它是在具体的情境中逐步发展而成的,是教师根据活动中儿童的反应以及活动的进程来确定活动的发展方向的,是和学生协商和共同建构的结果。虽然教师在活动之前进行了不少的预测,但教师的预测只是初步的计划,可用来确定方案发展的阶段,同时因为活动是教师指导下学生的主动探索,这种师生互动的本质决定了方案的发展必然是无法预料的,课程的设计和实施常常是开放性的,没有经过理性的周密的计划,从课程设计类型角度讲,它属于过程模式,其课程的发展过程是一种"研究的过程,其中贯穿着对整个过程所涉及的变量、要素及相互关系的不断评价和修正。这个过程将研究、编制和评价合而为一,是个连续不断的过程。整个过程是一种尝试,没有确定不变的、必须实施的东西"。

如果从大卫·韦卡特(David Weikart)对学前教育模式的分类来看,方案教学可以归于开放教学模式。开放教学模式是以皮亚杰的认知发展理论为理论基础的,认为儿童是在积极的探索和活动中以及与成人和同伴的交往中发展的,主张教师为儿童提供可供探索的丰富环境,要求教师帮助儿童在主动探索、主动组织自己思维的过程中达到发展思维和社会性的目的。方案教学借鉴了很多皮亚杰的认知发展理论以及维果斯基的社会建构理论,主张儿童有自己的空间,强调儿童的主体性,但同时也强调教师的引导和帮助,强调教师为儿童的主动发展营造一种自由探索的环境。

三、课程的目标与评估

(一)课程的目标

方案教学的教育目的是教育者在不同阶段根据不同的教育内容而制定,是发展性的、可变性的。

方案教学要求提前制定一般性的教育目标,事实上第一阶段对方案的最初构想就是一种计划和设计,但它并不预先制订每一个方案或单元的具体目标,他们是根据自己对儿童的了解以及前期的经验对可能出现的种种情况做出假设,形成弹性的目标,随时根据儿童的需要和兴趣做变动。儿童的需要和兴趣可以是儿童在活动过程中表现出来的,也可以是教师推断出来的或教师引发的。教师和儿童都将不断讨论和挑战种种假设,教师的计划包括准备学习的空间、材料、想法、情境,给儿童提供问题解决情境,让儿童在积极的探索中学习。瑞吉欧的目标是增加儿童创造和发现的可能性,试图促进孩子在认知、情感、象征性(表征)等多方面的发展,扩大孩子交流的渠道,掌握交流的各种技巧和手段,同时意识到彼此之间是不同的,有不同的想法,由此也认识到自己有自己的想法和独特的视角,认识到世界是多元化的,由此增强每一个儿童的自我认同感(从成人或者其他同伴的认同中),培养归属感和自信,维持社会学习的过程,帮助儿童学会学习。

(二)课程的评估

方案活动能够让教师看到孩子作为独立的个体和一定群体中的成员在技能上掌握和应用的程度,以及孩子的理解程度,但对于这样一种非目标指向的课程,其评估应该如何进行呢?《进入方案教学的世界》中提出,教师的评价可以根据方案发展的不同阶段来进行，主要采取自我问答的方式。在第一阶段——最初的构想和设计阶段，可以问"它对于孩子的学习提供哪些可能性？""它的复杂性如何？需要哪些资源？""孩子关于工作的概念有多明确？""这些计划对孩子的能力适合程度如何？"在第二阶段——方案的发展阶段，可以问"工作如何进展？""哪些问题被提出？""孩子在工作中，如何应用基本的理论技巧？"在第三阶段——结束阶段，可以问"最后的成果如何反映出最初的计划？""这些想象力与独创性的想法如何具体表现在作品中？""最后的成果如何反映孩子思考的成长？"可以看出，对方案各个阶段的评估主要靠记录的作用。

记录一般包括：在活动的不同阶段孩子所完成的不同作品，反映活动过程的照片以及誊写的光盘内容，成人的评语，以及儿童在活动中的讨论、评语和解释甚至家长的评语。

通过记录对孩子进行评价，至少有以下几个方面的作用。

1．传递一种价值感

认真对待孩子的想法和作品，并进行精心设计，能够传递给儿童一种感觉：自己的努力、意图和想法受到了认真对待。展示的首要目的不是装饰和炫耀，而是为了让其他孩子了解他们的经验和发现，同时启发其他儿童从其他角度来探索这个话题。

2．有利于开展过程评估

方案活动的主要特色是随着活动的发展不断计划、评估和再计划。在活动的过程中，教师每天都关注儿童的工作并和孩子讨论儿童的想法，提出接下去的几天儿童可以开展的方向。计划的制订依据的是对儿童的兴趣点以及认知困惑或冲突的了解，进而形成具有一定挑战性任务的记录。在记录的过程中教师还能够看到儿童个体的参与程度和发展程度。

3．提高儿童的学习质量

首先，记录能够提高学习的广度和深度，记录以及根据记录是对儿童工作的重视，这能够增强儿童对工作的责任心和投入，使孩子对自己的工作更加感兴趣，更加相信自己的能力。其次，孩子利用教师的记录准备并展示自己经验，实际上是在重复经验，从中还可以产生新的理解，而且理解得更深更扎实。最后，有赖记录进行的展示给儿童之间互相学习提供了一个机会，观察一个小组或一个儿童进行的活动，会激发其他儿童新的探索欲望，并对其中所运用的表征进行借鉴。同伴之间还可以互相询问和建议，这样同伴之间的互动就产生了。

4．培养教师的研究和过程意识

作记录是教师的一种研究，在教师考察儿童的工作并作记录的过程中，教师能够加深对儿童发展和学习的认识，进一步修正和调整教学策略，发展新的教学策略。正是在这样翔实的资料基础上，教师得以做出判断并决定如何支持每一个儿童的发展和学习。教师乃至家长在考察和记录儿童的工作过程中，认识到儿童独特的知识建构过程，也能够看到小组对儿童学习的意义。这不是通过考试所能够得到的。

5．提高家长的参与意识

记录还是家长参与的又一种方式，能够让家长了解儿童在幼儿园的生活，从而共同参与到子女的教育中。

四、儿童、教师与研究性学习

儿童中心主义和社会建构理论对瑞吉欧的教育都有很深的影响,那么瑞吉欧的幼教经验反映了什么样的儿童观和教师观? 对于师生关系又是如何认识的? 在这种儿童观和教师观的影响下,其教学又会呈现出什么样的特征? 先看教师行为实例。

时间:1988 年,1990 年

地点:戴安娜幼儿园

让孩子开始活动

早上 9:23,3 岁儿童班,全班性的集合已经结束,在早上的集合上,主班教师和孩子谈论了近期正在开展的关于“春天”的方案。然后配班教师带着 8 个孩子到学校的“中心”开始黏土工作。主班教师就负责剩下的 12 个孩子。她在教室里走动,鼓励各孩子、各小组都开始自己的工作。她来到一个小桌子前,看到两个孩子坐在那儿,面前放着白纸和几小筐刚刚捡回来的小草、小花和叶子。她就说:“你们看这儿有什么? 这是你们找的一些绿叶、小草和花。你可以把这些东西摆到白纸上,怎么摆都可以。如果一张不够,你可以在旁边再加一张,好吗?”(该教师后来解释说这个活动是为了让孩子感受探索的重要性和乐趣,帮助孩子熟悉拼图。)当教师离开时,这两个孩子开始饶有兴致地聊起来,“你要这个吗?”“我也有这个。”“你看这个多漂亮。”“慢慢来。”教师一会儿过来,表扬了他们,说:“我很喜欢你们这样做。你们还可以再拿纸。如果还需要什么的话,就告诉我。”早上 9:28,教师来到挨着教室的小艺术工作室,两个孩子在桌子边坐着。其中一个在画画,另一个孩子无所事事。教师给第一个孩子添了一点材料,然后对第二个孩子说:“让我们来看看你早已经开始的工作。”她从抽屉里拿出一个文件夹,开始找:“在哪儿呢? 哪儿呢?”这个孩子无精打采,没有任何反应,等最后找到这材料后,教师说:“这画还需要加点什么? 你是不是需要一些黑蜡笔? 或者想再画一幅? 想不想用胶水粘纸? 你想去玩吗? 宝贝,你想干什么?”这个无精打采的儿童对教师的问题一点反应都没有。最后,教师蹲下来,亲了亲她,温柔地和她说话,然后从书架上拿下几本图画书,把孩子的画收起来。这时门口出现了一个孩子,寻求教师的帮助,老师说“亲爱的,我就来”。这个小女孩擦擦眼泪,开始看书。教师起身走时,夸了夸第一个小女孩的画。

指导儿童使用工具

同一个早上 9:34,学校的“中心”,配班教师正和 8 个 3 岁孩子玩粘土。她在指导孩子正确使用各种材料和工具,不断地促进、支持、鼓励儿童。她试着帮助儿童并提出建议,以保证儿童完成自己的艺术和表征目标,而不至于面对材料有一种沮丧感。比如,她知道如果孩子搓出的泥条太细,在煅烧的时候很容易断,儿童就会伤心。

把儿童的争论转化为一个有待检验的假设

1990 年 5 月的一个早上,9:12

教师和 6 个 5 岁的孩子围着一张桌子坐着。他们正在完成一个方案:为明年夏天要入学的小孩准备一本教学手册,他们打算在手册上说明怎么找艺术工作室。在昨天的讨论中,有个女孩建议说,小孩太小不识字,最好把路线画出来。另外一个男孩说,小孩子的

语言和大孩子的不一样,所以为了反映3岁儿童的语言,最好画草图。其他孩子都强烈反对,认为画草图没有什么好处。老师就建议这些孩子把两种图都画出来,看谁的效果好。为了验证效果,这6个孩子来到了学校里孩子年龄最小的班级,问:"你喜欢哪一幅?你能够看懂哪一幅?"最后由这些小孩子来决定。

教师鼓励儿童自己解决争论

1990年春天,午餐前

2个5岁男孩正在准备餐桌

学校让年龄稍大的儿童负责准备午餐桌,这个班由5岁的儿童轮流来决定各人就餐的位置。教师们觉得这样比由教师来固定就餐位置或让孩子随便就座都要好。在安排位置上引起的争论,教师鼓励孩子自己协商解决。

(一)儿童与教师

在瑞吉欧方案教学中,儿童是学习者、研究者,是发展的主人,积极而有能力,有着独特的个人的、历史的和文化的特征。儿童具有丰富的潜力,很强的可塑性和很强的学习和成长欲望,渴望与别人交流和沟通;同时儿童又是独特的,但儿童的差异,可以在有利的或不利的环境下扩大或缩小。儿童不是孤立的,不是抽象的,每一个儿童都是与其他儿童、家长、教师、社会和文化背景联系着的。

教师在方案教学中的角色则是:伙伴、园丁、向导、记录者和研究者。

伙伴:在幼儿的项目活动过程中,教师最为重要的是倾听儿童,倾听儿童最丰富的含义是使孩子进入主动学习的状态。作为伙伴,瑞吉欧有句名言"接过孩子抛来的球"!

园丁:幼儿的世界是一个充满可能性的世界,作为园丁,要知道在共同建构的过程中,何时提供材料?怎样变换空间?如何介入讨论?何时协助解决疑难?

何时将孩子的表达方式总结出来……成为孩子成长的有力支持者。

向导:不断引导幼儿深入某一领域或某一概念,适时、适度地鼓励和支持幼儿对他们自己的问题及兴趣在深度和复杂性方面深入钻研,引导他们观察再观察,思考再思考,呈现再呈现,在各个方面得到发展。

记录者:教师走进幼儿的心灵,知道他们是怎么思维,怎么操作的;如何互动、如何观察、如何想象、如何表达的。幼儿通过记录看着自己完成的工作时,会更加好奇、感兴趣及有自信心,记录还使家长了解幼儿在学校获得经验的过程,分享孩子在校的真实经验,密切亲子关系。最可贵的是,记录是教师研究的一种重要形式,看到师生关系,看到自己的作用,教学技巧的成长,等等。

研究者:如怎样共同建构项目活动?怎样发现既有挑战性又能使孩子得到满足的项目活动?如何保持一定的开放程度?如何在遇到困难时与儿童、教师商量,如何倾听儿童的争论、化解他们的争论?怎样建立一种合作的、支持性的互动的师生、生生关系?等等,这些都使教师成为一个研究者,成为一个终身学习者。

(二)研究性学习

瑞吉欧的教师把自己与儿童的互动称为是在"打乒乓",教师接过儿童扔过来的球,然后把球扔回给儿童,促使儿童继续玩下去或者开展新的游戏方式。"接过儿童扔过来的球"形象地说明了教师的主要任务就是维持游戏的进行,教师可以回球,也可以在技巧上给予指导,可以在材料上有所调整,进行支持性的干预,以扩展儿童"发球"的技巧和策略,提高注意力和努力,同时又保证儿童充分体验游戏的快乐。这反映成人的作用不仅是满足孩子的要求、回答问题,而且还要帮助儿童发现自己的答案,更重要的是帮助儿童问自己一些好的问题。这一"打乒乓"的过程是教师和儿童共同学习、共同探索、共同研究的过程。

瑞吉欧的教师尊重儿童的独创性、主体性和差异,关注儿童的活动,并在观察和记录的基础上做决策,它强调的是教师追随并进入儿童积极的学习过程,不断地观察、评估、研究儿童以及方案的发展,教师的工作是全面的和循环的,而不是割裂的和线性的。教师的行动不是按照固定的程序,而是不断地重复和循环。这种师生关系决定了教学是一个非常复杂的并且很难预料结果的过程,需要教师与儿童、儿童之间能够很好地协商,共同对某个问题进行研究,即所谓的研究性学习。

但开展研究性学习是否意味着教师可以袖手旁观学生的发展?在瑞吉欧,以其活动开展的第一阶段为例,教师在此阶段要做计划,要设计主题网,要探索每一种材料或想法蕴含的可能性,以决定取舍:是否值得开展?有无可能产生发展适宜性的活动?如何提供材料或问题以丰富这一活动?儿童的兴趣能够持续多久?同时这个主题网是临时性的,不能确切说明将会发生什么,或者将会以什么样的顺序开展。可见,研究性学习并不是忽视教师的作用,相反还对教师的指导提出了更高的要求:在研究性学习活动中,教师不再是一个教授者,而是一个活动的组织者、参与者和指导者,教师在教学活动中要有利于每个学生的发展,爱护和培养学生的探索精神、创新精神,促进学生自主学习,独立思考,为学生潜能的自由和充分发挥创造宽松的环境,为学生终身学习能力的发展奠定基础。

瑞吉欧的课程是教师和儿童协商而来的,是教师和儿童(包括个体和小组)通过研究式的教学而生成的,其中反映出的儿童观与维果斯基通过其"最近发展区"所反映出的儿童形象是一致的。在他们看来,"儿童中心"不是极端的权威领导,也不是简单的放任。儿童必须有自己的空间,然后在成人的引导下发展自我。儿童很有潜力,同时也存在差异,儿童的学习不是一个孤立的过程,也不是自动源于成人的教,在很大程度上,儿童的学习和成就要归功于孩子自己的活动以及教师为之提供的材料。这里的课程不是以儿童为中心,也不是以教师为中心,它来源于儿童,却是在教师的设计的框架下。儿童讨论自己感兴趣的事情,而教师使之成为稍微一般化的体现一定专业的概念。教师的中心任务是以非间接的形式让孩子积极地参与到活动中,不失时机地捕捉孩子快要往前迈一步的时刻,促进儿童认知、情感、社会性和身体的发展。他们强调儿童的自主性和主动性,同时也强调教师的引导和帮助,应该说,这是一个教师和学生并重的方案。教师和儿童是平等的,他们共同参与到活动中,共同投入学习中。

拓展阅读:《以人的方式理解儿童》

任务四：领会瑞吉欧方案教学的主要特色及启示

案例导入

薛薛的妈妈冲进园长办公室，气冲冲地质问园长："我邻居家的孩子所在的幼儿园每天布置家庭作业，要孩子们背3首古诗，做30道计算题，还要拼读抄写20个汉字，咱们幼儿园为什么不做？"

形形的妈妈听说什么好，就叫3岁的形形去学什么，形形每天都要学习钢琴、珠心算、围棋、英语、画画，时间被各种任务安排得满满的。

案例思考

1. 如果你是园长，你如何回应薛薛妈妈的质问？
2. 如果你是形形的老师，你应该对形形的妈妈说什么？

瑞吉欧幼教体系的特色体现在很多方面：教育哲学强调儿童的有意义的合作、主动建构、发现学习并不断反思；环境设计上重视提供一个有多种选择的、能够促进互动的、充满美感和变化的环境；教学上聚焦于建立在儿童的兴趣之上，不规定时间，有助于儿童深入理解，综合了艺术、科学、数字和语言等多种学科的方案活动；在教师的角色定位上着重教师系统地研究儿童的学习和知识建构、认真地观察和记录孩子、成为儿童学习的合作者和研究者，乃至维持和家长及社区的高水平的双向交流的桥梁，而不仅仅是知识的传递者。所有这些无不反映出一个与众不同的成功的幼教体系的方方面面的特征，体现了一个理想的幼教方案的发展方向。但瑞吉欧的幼教方案中，最值得称道的还数它对儿童以各种方式，包括语言和非语言的形式——尤其是艺术表征的方式来创造性地表达自己的思维、情感、态度的鼓励。

一、主要特色

（一）儿童的百种语言

儿童结合并跨越各种感官功能，穿越在各种媒介之间，充分展示自己的创造和想象的能力。他们能够用文字来表示视觉，也能够用图像来表达声音。他们对各种媒介的运用，构成了儿童的一百种语言。

瑞吉欧把文字、动作、图像、绘画、建筑构造、雕塑、皮影戏、戏剧、音乐等都作为儿童语言，归纳为：表达语言、沟通语言、符号语言（标记、文字）、认知语言、道德语言、象征语言、逻辑语言、想象语言、关系语言等。他们鼓励儿童通过表达性（动作、表情、语言、体态等）、沟通性及认知性语言来探索环境和表达自我，认为儿童的自我表达和相互交流特别重要，是儿童探索、研究、解决问题过程中的基本活动。瑞吉欧经验显示："学龄前幼儿能够广泛运用各种不同的图像和媒介来表达，以及与他人沟通彼此的认知。"

（二）走进儿童心灵的世界观

在《儿童的一百种语言》一书中，马拉古兹的一首诗《其实有一百》充分表达了这一思想。他说："孩子，是由一百组成的，/孩子有，一百种语言，一百只手，一百个念头，一百种思考方式、游戏方式及说话方式；/还有一百种……/孩子有一百种语言（一百一百再一百），但被偷去九十九种……"在这首诗中，我们可以体会到他视儿童为一个自己能认识、思考、发现、发明、幻想和表达世界的栩栩如生的孩子；一个自我成长中主角的孩子；一个富有巨大潜能的孩子。面对这样的孩子，成人应如何应对？首先，最重要的是要承认"其实有一百"；其次，要以孩子的思维、儿童的立场来看待一切；再次，千万不要压制孩子，应让孩子充分表现其潜能。为此，瑞吉欧采用弹性课程，以儿童为中心，从儿童的兴趣和需要出发，不让孩子生活在成人的包围中。在幼儿园，教师必须尽可能减少介入，更不可过度介入，"与其牵着儿童的手，倒不如让他们自己的双脚站立着"。

（三）"我就是我们"

"我就是我们，代表一种通过人与人之间的互惠交流，达到超越个人成就的可能性。"以另一个方式来理解，幼儿与成人共存于社会文化和社会现实中，并通过每日的文化参与发展自我。将幼儿的成长与发展处于整个社会背景之下，使个人与社会过程两者各自的作用以及两者之间的本质有更深切的理解；同时，这一理念还代表在共同分享中，每个人均可提出最好的想法，提升和加强团队间的意见交流，并刺激新奇或出乎意料的事情发生，而这些是无法靠个人力量独自完成的。

（四）强调"互动关系"和"合作参与"

"互动合作"是瑞吉欧教育取向的一个重要理念，也是贯彻在整个教育活动过程中的一项原则。"互动合作"包括教师和学习者的互相沟通，关怀和控制的不断循环，以及教育活动相互引导的过程。

瑞吉欧教育主张，儿童的学习不是独立建构的，而是在诸多条件下，主要是在与家长和教师、同伴的相互作用过程中建构的；是在特定的文化背景中建构知识、情感和人格。在互动过程中，儿童既是受益者，又是贡献者。互动存在于以下几个方面：①存在于发展和学习之间；②存在于环境和儿童之间；③发生在不同符号语言之间；④发生在思想和行为之间；⑤发生在个人与个人之间（最重要）。这一种对家长、教师和儿童互动、合作关系的看法，不仅使儿童处于主动学习地位，同时还加强了儿童对家庭、团体的认同感，让每个幼儿在参与活动时，能感受到归属感和自信心。

"互动合作"的理念也表现在幼儿机构的管理方面，认为教育是整个市镇的活动和文化分享。"社区应参与学校"的观念已形成具体的管理特色，表现在托儿所和幼儿园以社区为基础的管理方式上，同时，幼儿园都有"咨询委员会"传达家长与教育者的需要。市镇的托儿所、幼儿园董事会，由幼托机构中的咨询委员代表、当地的幼教行政主管、教学协调人员及选出的教育官员等人组成。

家庭和学校的互动合作，可帮助教育新方法的发展，并将其视为不同智慧汇集的要素,儿童教育责任由学校和家庭共同承担。他们深信,只有当教师与家长共同参与时,才可能带给儿童最好的经验。

二、对我们的启示

瑞吉欧幼教体制中的以社区为本的管理方法、开放而充满教育机会的环境、合作性的学习和研究方式、师生同为课程和学习的主体、对记录的重视,以及对孩子的多种学习和表达方式尤其是艺术形式的强调,为它赢得了很高的声誉,有无数的国家和地区正在从中汲取有益的成分,如瑞典斯德哥尔摩的实验托幼学校,阿尔巴尼亚的提拉那幼儿园、美国密苏里州圣路易城、俄亥俄州和加利福尼亚州的一些幼儿园以及泰国曼谷的一些私立学校等。可以说,方案教学提供了一种新思路,让我们重新看待儿童作为一个学习者的本质,重新审视课程的设计、教师的作用、教学活动的开展、学校的组织和管理、环境的设计和使用,以及家长、教师和儿童的合作等方方面面的因素。在近年来美国的早期教育界一直热衷于讨论的"三件事"——发展适宜性教学、建构主义理论对早期教育的启示以及瑞吉欧的方案教学中,瑞吉欧是贯穿始终的。事实上,瑞吉欧教育已经成为发展适宜性教学原则的最有力的支持者,对丰富建构主义理论的内涵也有不小的贡献。

瑞吉欧的成功经验为我们探索儿童,儿童与教师,儿童、教师与家长的关系提供了线索。人们一直在提倡要以儿童为中心,重视儿童的主体作用,但却似乎从来没有做到这一点。人们也一直在探讨师生之间如何形成良好的互动关系,但似乎也没有找到一条切实可行的道路。家长参与也是近年来一直颇受重视的领域,但真正地参与似乎缺少一种机制或者说媒介。瑞吉欧启示我们以下几点。

1. 重视在儿童的活动中自然而然地生成课程

在瑞吉欧的学校,儿童参与深度的、长期性的调查,这体现了进步主义教育的主要特点。他们没有固定的课程计划,有的只是灵活的、深入而富有成效的方案活动。他们允许儿童自己做决定和选择,采取合作的问题解决的学习方法(一般是与同伴合作或向教师咨询),并创造一种鼓励儿童追求自己兴趣、开展长期的调查活动的环境。这种课程是在具体的情境中逐步生成的,是教师根据活动中幼儿的反应以及活动的进程来确定活动的发展方向的,可以说是教师和学生共同建构与协商的结果。在这种生成的课程中,儿童兴致盎然,内在的动机使他能够有足够的兴趣、坚持力和成就意识,在众多的可能性中做出选择,并坚持到自己的成功。

2. 让教师成为幼儿的合作研究者

瑞吉欧的教师与儿童是平等的,他们共同参与到活动中。教师认识到儿童是发展的主人,具有丰富的潜力、很强的可塑性和很强的学习和成长欲望,同时儿童之间存在着差异,这种差异可以在有利的或不利的环境下扩大或缩小。于是瑞吉欧的教师就成为一个观察者和记录者,重视去倾听儿童、发现和认识儿童,允许儿童自主、自由地探索,同时亲自参与到活动中,给儿童以反馈、建议和支持,引导孩子拓展自己的想法。在这种有系统地观察、记录、说明和评价的过程中,教师成为儿童合作研究者,"尊重儿童"和"发挥儿童的主体性"不再是抽象而空洞的概念,而成为促进幼儿发展的重要动力。

3. 促进学校、社会和家庭的合作

家校联合似乎已经成为世界的一个共识，美国 2000 年六大教育目标之一就是促进家庭卷入到学校中，以形成教育的合力。瑞吉欧的管理是一种民主而开放的方式，社区参与管理的机制的建立，能够适应文化和社会的变迁，也能够促进教育者、儿童、家庭和社区的互动和交流。事实上，在个体的成长中，家庭、社会和学校是同样重要的。因为儿童是社会的人。儿童的教育需要多方合作，这样才足以产生教育的一致性和一贯性效应。而学校的本质就是一个交流和参与的环境（杜威早就提出"学校即社会"），所以家长和社会的参与也是学校教育存在的一个前提。而家庭作为孩子成长的第一个也是很重要的环境，对孩子的发展有着重要而独特的功能，家长积极参与到学校中，能够让儿童获得一种安全感，更是他个人成长的动力。最重要的是，家庭和社会的参与意味着教育环境的扩大和教育资源的丰富，意味着儿童处处受教育，时时在学习，反映出终身学习的时代特色。

方案教学还是一种个别化教育，它提供了因材施教的新思路；它更是一种跨学科的教育方式，告诉我们课程综合的一种途径；它还是一种深入而有意义的学习，有助于儿童主体性的发挥。它为我们思考"在幼儿园里应该教什么，怎么教"这一基本问题提供了又一思路。

第一，我们不仅要关注幼儿自身成长的潜能，还必须注意社会文化背景，师生互动，生生互动，学校、家庭和社区互动等各方面因素的影响及幼儿在其中的主体地位。从教育观念到教育行为，都应真正做到以儿童为核心，以儿童发展为本。

第二，在幼儿园课程建设方面，我们应着重思考如何使幼儿成为教育活动过程中的主角；怎样选择幼儿自发生成的主题并引导其进行有一定深度和广度的长期探索；在教师预设的课程中，又如何根据幼儿的兴趣、需要和发展的水平，不断地调整、补充和发展原有的设想，使幼儿在预设的课程中，在认知、身体、情感和社会性方面都得到良好的发展；如何把儿童生成的、教师预设的课程有机结合起来；等等问题。瑞吉欧的教育经验中，客观地掌握教育目标，以小组为单位解决儿童生活中现实问题的主题内容的选择和确定，在动态的互动关系中互相支持、表达，进行深入的、循环的探索，以及各种教学技巧（教师的等待、介入、倾听以及师生关系的丰富内涵，父母的参与，大量的记录等）和评价方式都给予我们的思考和改革以很多有益的启示。

第三，实践、反思加学习是幼儿教师提高教学水平的重要途径，我们的职前、职后教师培训应走理论与实践相结合、反省性教学的道路。

拓展阅读：《意大利瑞吉欧儿童中心》

同步实训

方案教学与生成课程实践

1. 实训目的
加深学生对方案教学与生成课程的认识。

2．实训安排

（1）学生选择方案教学与生成课程中的一种，分组进行讨论，并尝试运用。

（2）分析并体会这些方案与课程的适用性与特点。

3．教师注意事项

（1）由幼教机构中的具体事例导入对方案教学与生成课程的认识。

（2）提供一些方案教学与生成课程的简单案例，供学生讨论。

（3）参观幼教机构或提供其他相应学习资源。

4．资源（时间）

1课时、参考书籍、案例、网页。

5．评价标准

表 现 要 求	是否适用	已达要求	未达要求
小组活动中，外在表现（参与度、讨论发言积极程度）			
小组活动中，对概念的认识与把握的准确程度			
小组活动中，角色扮演的精准度			
小组活动中，文案制作的完整与适用程度			

知 识 结 构

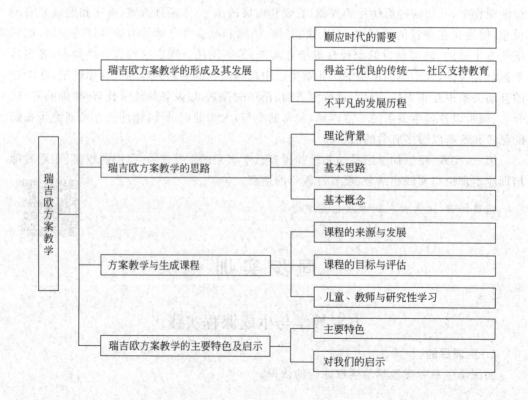

教学做一体化训练

一、重点名词

方案教学　《儿童的百种语言》　研究性学习

二、课后讨论

1. 瑞吉欧方案教学可以给我国的幼教改革特别是早期教育改革提供哪些启示？

2. 根据瑞吉欧的幼教经验，试提出在早期教育中生成课程的基本思路。

3. 试分析比较瑞吉欧方案和蒙台梭利教育法的异同点。

三、课后自测

1. 分析瑞吉欧方案教学中的师幼关系。

2. 瑞吉欧方案教学的发展过程是怎样形成的？

3. 生成课程的内涵是什么？

课 后 推 荐

图书：

1. 黄人颂.学前教育学[M].北京：人民教育出版社,1989.

2. 卢乐山.学前教育学原理[M].北京：北京师范大学出版社,1991.

3. 杨汉麟,周采.外国幼儿教育史[M].南宁：广西教育出版社,1998.

4. 唐淑,钟昭华.中国学前教育史[M].北京：人民教育出版社,1993.

5. 陈帼眉.学前教育新论[M].北京：北京师范大学出版社,1996.

6. 唐淑.学前教育思想史[M].北京：人民教育出版社,2010.

期刊：

1. 侯莉敏.百年中国幼教事业的变化及发展[J].幼儿教育,2004(2).

2. 侯莉敏.不同学科视野中的儿童研究及其对早期教育的启示[J].教育导刊,2006(4).

3. 侯莉敏.理论的引入与我国学前教育的变革与发展[J].幼儿教育,2010(7).

4. 王春燕.学前教育价值取向的百年追思与启示[J].学前教育研究,2011(9).

5. 张利洪,李静.学前教育学的研究对象[J].学前教育研究,2011(9).

6. 单中惠.西方现代儿童观发展初探[J].清华大学教育研究,2003(4).

7. 贾云.论儿童观的范式转型[J].南京师范大学学报(社会科学版),2009(2).

网站：

1. 中国学前教育网：http://web.preschool.net.cn/.

2. 中国学前教育研究会：http://www.cnsece.com/.

模块六
班克街教育方案

学习目标

- 识记：发展—互动理念。
- 领会：教育目标；实施工具。
- 理解：分析杜威对班克街教育方案的影响；教师的角色；班克街课程实施步骤。
- 应用：1. 班克街教育方案可以给我国的幼教改革特别是早期教育改革提供哪些启示？
  2. 模拟实施班克街的儿童课程。
  3. 试分析比较班克街教学方案和我国目前幼教的异同。

模块描述

本模块主要了解班克街教育方案产生、发展的时代背景，理解班克街教育方案的理论基础和主要特色，掌握班克街早期教育方案的核心目标、内容、方法和评价，明确教师和家庭在其中的角色，评价这一教育方案的优缺点。

任务解析

根据早期教育职业工作活动顺序和职业教育学习规律，"班克街教育方案"模块可以分解为以下任务。

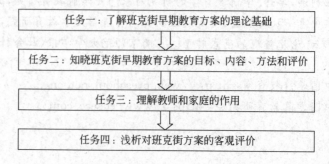

19世纪末,美国教育界兴起了一场影响全世界的教育革新运动——进步主义教育运动。"进步主义教育运动"反对美国长期以来沿袭的欧洲传统教育,对传统教育形式主义的课程设置、因循守旧的教材教法、戒律森严的学校制度进行了批判。在进步主义思潮影响下创立的教育机构中,1916年由米切尔创办的"教育实验局"崭露头角,后来在它的基础上成立了班克街教育学院。这所教育机构,以实验幼儿园为开端,从创办伊始就以全力促进幼儿成长为目标,致力于发展幼儿教育事业。经过近一个世纪的发展,除形成了特色幼儿教育课程体系之外,也使学前教育课程与学校教育课程有效地进行了衔接,形成了独具特色的"班克街早期教育方案"。20世纪30年代后,强调儿童个别潜能的重要性和学校对儿童情绪、人格发展的影响力,教育目的在于促进"完整儿童"的发展。班克街早期教育方案参与了美国"开端计划""随后计划"等项目,并做出了很多有价值的工作,班克街教育方案已远不只局限于一个教育机构,它通过由理论到实践的长期实验过程,对美国乃至全世界的儿童教育产生了重大影响,现已成为儿童教育领域世界公认的领导者。

任务一：了解班克街早期教育方案的理论基础

案例导入

在许多早教机构中都为2～3岁的幼儿创设了区角体验区,幼儿可扮演不同的角色,如医生、营业员、家长、顾客等,从"做饭""卖东西""看病吃药"开始的。他们喜欢做洗菜、切菜、倒茶、做蛋糕等;或者假装给你看病,让你躺着、喂你吃药;或者用"砖头"搭建商店(很多时候他们搭建的都是礼物店,或者停车场),然后开卖……不断重复,乐此不疲。

案例思考

1. 是什么让幼儿们这么喜爱区角活动?

2. 幼儿在区角扮演的角色,经验来自哪里?

3. 这种区角活动对幼儿有什么积极意义?

一、理念来源

班克街早期教育方案最令人关注的是高举进步主义的大旗,以学生为主体,关注学生的需求与进步。通过儿童学校的实践学习培养教师理解儿童的学习方法,支持学生和教师更好、更快地成长。班克街的教育理论可归结为三大来源:弗洛伊德的心理动力学理论、皮亚杰的认知发展学说、杜威及其进步主义教育思想。

（一）弗洛伊德的心理动力学理论

弗洛伊德的心理动力学理论认为,人的行为是从继承来的本能和生物驱力中产生的,而且试图解决个人需要和社会要求之间的冲突。剥夺状态、生理唤起以及冲突都为行为提供了力量，就像煤给蒸汽机车提供燃料一样。弗洛伊德认为儿童早期是人格形成的阶段，童年的经验对成年人的性格有深远的影响。受此影响，班克街早期教育方案强调儿童社会性的发展，社会学习也就成了该方案的核心任务。

（二）皮亚杰的认知发展学说

以皮亚杰为代表的儿童认知发展的心理学理论也对班克街教育学院的发展奠定了重要的理论基础。皮亚杰强调"游戏"在智力发展上的重要性，并且将儿童自身和客体之间的活动作为早期儿童课程的基础。皮亚杰强调游戏是提高抽象思维能力的一种恰当手段，儿童通过游戏能够逐步理解社会准则和社会秩序，而且还能同时促进其道德发展。班克街儿童课程也强调游戏的重要性，鼓励儿童参与社会活动并与同伴们一起游戏，为儿童提供丰富的并供他们自由选择的材料：如积木游戏、角色扮演、沙土游戏以及写字、阅读及绘画等，甚至为他们提供诸如泥土、沙、水等探索材料。使儿童在游戏的过程中体会到学习的快乐，并引导他们对学习过程进行思考和判断。

（三）杜威及其进步主义思想

杜威作为进步主义教育运动的精神领袖，其进步主义教育思想论证审慎周密，他的理论在很大程度上影响了进步主义教育思潮，对现代教育思想做出了巨大贡献。杜威认为教育即生长、教育即生活，教育为当下生活服务，教育的本质是经验的重组和改造；他还以经验论哲学作为基础，提出了"在做中学"和"在经验中学"的观点；另外，他还提出学校即社会，他反对在教育过程中对儿童进行空洞的课堂说教，主张为儿童提供健康成长的社会环境。他认为教育和社会性是相通的，因此，加强教育的根本举措在于给学生提供社会性的条件。

正是受杜威著作和儿童发展研究运动的影响，米切尔和普拉特在纽约市开办了一所游戏学校。他们接纳了杜威把"当地环境和学校作为家的延伸"的观点，同时把有目的的游戏纳入早教机构和幼儿园的教育活动中，以语言和讲故事的方式开展活动，以孩子们的自身经历为想象的出发点。为了丰富儿童的语言、培养儿童的想象力，由米切尔所编排、班克街教育学院印制的《此时此地》故事书诞生。学校里的教师通过观察儿童在学校生活之外产生的自发游戏和兴趣而设计课程。通过每天记录他们对儿童的认识和观察，以此形成指导儿童去表现和学习的教师心得。20世纪20年代米切尔与约翰逊合作在纽约的教育实验局下创建了一个保育学校以继续游戏学校的研究，这也就是随后的班克街教育学院的前身，一个至今在该领域很有影响力的学术机构。班克街教育学院的儿童教育思想强调儿童社会性的发展，把学校生活看作隐性社会学习的一部分。班克街不同文化、不同背景和家庭的儿童给学校带来了丰富的、可交流的经验和知识，这些自发的经验和知识作为潜在的课程的一部分。让幼儿逐步参与到周围的社会文化环境中，从家庭、学校到国家，从幼儿园小教室到社会大教室。

二、核心理念

班克街早期教育方案强调在教学过程中以儿童为中心、学校教育与社会教育相结合的"发展—互动"理念。

发展：是指儿童对世界的认识、理解及做出反应的方式能不断变化、成长。

互动：是指个体与包括其他儿童、成人以及社会环境之间的相互作用，也包括儿童自身认知和情绪等心理方面、各层面的相互联系和相互作用。

"发展—互动"理念强调以儿童周围生活环境为基础的社会课程的学习，把社会学习课程建立在儿童经验以及他们对周围世界理解的基础之上。这一理念渗透在教学过程的各个环节，是班克街儿童教育和教师职前教育的基础。

"发展—互动"理念强调儿童发展是随着时间推移而转变和变化的。针对不同儿童的不同发展时期，体现出发展的不平衡性。例如，儿童在不同的年龄阶段学习阅读；同一年龄阶段的儿童，一部分儿童眼手协调能力就比其他儿童好；也有一部分儿童比较善于与他人交往。班克街方案强调根据儿童具体情况满足儿童的需要，所以要求教师必须具备广博的关于儿童身心发展规律的知识，并且掌握娴熟地观察儿童日常生活的技能，在观察的基础之上开发能促进儿童更好发展的课程。

最后，"发展—互动"理念指出认知和情感总与教学情境是相联系的。教师所提供的有意义的学习内容与师生之间积极的合作为学习提供基础。伴随着市场经济竞争日益激烈化，人们所面临的知识学习压力越来越大，单纯强调知识灌输的教学模式开始侵蚀到学前教育领域，班克街教育学院对"互动发展"的教学理念的坚持，并将之贯彻落实的做法值得我们思考和借鉴。

拓展阅读："开端计划"

任务二：知晓班克街早期教育方案的
目标、内容、方法和评价

📝 案例导入

游乐场里，胖胖和冬冬打了起来。一开始，凭借着身体优势，胖胖占了上风，不甘示弱的冬冬使出了"狠招"，一口咬住了胖胖的胳膊！"哇呀"一声大叫，胖胖跑出了游乐场。没过多久，胖胖的妈妈领着胖胖找到冬冬要"还回来"，两个孩子又扭打在一起，不一会儿，冬冬的爸爸也加入了"战斗"，试图直接出手……游乐场里，因为两个三四岁的孩子，乱成了一锅粥，幸亏工作人员和其他孩子家长帮忙拉架，才让双方停止。

📋 案例思考

1. 看似荒谬的一起事件实际上却在我们周围经常上演。如果你遇到孩子之间有矛

盾纠纷时，会怎么处理？

　　2. 儿童正处在社会性发展的阶段，试问：应该从哪些方面培养他们的社会性。

一、目标

　　班克街方案的基本理念是儿童认知发展和个性发展是与其社会化的过程不可分离的，托幼机构是社会的一部分，它与家庭和社会其他机构分担对儿童教育的职责，它不应被看作"学课"的地方。因此，教育的目标应依据发展的过程，而不是特定的学业成就。

（一）广泛性目标

　　（1）提升儿童有效地作用于环境的能力，包括各方面的能力以及运用这些能力的动机。

　　（2）促进儿童自主性和个性的发展，包括自我认同、自主行动、自行抉择、承担责任和接受帮助的能力。

　　（3）培养儿童的社会性，包括关心他人、成为集体的一员、友爱同伴等。

　　（4）鼓励儿童的创造性。

　　以上的教育目标比较泛化，应根据儿童发展的阶段和文化背景的适合性而加以思考和具体化。

（二）具体目标

　　拜巴等人将以上宽泛的教育目标细化为 8 条具体的目标，运用于对儿童实施的早期教育方案。

　　（1）通过与环境的直接接触和操作，让儿童去满足自身的需要。

　　（2）通过认知策略，促进儿童获得经验的能力。

　　（3）增进儿童有关其周围环境的知识。

　　（4）支持能提供各种经验的游戏。

　　（5）帮助儿童内化对冲动的自我控制。

　　（6）满足儿童应付在其发展过程中所产生的冲突。

　　（7）帮助儿童发展有个性和能力的自我形象。

　　（8）帮助儿童在互动过程中建立起相互支持的行为模式。

二、内容

（一）以社会学习为核心

　　班克街早期教育方案以社会学习为核心，采取整合式的课程。

　　社会学习是对人类世界的整合研究，包括过去、现在及未来，使孩子学习了解一些互相关联的概念，也就是社会学习的意义在于看到自我和家庭、社区、社会、世界的关联。

学习的主题可以从对家庭的研究到对河流的研究,其主要取决于儿童的年龄和兴趣,也取决于儿童的生活经验和社会要求儿童掌握的知识和技能。例如,对 3 岁的儿童,课程强调的是儿童对自身和家庭的学习;而对于 5 岁的儿童,课程则强调对社区服务和工作的学习。

班克街的课程内容分为六部分:人类与环境的互动;人类为生存而产生的从家庭到国家的各级社会单位及其与人的关系;人类世代相传;通过科学和艺术,了解生命的意义;个体和群体行为;变化的世界。班克街方案认为对于儿童而言,最有意义的经验是那些相互联系的,而不是相互割裂的经验,而最有效的方法是允许他们以自己的方式作用于这些经验。

(二)具体课程

1. 文学启蒙

文学启蒙贯穿于课程的所有领域。教室各区角都有绘本读物,以此激发并保持儿童的兴趣和探究欲望。而读物特意选择能反映课堂、学校和城市中存在的不同文化的类型。儿童每周都要在图书馆度过一定时间,由图书管理员帮助他们挑选读物、辅助阅读。

2. 数学

用具体生动的早期数学经验为儿童以后学习抽象的数学概念打下坚实的基础,激发儿童对数学的兴趣。

3. 科学

鼓励儿童发展探索与尊重周边环境的态度。把科学带进每日课堂,让他们根据旅途中或课堂中观察到的现象进行调查、操作、讨论、记录和预测。

4. 西班牙语

教师与儿童合作,分组教学,采用歌曲或故事等形式让儿童学习语言。分单元教学,并在诸如家庭、市场、面包店等地方实地教学。

5. 艺术

油画、图画、黏土、拼贴画、建筑、积木、砖块和木头是每个教室不可或缺的材料。关注艺术产生的过程,激发儿童个人或者团体的艺术创作动机。

6. 音乐

建立在儿童对音乐的自发直觉上,内容包括歌唱、跳舞和乐器演奏,每周有一次家长参与的音乐会。春天时,会组织家庭春游,一同感受自然中的音乐。

7. 图书

和教师一起有组织地或自由访问图书馆,建立聆听、讨论和选择图书的相关技能。学习搜寻资料、图书馆礼仪、资料分享、信息安全。

8. 运动与健康

儿童通过感官的体验认识自己的身体以及周围的环境。利用公园等场所来探索并拓展他们的运动能力。运动课上开展各种精心安排的团体协作游戏,还有体操、翻滚等提升身体素质的各种活动。

这些课程不是孤立的,而是充分整合的。整合后的内容围绕社会研究主题的音乐、阅读、书写、数学、戏剧和美术等不同的课程经验,从身体、社会、情绪情感和认知等儿童发展的各个方面,利用儿童在家庭和在托幼机构的第一手经验,再创新的经验。

三、方法

(一)环境的规划

空间的安排兼顾个人活动与团体活动的需求,整个环境是一个快乐的、学习的、生产性的社会环境。典型的班克街课程模式的教室是界限清楚、功能分明的区角式规划。每天作息的安排有一定的顺序。

(二)教材

强调能为儿童提供自发探索、实验和表征用途的素材。材料放置在开放式的架子上,让儿童自由取用。

(三)常用工具:主题网和课程轮

在班克街早期教育方案中,主题网和课程轮是课程设计和实施中常运用的工具。课程轮的中央是主题,轮辐间的空间可由教师设计各个活动区或活动种类的内容,允许教师根据需要加以更改、增加或删除,如图 6-1 所示。

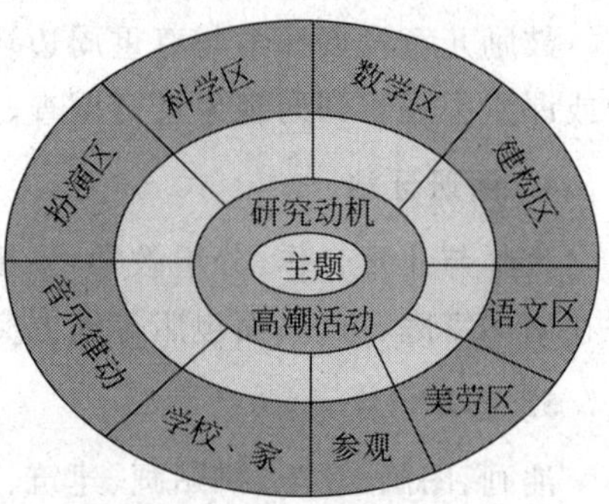

(四)实施步骤

实施的七个步骤包括:选择主题、确定目标、教室学习与主题有关的内容,并收集资料、开展活动、家庭参与、高潮活动、观察和评价。

图 6-1

1. 选择主题、确定目标

教师从儿童的发展阶段、能力、兴趣、主题的挑战性、对儿童的意义等方面选择主题,所选主题要有助于儿童思考、讨论及合作解决问题。主题目标应该是预定目标和生成目标相结合的,教师要对儿童的学习目标有初步的把握。然后,教师将和儿童进行交流和讨论,采纳他们提出的问题和想法,在此基础上根据儿童原有的经验,以及八个科目的学习要求对主题内容进行分类,制定出具体目标,形成一个较完整的主题。主题形成后不是一成不变的,它可以根据儿童的兴趣和需要、开展的实际情况不断更改具体目标和学习内容,一个儿童、一个小组的某个想法可以使活动朝向一个新的方向。当然,这个方向必须要确保儿童的知识能够积累增多且能得到不断的校验和重构。

2. 收集资料、开展活动、家庭参与

主题执行之前，教师需充分了解主题内容，收集相关资料，寻求社会支持。例如，联系相关参观地点，制作需要的材料道具，寻求其他教师和家长的配合等。教师要预先以孩子的视角去体验学习主题内容。主题具体执行分室内和户外两方面，这两方面是紧密结合的。教师根据主题内容对教室进行布置，形成有准备的环境。这种环境应具有吸引力和挑战性，配备足够的材料和设备，能为幼儿提供丰富的相关经验。户外教学以参观为主，包括参观了解与主题相关的人、建筑、博物馆、机构设施等，幼儿可以用教师提供的参观记录单记录自己了解到的知识或问题，回教室后再进一步学习和探讨。主题执行过程注重利用周边社会资源，让幼儿在学习中不断了解融入社会，形成社会责任感。此外，带入家庭参与，如何利用家庭资源使家长能够参与到主题中也是主题执行中需考虑的重要方面。

3. 高潮活动

社会学习主题探究一般以高潮活动作为结束，在教师协助下由参与主题的幼儿共同完成。例如，以车子为主题的社会学习，高潮活动可能是幼儿自制汽车展；以河流为主题的社会学习活动，高潮活动可能是幼儿自制的河流地域模型。班克街课程模式认为，促进幼儿社会学习发生的最恰当时机是幼儿共同解决问题时，学会共同解决问题不仅是个体将来面临社会的重要任务，也有助于幼儿分享和整合经验，而高潮活动则是幼儿共同解决问题的重要途径。此外，高潮活动是对幼儿社会学习所学知识与收获的整体展现，同时也是对主题学习的效果评价，是将幼儿兴趣与能力结合得非常好的评价方式。高潮活动的成果展现将面向其他的教师和同学、家长和社会，它不仅是对幼儿努力的肯定，也是对教师所付出劳动的肯定。

4. 观察、评价

评价是班克街早期教育方案的有机组成部分，它为教师了解儿童如何学习和成长提供了手段，也为教师提供了课程计划和决策的原则。与追随高水准学业成就的评价不同，班克街长期主张更宽泛的评价方法，这种评价是立足于理解儿童如何了解属于自己的世界，并为儿童提供一系列的机会让他们表达自己的理解。基本技能和学科知识固然是基础，但是，在与环境互动时，儿童的态度和个性特征同样重要，例如，儿童的独立精神和合作活动的能力、发动活动的能力，以及成为有社会责任感的社区公民，等等。

运用班克街早期教育方案的教师必须遵从和完成教育主管部门颁布的教育测试和评估。此外，评价需要严格的和系统的依据对儿童活动行为的观察和记录，包括教师对儿童表现的观察（如阅读、数学、操作材料、与他人的互动等）；儿童活动的文件袋（如艺术、书写、计算、建构等）；教师为年龄较大的儿童设计的技能检测表所反映的儿童学习质量（如阅读和书写、航海日志、实验报告、编列目录、单元学习的总结等）。分析和总结这些资料，能使教师了解每个儿童的特点和需要，能给教师与家长的沟通以及确定下一步计划打下基础。

任务三：理解教师和家庭的作用

案例导入

十字路口，红灯亮起，多数行人都站在人行道上等待。然而，一对年轻的父母看着路上没有车辆驶来，因此就抱着他们一岁多的女儿，大踏步地闯过红灯，走到马路对面。

地铁站台，乘客们都自觉地按照地上的标识排队等候。突然，一位妈妈带着自己的儿子直接走到地铁门正中的位置，因为没有人站在那里，她认为地铁进站停下后他们就可以比他人先上车，从而抢到座位。可是，那个位置有着很明显的箭头方向朝外的标识，是乘客下车的位置。

案例思考

1. 请问，案例中的父母的做法是否正确？
2. 这些家长的行为会对儿童产生什么影响？

一、教师的作用

在班克街早期教育方案中，与教育、教学原则有关的社会情感方面的目标与认知方面的目标存在着很大的区别，因此，在说明教师在教育、教学中所扮演的角色时，将两者分别加以阐述。

（一）在儿童社会情感发展方面教师扮演的角色

班克街早期教育方案深受心理动力理论的影响，在儿童社会情感发展方面，教师的作用主要体现在以下两个方面。

（1）教师和学校是儿童的家庭世界与儿童的同伴世界及其更大的外部世界之间的协调者，教师应能给予儿童安全感，使儿童能克服焦虑和解决离开父母而面临的心理冲突，从而较好地适应社会。

（2）教师和学校的作用是培养儿童自我的发展和心理健康，教师应具备称职的母亲和心理治疗师应有的许多特点，还应具有令儿童信任的权威性。

此外，拜巴等人认为教师的作用还反映在应刺激儿童与周围世界发生拓展性的交互作用等方面。

（二）在儿童认知发展方面教师扮演的角色

在儿童认知发展方面，教师的作用主要体现在以下四个方面。

（1）评价儿童的思维，使其将想法变为行动，或将其想法进行概括和转换；引导儿童达到掌握概念的新水平，或在控制下拓展内容的范围。

（2）对儿童的评议、疑惑和行动给予口头的回应、澄清、重述和纠正。

（3）培养儿童直觉的和联结性的思维。

（4）提出能促进儿童归纳性思维的问题。

二、与家庭的共同工作

在班克街早期教育方案中，方案的设计者从儿童的立场定义家庭，家庭是指"成人和儿童的各种组合体"，是"与儿童接近的，并受到儿童信赖的人们，他们是儿童世界的基础。家庭可以是父母中的一个人、两个母亲或两个父亲、继父母、养父母、叔叔和婶婶、兄弟姊妹、堂（表）兄弟姊妹，或是曾做过家庭日托的邻居"。

与家庭的共同工作旨在"能使早期教育机构的教师与儿童生活历程中对儿童有意义的其他成人之间建立起双向的关系。通过这种关系，教师能够在儿童花在教室内和家庭中的时间之间创造联系"。

与家庭的共同工作，包括教师深入家庭和家长参与教育机构工作等，可以有许多种不同的形式。班克街家庭中心就是其中之一。

（一）定义

家庭中心是一所包括儿童养护中心和以家庭与社区为基础的非营利性的特殊教育项目。该中心为6个月到5岁儿童的家庭提供以发展为导向的儿童养护和家庭支持。在家庭中心的教学里，儿童通常被分为组，两个由6个月到3岁儿童的混合小组，两个学前班级。家庭中心同时也为学前特殊儿童教育提供服务，针对有特殊需要的儿童可以完全参与到任意一个班级，有专门特殊教育的教师和理疗师根据儿童的需要提供个体的活动和理疗方案。

（二）活动设置

家庭中心通过开展以儿童为中心的活动为儿童的学习提供开放性的学习材料，使儿童在活动中学习。在教学过程中，人与人的关系、对每个儿童的关心以及儿童的情感反应实践都是儿童学习的中心。家庭中心课程的特点可以概括为五个方面：旨在培养儿童的学习与探索能力、开设以儿童为中心的活动、以儿童的发展为导向，进行文化敏感度的儿童养护、一般教育和特殊教育相整合的课程设置模式，出游也是家庭中心课程中最基本的一部分内容。家庭中心的课程设置在很大程度上是以日常生活为基础的，通常会涉及环境、人、日常的活动以及特殊的活动。课程主要包括：艺术活动、积木搭建、角色扮演、战争游戏、感官体验、音乐与体育以及户外活动。

家庭中心的课程以儿童日常活动和情境为基础，如见面问好、出游、交朋友、自我介绍等。值得一提的是，儿童的知识通过许多邻近的出游而建构（建构即通过旅行纸、表、图、儿童写的故事和绘画及壁画等记录）。出游与讨论是家庭中心中任一年龄段儿童形成动态社会学习课程所必须学习的，因为儿童只有与社会接触才能"了解真实世界的本来面目"，出游计划的实施把世界引入儿童的教室，在此过程中儿童也将学会面对社会问题的冲突。

家庭中心除对正常儿童的照看和教育外，还开设了针对处境不利儿童的特殊教育课程,为反应迟缓或残疾的儿童提供必要的帮助,满足其身体、情感、认知和价值等方面的需求。特殊教育课程由教师、医生、心理专家、家长等跨学科的工作人员合作实施,确保课程学习满足儿童独特的需求。家庭中心考虑到儿童的成长与家庭和社区的重大关联,还推出了"以家庭和社区为基础的培养计划",强调家长和社区在儿童成长过程中的作用,并鼓励家长或社区积极参与学校教学。在这种家庭和学校、社区共同合作的模式下,确保了家园合作的互补性和互惠性。班克街教育方案积极鼓励家庭和社区的参与,注重儿童在学校正式教育环境以外的学习和发展。

任务四:浅析对班克街教育方案的客观评价

案例导入

《幼儿园教育指导纲要(试行)》颁布试行以后,我国幼教界展开了声势浩大的破除旧观念、树立新观念的运动,符合现代教育要求的儿童教育观念逐渐深入人心。如在儿童观方面,确立儿童的主体地位,重视个别差异,注意满足儿童情感和社会性的需求,从儿童的生活经验出发进行教育;在教育观方面,认识到儿童教育不等同于幼儿园教育,还应该重视家庭、社区、社会环境中的教育。这一观念正与班克街教育方案一致。

案例思考

我们应该如何借鉴班克街教育方案,使之适用于中国的国情?目前已经有了哪些实践的基础?

一、进步意义

班克街早期教育方案的根源可追溯到进步主义教育运动,它起源于米切尔在 20 世纪二三十年代指导的教育实验局。班克街早期教育方案强调让儿童进行有意义的学习,使他们感受到自己的能力;强调帮助儿童理解对他们成长而言是最为重要的事物,而不是与学业成绩有关的东西。这一方案以儿童为中心,关注儿童兴趣和需要的满足,鼓励儿童主动地活动。

二、批判之处

有些学者从不同的立场出发,对班克街早期教育方案提出了批评。德弗里斯认为,班克街早期教育方案提出了将社会情感发展和认知发展整合一体的"整个儿童"的教育理论,但是,在如何选择理论,并将这些理论综合成内在统一的整体时,经常是相互矛盾的。"发展—互动理论似乎更多的像是从各种理论而来的、没有经过统合的观点的集合体,而不像一种完整的理论。"德弗里斯还批评班克街早期教育方案在理论与实践之间存在着沟壑,如对许多教育实践的理论解释,要么是缺乏的,要么是不正确的。

虽然班克街早期教育方案可追溯到进步主义教育运动,但是,该方案主要依据的是儿童发展理论,从儿童发展的一般规律去思考和发展课程,而较少顾及儿童生活所处的文化背景。这种教育方案所指向的教育改革为的是让儿童在早期实现社会化,以克服来自家庭和社会经验的不良因素。这样做,儿童不得不放弃自己的语言和文化,去获得所谓主流文化的东西。有人批评这种思维方式是试图建立一种白人中产阶级的能力标准,以此衡量和评价来自不同文化、不同经济水平的儿童。

近年来,班克街教育学院的一些学者通过对班克街早期教育方案的发展—互动理论和实践的回顾和展望,对该方案做了评价:"运用元心理学的策略,我们回顾了发展—互动理论的主要原则,指出了近年来对该方案进行陈述中受到质疑的一些关键方面的问题。我们提出了应该通过使关注个体的发展与背景的发展达到平衡的方式来加强发展—互动理论的心理学基础,这一点在以前的陈述中虽有涉及,却没有强调。对发展的有差异性的理解和因不同文化而产生的不同凡响将为教育实践提供较为坚实的基础。我们对发展—互动理论基本概念的检讨能为振兴这一早期教育方案指出新的道路。"

拓展阅读:《班克(Bank)街学院早期教育方案目睹记》

同步实训

班克街教育方案

1. 实训目的
加深学生对班克街课程的认识。

2. 实训安排
(1) 学生选择班克街课程中的一种,分组进行讨论,并尝试模拟。
(2) 分析并体会这些课程的适用性与特点。

3. 教师注意事项
(1) 由早教机构中的具体事例导入对班克街课程的认识。
(2) 提供一些简单案例,供学生讨论。
(3) 浏览班克街学院的网站或提供其他相应学习资源。

4. 资源(时间)
2 课时、参考书籍、案例、网页。

5. 评价标准

表 现 要 求	是否适用	已达要求	未达要求
小组活动中,外在表现(参与度、讨论发言积极程度)			
小组活动中,对概念的认识与把握的准确程度			
小组活动中,角色扮演的精准度			
小组活动中,文案制作的完整与适用程度			

知 识 结 构

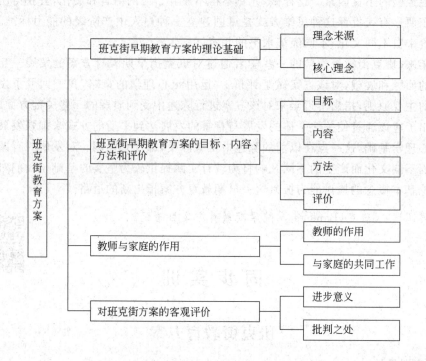

教学做一体化训练

一、重点名词

班克街教育方案   互动发展   课程轮

二、课后讨论

1. 班克街教育方案对美国的幼教改革特别是早期教育改革提供哪些启示？

2. 杜克对班克街教育方案产生了什么影响？

三、课后自测

1. 概括班克街早期教育方案的内容。

2. 家庭中心在班克街早期教育方案中的作用是什么？

3. 结合我国学前教育的现状，我们应该借鉴班克街方案的哪些方面？实施时要注意哪些问题？

课 后 推 荐

图书：

1. 简楚英,等.幼教课程模式：理论取向与实务经验[M].北京：中国人民大学出版社,2014.

2. 王小溪,翁治清,等.学前教育学[M].南京：东南大学出版社,2016.

3. 孙建荣,冯建华,等.憧憬与迷惑的事业——美国文化与美国教育[M].北京：中国社会科学社,2000.

期刊：

1. 刘蕊,陈友娟,李亚娟.美国银行街课程方案简介[J].早期教育,2005(8).

2. 衡若愚.班克街课程模式下的幼儿社会学习探析[J].长沙师范专科学校学报,2008(4).

3. 郑小贝,洪明.美国"银行街教育学院"儿童课程的特点与启示[J].基础教育,2012(3).

网站：

Bankstreet,http://www.bankstreet.edu.

模块七
冯德全"零岁方案"

学习目标

- 识记：冯德全"零岁方案"教育理论的主要内容。
- 领会：冯德全"零岁方案"教育理论的形成和理论基础。
- 理解：冯德全"零岁方案"教育理论的教育原则、具体的教育内容以及相应的实施途径。
- 应用：1. "零岁方案"可以给我国的幼教改革特别是早期教育改革提供哪些启示？
  2. 思考"零岁方案"在当前早期教育实践中如何运用。
  3. 试分析比较"零岁方案"与前文国外早期教育思想的异同点。

模块描述

本模块主要了解冯德全"零岁方案"教育理论的形成，理解"零岁方案"教育理论的理论基础和教育原则，熟悉"零岁方案"教育理论的具体教育内容和实施途径，并思考如何在当前早期教育实践中对"零岁方案"教育理论加以运用。

任务解析

根据早期教育职业工作活动顺序和职业教育学习规律，"冯德全'零岁方案'"模块可以分解为以下任务。

> 任务一：了解"零岁方案"的形成、理论基础和教育原则

> 任务二：知晓"零岁方案"的教育内容和实施途径

"零岁方案"由我国早期教育专家冯德全和其所在的专家小组经实验研究而形成的。"零岁方案"全称为"0～6岁优教工程及实施方案",之所以称为"优教工程",是因为它是早期素质教育的系统工程,明确提出人类要重新认识胎儿、婴幼儿所拥有的巨大潜能,并系统地介绍了开发这种潜能的一整套基本理论和方法。

任务一：了解"零岁方案"的形成、理论基础和教育原则

案例导入

有人说:"如果从孩子出生的第三天开始教育,那就已经晚了两天。"

案例思考

请问你怎么看待婴幼儿的早期教育? 你是否同意上面的这句话? 为什么?

一、"零岁方案"的形成

20世纪七八十年代,随着经济的发展和世界各国人民生活水平的提高,社会各界对婴幼儿早期教育的重要作用开始知晓并对婴幼儿的早期教育日益重视起来。在社会风潮的引领下,各国的学者们纷纷开始婴幼儿早期教育的相关研究。我国以冯德全为首的专家组,也着手进行0～6岁优教理论和方法的研究和设计,其研究成果开始时以文稿、函授教材的形式在家长和早教工作者间流传,后来由北京科学技术出版社结集成三册出版——《人才摇篮篇》《腾飞的一翼篇》和《雏鹰早飞篇》(见图7-1)。2007年,黑龙江文化电子音像出版社将"零岁方案"重新整理,出版了音像教程。

图 7-1

二、"零岁方案"的理论基础

1. 人类学基础

相关研究已经表明,我们人类存在着巨大的潜能,而且对于任何一个人来讲,甚至是对于智商超高的爱因斯坦来讲,可开发的潜能都是一个庞大的空间。可以说,人类之间的能力大小、智商高低的根本原因都在于个体潜能开发的程度。而潜能开发是具有一个关键时期或者说最佳时期的。研究表明,婴幼儿时期就是人类潜能开发的重要时期。

2. 生理学、脑科学基础

婴幼儿在出生前已有数十亿神经元形成,也就是说我们人类的大脑在出生前即处于一定程度上的成熟阶段。当婴幼儿出生之后,他们的大脑开始接受周围世界的刺激,信息的传导通过神经元之间的连接来完成,婴幼儿的脑体积随着神经元之间的连接而不断增大。因而,在婴幼儿出生后的三年如果给予恰当、足够的刺激,有利于其大脑的发育。

3. 心理学基础

婴幼儿虽然在感官的感知能力方面尚未发育完善,但其适应能力、模仿能力、探索能力等都十分强大。婴幼儿在不知不觉中就会模仿成人的一些动作、语言,甚至是神态。与其让婴幼儿模仿毫无准备的成人,习得一些不好的习惯,成人还不如做好充分的准备,有意识地对婴幼儿进行早期教育,以引导其向良好的方向发展。

4. 教育学基础

儿童的发展不是自然而然就可以获得的,我们不能消极地等待着儿童的自我成熟,而应该在了解儿童学习与发展特点的基础之上,为儿童提供良好的环境,组织发展适宜性的活动,让儿童在与周围环境的相互作用中积累起有益的经验,而不仅仅是机械地记忆某些知识,从而为今后的发展奠定坚实的基础。

三、"零岁方案"的教育原则

1. 生活中教,游戏中学

陈鹤琴老先生曾说过:"大自然、大社会都是活教材。"因而,婴幼儿早期教育应贯彻"在生活中教"的原则。婴幼儿日常生活中的点点滴滴,例如吃饭、散步、与家人交谈等都是教育的契机。同时,游戏是儿童的基本活动,也是儿童最为基本的权利。因此,婴幼儿早期教育应贯彻"在游戏中学"的原则。婴幼儿的年龄特点决定了其具体形象的思维,他们还不能理解抽象的知识。婴幼儿早期教育应以丰富的游戏活动为载体,让婴幼儿在游戏的过程中得到发展。

2. 教在有心,学在无意

婴幼儿早期教育对儿童的一生发展都有着十分重大的意义。因而,我们作为成人和家长要对婴幼儿的早期教育足够的重视,在全面学习婴幼儿早期教育相关理论的基础上,结合自家婴幼儿的特点,选择适宜的内容对婴幼儿进行教育。而在婴幼儿学习的过程中,我们不应该给他们增加过多的压力,并不是说每个活动、每个游戏一定指向某个知识的获得,也可能是情感的满足、习惯的养成,要让婴幼儿在自由的氛围中潜移默化地习得,真正成为学习的主人。

3. 环境濡染,榜样诱导

教育不仅仅只限于正式的教育活动,家长在生活中点点滴滴的言传身教,以及家庭和社会的良好氛围都是婴幼儿早期教育的途径。因而,家长和社会各界人士应该在家庭中、整个社会中都努力地形成良好的氛围,家长在日常生活中尤其要注意自身的一言一行,为婴幼儿树立良好的榜样,起到带头作用。

4. 积极暗示,注重鼓励

婴幼儿的心理、情感与生理一样都尚处于发展阶段,特别需要积极的鼓励。因而,成人在对婴幼儿进行早期教育的过程中,应该多用积极暗示和鼓励。当婴幼儿哪怕是进步了一点点或者取得极微小的成就时,成人不要吝啬自己的鼓励,一方面可以激励婴幼儿朝着前进的方向迈步;另一方面有助于婴幼儿积极情感体验的获得,对其自我效能感和自信心的形成都极为有利。

5. 培养习惯,形成定势

婴幼儿早期教育的目标除了让其积累各种各样的有益经验之外,特别重要的一点就是婴幼儿良好的生活卫生习惯和学习习惯的养成。婴幼儿年龄较小,他们对这个时期所学到的知识还不能够真正理解,很快便遗忘了,但是在婴幼儿时期养成的良好习惯却可以陪伴他们一生,对他们的学习和生活产生深远的影响。因而,成人应注重对婴幼儿习惯的培养,引导他们从小养成良好的生活习惯和学习习惯。

拓展阅读:《何谓"零岁方案"》

任务二:知晓"零岁方案"的教育内容和实施途径

案例导入

某 IT 公司的秦先生在孩子的教育问题上遇到了麻烦事,从孩子出生以来,秦先生就不知道怎么对待孩子才好。有的人说孩子的教育顺其自然就好,到了固定的年龄,孩子自然会掌握该有的知识;有的人说孩子的教育要尽早开始,避免"输在起跑线上";有的人说一定要送孩子去早教机构,可以在里面学到很多东西……众说纷纭,秦先生一筹莫展,看着同龄的孩子逐渐掌握了多种技能,同时又面对现在市场上良莠不齐的早教机构,秦先生内心十分矛盾:到底应不应该对孩子进行早期教育呢?怎样进行早期教育呢?又如何选择早教机构呢?

▶ 案例思考

请问如果你是案例中的秦先生你会怎么做？为什么呢？

冯德全的"零岁方案"在选择教育内容时，尽可能地选择在孩子生理、心理承受范围内的，同时能够极大地丰富孩子精神生活的内容。在遵循这个原则的基础之上，该方案针对不同年龄段的幼儿设计出了 15 个方面的教育区和 109 项参考活动，接下来本书将详细列举"零岁方案"的教育目标、内容及对应的参考活动，由于篇幅的限制在此只呈现"1 岁以内"年龄段的部分。

一、1 岁以内婴幼儿的发展目标

（1）从能抬头、视物、倾听，发展到坐、爬、翻身，再发展到站立，进而从扶着走发展到独自行走。

（2）从握手、握拳到能用手敲、拍、摔物体；能试着拿勺子吃饭，双手拇指和食指可协调地拿起细小的物品；双手能灵活地摆弄玩具、搭积木，能拿笔在纸上乱画。

（3）从爱听轻快、优美的乐曲和家长亲切的话语，发展到喜欢听大人讲故事、念儿歌。

（4）从能理解日常用语，并用动作予以回应，如挥手表示"再见"，发展到会说单字句，如"爸""妈""拿""要"等。

（5）能分辨家人及生人，有需要旁人注意自己的愿望；能表达喜乐或不愉快的心情，喜欢与他人特别是同龄人交往。

（6）注视时间随月龄而延长，能对着镜子看自己，并能机灵地观察人们的活动，喜欢看画、文字（大字）。

（7）有较明显的独立意识，能识别家人的表情和态度，受到夸奖时会表现出高兴的样子。

二、1 岁以内婴幼儿的亲子游戏

这一年龄段的婴幼儿身体柔软，活动能力差。可根据婴幼儿的月龄大小，尝试不同的亲子游戏。

（1）放松四肢，做手臂、腿部屈伸练习。

（2）发展手的触摸、拍打、够取等功能。

（3）在轻柔的音乐声中，做翻身、爬行、起坐运动。

（4）不失时机地扩大宝宝的视野，教认万事万物。

（5）随着音乐节奏手舞足蹈，以发展运动机能。

（6）搭积木，滚皮球，用棍子取物。

（7）用笔随意涂鸦，培养认色、绘画的兴趣。

（8）培养看图画、听儿歌、听故事的兴趣。

（9）教宝宝竖起一个手指表示"1"，用点头表示"好"等。

（10）教宝宝按大人的指令拿7～8种物品。

（11）玩遮住视线，移开遮挡的游戏，玩将物品藏起来找出来的游戏。

（12）培养宝宝自我服务能力，如拿小勺、洗手、洗脸、大小便等。

（13）创设识字环境，教宝宝字物对应，教宝宝认字。

（14）宝宝学翻身、爬行、站立、行走时，大人要做好保护。

三、1岁以内婴幼儿语言活动

（一）1岁以内婴幼儿语言活动目标

（1）能听懂爸爸妈妈逗引的语言，并做出相应的动作及表情。

（2）有意识地喊"爸爸""妈妈""爷爷""奶奶"等家庭成员，在家人喊自己的名字时能做出反应。

（3）会用拍手表示"欢迎"，用挥手表示"再见"，会说两三个字。

（4）有初步的语言理解和表达能力，掌握一定的词汇。

（5）会听名称指认3种动物图片、拿3种玩具。

（6）能根据家长的语意，做简单的模仿动作，如点豆豆、抓挠挠等。

（7）识字：宝宝、妈妈、娃娃、春天、夏天、秋天、冬天、手绢、玩具、小汽车、小鸭、小鸡、小羊、小花猫、小黄狗、新年。

（二）1岁以内婴幼儿的语言能力

婴幼儿在1个月时仅会哭；2个月时逐渐发出个别语音或喊声；4个月时开始咿呀学语；6个月时发出个别音节，如"妈""爸"等，以唇音为主；8个月时能发出"爸爸""妈妈"等复音；10个月时能模仿大人的声音；12个月时能用简单的词语表达自己的意思。

（三）1岁以内婴幼儿语言游戏

1. 喊出来

（1）目的：培养宝宝的语言能力，使其能准确地喊出"爸爸""妈妈""爷爷""奶奶"等家人。

（2）准备：预先教宝宝念儿歌；字卡"妈妈""爸爸""爷爷""奶奶"等。

（3）玩法：妈妈抱着宝宝指认家庭成员，也可玩"听声音找妈妈、爸爸"的游戏；还可请家庭成员送宝宝一件礼物，同时告诉宝宝，"这是××送给宝宝的"；妈妈或其他家庭成员胸前佩戴字卡"妈妈"或其他成员的名称，让宝宝指认。

（4）建议：反复念儿歌，帮助宝宝准确发音。

（5）儿歌：爷爷奶奶，还有宝宝，都是一家人。

2. 妈妈和娃娃

（1）目的：帮助宝宝发音。

（2）准备：预先教宝宝念儿歌；字卡"娃娃""妈妈"。

（3）玩法：妈妈扶着宝宝的腋下，把宝宝向上举两次，然后和宝宝头顶头地转圈，逗宝宝开心;妈妈念儿歌,宝宝欣赏;教宝宝识字"娃娃""妈妈"。可采取以下方法。①把字卡"娃娃""妈妈"分别戴在宝宝和妈妈身上,让宝宝指认;②把字卡"娃娃""妈妈"摆在桌上,让宝宝指认;③让宝宝选出字卡"娃娃",贴在自己身上。

(4) 建议:也可由爸爸或其他家人和宝宝做游戏,把"妈妈"字卡换成相应的家人字卡。

(5) 儿歌:大头娃,小头娃,头顶头,笑哈哈。

3. 蝴蝶飞飞

(1) 目的:培养宝宝的手眼协调能力;激发宝宝愉悦的情绪,建立亲子感情。

(2) 准备:指偶(套在手指上的人或动物形象)蝴蝶或用彩纸剪的蝴蝶。

(3) 玩法:妈妈抱着宝宝坐在怀里,拿出指偶蝴蝶或纸蝴蝶给宝宝看。然后双手分别抓住宝宝的两个食指,互相碰撞又分开,并念儿歌:"蝴蝶蝴蝶飞飞。"说到"蝴蝶"时,两手食指碰撞在一起;说到"飞"时,两手食指分开。反复做这个游戏,动作与语言相互配合。

(4) 建议:家长可分别用 5 个手指反复做这个游戏,为宝宝学做"我 1 岁了"的动作做准备。

4. 春天

(1) 目的:让宝宝体会春天的景物特征,认识花、树、燕子。

(2) 准备:音乐《春天在哪里》,春天的景色图片,字卡"春天"。

(3) 玩法:①妈妈抱着宝宝,在院子里、花园里观察春天的景色。②妈妈拿出春天的图片,让宝宝指认花、树、燕子。③妈妈念儿歌,宝宝静静地欣赏。④妈妈边念儿歌边做"笑"的动作,以帮助宝宝理解儿歌。

(4) 建议:①宝宝看图时,妈妈可出示字卡"春天",让宝宝识字。②播放音乐《春天在哪里》,让宝宝找到字卡"春天",并交给妈妈。

(5) 儿歌:春天到,桃花笑,小草绿,燕子来。

5. 红气球

(1) 目的:认识红色,培养宝宝对色彩的兴趣。

(2) 准备:红色气球若干,字卡"红气球"。

(3) 玩法:①妈妈拿来一只红气球对宝宝说:"宝宝,妈妈送你一只红气球。"②妈妈指导宝宝观察气球,告诉宝宝气球是圆形的,下面有一根绳子拴着,这个气球是红色的。③妈妈拿着红气球边逗宝宝边念儿歌,让宝宝欣赏。

(4) 建议:①妈妈拿来许多红气球,并在上面贴上字卡"红气球"。宝宝指认对了上面的字,气球就可以送给宝宝。②让宝宝拿着气球进行户外活动,如头顶球、手托球等。

(5) 儿歌:红气球,气球红,像太阳,圆又圆。

四、1 岁以内婴幼儿常识活动

(一) 1 岁以内婴幼儿常识活动的目标

(1) 能认识家庭主要成员(爸爸、妈妈、爷爷、奶奶、姑姑、叔叔等),11 个月后会有意识地叫"爸爸""妈妈";家人喊宝宝乳名时,宝宝知道做出反应。

（2）能认识 4 种以上家庭日常用品,如灯、电视、碗、小勺等。

（3）能识别两种常见水果,如苹果、香蕉等。

（4）能认识五官及两个以上身体部位,如胳膊、腿等。

（5）能认识两种以上常见的动物,如小狗、小猫、小鸡等。

（6）识字：眼睛、鼻子、嘴巴、耳朵、手、脚、头发、脸蛋、胳膊、腿、苹果、饼干、牛奶、花、树、月亮、星星、杯子、喝、鱼、碗、勺、吃饭、电话、1、数、套、盖、翻、苦、甜、回家。

（二）1 岁以内婴幼儿的认识能力

1 岁以内婴幼儿的认识能力有：1 个月时突发的声音能使宝宝一怔；2 个月时喧闹声能使睡眠中的宝宝睁开眼睛；3 个月时音响可使宝宝转身寻找；4 个月时对熟悉的声音能转身寻找；5 个月时能转头朝向耳边的闹钟；6 个月时眼睛会盯着跟他说话、唱歌的人；7 个月时会发出声音"回答"；8 个月时会模仿教给他的声音；9 个月时能按简单的指令行动,如听到"再见"就挥手；10 个月时大人小声叫宝宝的名字,宝宝会转头寻找声源；11 个月时能和着音乐的节拍摆动身体；12 个月时学会若干词。

（三）1 岁以内婴幼儿的常识活动

1. 认五官

（1）目的：训练宝宝认识五官。

（2）准备：大镜子,布娃娃,字卡"眼睛""鼻子""嘴巴""耳朵"。

（3）玩法：①妈妈让宝宝抱着布娃娃,告诉宝宝："亲亲娃娃,抱抱娃娃。"妈妈点着布娃娃的眼睛、鼻子、嘴巴、耳朵,让宝宝认识布娃娃的五官。②妈妈抱着宝宝站在大镜子前,告诉宝宝："镜子里也有一个娃娃。"并指点宝宝的五官。③妈妈与宝宝面对面坐着,指着自己的鼻子说："宝宝,这是鼻子。"让宝宝也指出自己的鼻子。以此类推,认识五官。④妈妈说儿歌："摸摸眼睛圆圆,捏捏鼻子笑笑,拽拽耳朵软软,指指嘴巴笑得真甜。"⑤识字"眼睛""鼻子""嘴巴""耳朵"。

2. 小手小脚

（1）目的：让宝宝认识四肢,发展自我意识。

（2）准备：5 个手指脸谱和笑娃。

（3）玩法：①妈妈和宝宝面对面坐着,捏捏宝宝的手说："宝宝的小手,手,手。"再捏捏宝宝的脚说："宝宝的小脚,脚,脚。"引导宝宝注意自己的手脚。②打开宝宝的手掌,唱手指谣："小不点儿睡着了,小胖子睡着了,大个子睡着了,妈妈睡着了,爸爸睡着了。"同时,分别按下小指、无名指、中指、食指、大拇指。

3. 认识苹果

（1）目的：①让宝宝认识苹果。②听到"苹果"时,能转着看苹果（目视苹果）,或用手抱苹果。③丰富宝宝的味觉,鼓励宝宝多吃水果。

（2）准备：红苹果，红口袋，小手绢，字卡"苹果"。

（3）玩法：①妈妈将一个红红圆圆的大苹果举在宝宝面前说："苹果红，苹果圆，甜甜的苹果真好吃。"②妈妈将苹果放在一个红口袋里，在宝宝眼前不停地晃动，引起宝宝的兴趣。再用袋子轻碰宝宝的小手，逗宝宝抓取（试碰一两次之后，让宝宝抓住袋子）。③让宝宝试着拿出苹果（家长适当帮助），妈妈露出惊奇的表情对宝宝说："苹果，苹果，苹果。"④妈妈在宝宝玩兴正浓时，突然用手绢蒙住苹果，问："苹果呢？苹果去哪儿了？"妈妈边说边把双手食指放在头两侧，引导宝宝寻找。让宝宝学会目视苹果，或主动抱苹果。⑤当宝宝怀着惊奇的表情找到苹果时，妈妈可教宝宝学儿歌："苹果红，苹果圆，甜甜的苹果真好吃。"⑥妈妈、宝宝一起吃苹果。⑦识字"苹果"。

4. 盖盖子

（1）目的：发展宝宝的观察力和思维能力。

（2）准备：大小不同的带盖子的塑料杯、搪瓷杯、玻璃杯各一只，字卡"盖"。

（3）玩法：①让宝宝独自坐在地毯上。妈妈把3个不同的杯子放在宝宝面前，做揭盖子的动作给宝宝看，并做喝奶状，之后再盖上盖子，以引起宝宝的兴趣。然后再揭、再盖，并依次盖好其他杯子。②妈妈指着杯子告诉宝宝"宝宝盖盖子"。让宝宝试着去模仿动作。经过多次摆弄以及妈妈的不断鼓励，宝宝就会盖盖子了。③识字"盖"。

（4）建议：宝宝往往需要经过多次摆弄，才能发现盖子与杯子之间的关系，所以家长要耐心指导。

五、1岁以内婴幼儿美工活动

1. 印手印

（1）目的：让宝宝对色彩建立初步的印象，并加深宝宝对手的认识。

（2）准备：广告颜料，图画纸，图画笔。

（3）玩法：①妈妈画两张画，一张画的树上只有树干及少量叶子，另一张画的树上长满了叶子。②妈妈对宝宝说："花儿开了，小草变绿了，树上长满了绿色的叶子，多漂亮呀！可是这一棵树上的叶子太少了，宝宝来加上几片好吗？"③把绿色广告颜料涂在宝宝手上，教宝宝印在树上。然后把印有小手印的画贴在墙上，让宝宝欣赏。

（4）建议：可用红色、黄色颜料让宝宝印手印，从而丰富宝宝对色彩的印象。

2. 点画苹果

（1）目的：加深宝宝对红色的认识，锻炼宝宝手指的功能。

（2）准备：苹果实物或图片，红色广告色，图画纸。

（3）玩法：①妈妈说："宝宝看，这是一个红色的大苹果，可好吃了。来，妈妈和宝宝一起吃苹果。苹果吃完了，怎么办呀？看，妈妈来画一棵苹果树，宝宝用食指来点红苹果，好不好？"激发宝宝动手画画的兴趣。②妈妈准备好红色广告色，用食指蘸广告色点在图片中的大树上。宝宝可在妈妈的帮助下完成。妈妈应及时给予宝宝鼓励。

（4）建议：在日常生活中,可让宝宝多观察黄色、绿色的物品,比如黄苹果、青苹果等。

六、1岁以内婴幼儿体育活动

（一）1岁以内婴幼儿体育活动的目标

（1）能够独立坐稳。

（2）能够抓着家长的双手站立10秒以上。

（3）能够自己用手足爬行。

（4）能够扶着家长的双手迈步走路。

（5）能够独自站立,拉着家长的一只手能行走。

（6）识字：剥、倒、汤圆、爬、狗熊、滚、摇、坐、皮球、高山、打开、弯腰、站、积木、追。

（二）1岁以内婴幼儿的身体动作能力

1岁以内婴幼儿的身体动作能力有：1个月时全身动作无规律,俯卧勉强抬头,吸吮有力；2个月时由俯卧位托起,头与躯干保持在一条直线上；4个月时会抬头、挺胸,头竖直,手能握紧玩具；6个月时稍稍会坐,扶着能站直,喜欢扶立跳跃；8个月时坐稳,会爬,扶着能站稳；10个月时扶物站稳；12个月时能自己站立,扶着家长的一只手可以行走。

（三）1岁以内婴幼儿的体育游戏

1. 蹬蹬小腿

（1）目的：锻炼宝宝腿部的灵活性。

（2）准备：带响的玩具。

（3）玩法：①宝宝平躺在床上,妈妈为宝宝做游戏前的被动按摩操（如伸臂,交替蹬腿、抬腿等）,引起其兴趣。②出示带响的玩具逗引宝宝,这时宝宝会因兴奋而舞动手脚。③把玩具放在宝宝的小腿上方,让宝宝能踢打到玩具。

2. 抓干果

（1）目的：发展宝宝的手眼协调能力,让宝宝尝试用小手抓各种物品。

（2）准备：板栗、开心果、核桃、花生各若干。

（3）玩法：妈妈把装有板栗、开心果、核桃、花生的小篓放在宝宝面前,让宝宝随意抓拿,并不断予以鼓励,如："宝宝真棒,多抓点儿。"并在一旁观察宝宝的反应。

（4）建议：家长应提供各种材料,如珠子、小石子、糖丸等,培养宝宝抓取的兴趣。但是,在活动过程中须有家长陪同,以防宝宝误吞材料,导致危险。

3. 放进去,倒出来

（1）目的：促进宝宝手指的发育,以及精细动作和注意力的发展。

（2）准备：大小不同的透明圆筒、瓜子盒、水壶等，字卡"倒"。

（3）玩法：①让宝宝独坐，妈妈把装有乒乓球、塑料子弹、积木的圆筒摆在宝宝面前，边示范边指导，如："宝宝，把积木倒出来，再放进水壶。"②引导宝宝把圆筒内的物品倒出来，再放进去，如此反复数次。对宝宝的模仿动作不断给予鼓励，满足其自己摆弄的欲望。③识字"倒"。

（4）建议：家里可提供很多东西供宝宝做"放进去，倒出来"的游戏，如把塑料盖子放进瓶里，把玩具放进篓子里，把小勺放进袋子里，倒出来，再放进去。反复进行，以训练宝宝手的动作，培养其注意力。

拓展阅读：《"中国早教之父"冯德全谈家庭教育》

同 步 实 训

"零岁方案"教育理论

1. 实训目的

加深学生对"零岁方案"的认识。

2. 实训安排

（1）学生选择冯德全"零岁方案"教育体系中的其中一个方面，结合对应的参考活动，分组讨论重新设计活动。

（2）尝试运用所设计的活动方案，于早教机构进行模拟教学。

3. 教师注意事项

（1）以早教机构中的具体事例加深学生对教学的认识。

（2）提供一些优秀的教学案例，供学生观摩。

（3）参观早教机构或提供其他相应学习资源。

4. 资源（时间）

1课时、参考书籍、案例、视频。

5. 评价标准

表 现 要 求	是否适用	已达要求	未达要求
小组活动中，外在表现（参与度、讨论发言积极程度）			
小组活动中，活动设计的适宜程度			
模拟教学中，活动组织的流畅度			

知 识 结 构

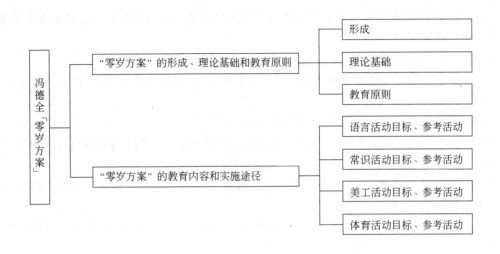

教学做一体化训练

一、重点名词

"零岁方案" 生活中教,游戏中学;教在游戏,学在无意;环境濡染,榜样诱导

二、课后讨论

1. "零岁方案"教育理论可以给我国的幼教改革特别是早期教育改革提供哪些启示?

2. 思考"零岁方案"在当前早期教育实践中如何运用。

3. 试分析比较"零岁方案"与前文国外早期教育思想的异同点。

三、课后自测

1. "零岁方案"教育理论的理论基础是什么?

2. "零岁方案"教育理论的教育原则是什么?

3. 举例说明"零岁方案"教育理论具体的教育内容和实施途径。

课 后 推 荐

图书:

1. 艾利森·戈波尼克,等.摇篮里的科学家[M].袁爱玲,译.上海:华东师范大学出版社,2004.

2. 鲍秀兰.0~3岁儿童最佳的人生开端——中国宝宝早期教育与潜能开发指南[M].北

京：中国发展出版社,2005.

3. 伯顿·L.怀特.从出生到 3 岁——婴幼儿能力发展与早期教育权威指南[M].宋苗,
　译.北京：京华出版社,2007.

期刊：

1. 冯德全.论视觉语言与听觉语言同步相似发展("零岁方案"创始人)[J].识字教育科学
　化论文集粹,2006(4).

2. 唐桥.冯德全和他的"零岁方案"[J].决策与信息,2000(6).

3. 金高.早期教育是人类自身进步的大事"零岁方案"系列丛书简介[J].教育仪器设备,
　1994(9).

4. 兰岚.早期教育与人的发展研究[D].延安大学,2015.

5. 张敏.美国发展 0~3 岁早期教育的经验及启示[J].宁波大学学报(教育科学版),2012(7).

视频：

1. 冯德全讲座"把握孩子教育的关键期"：http：//video.tudou.com/v/XMjIwNDU3-
　MDQwMA==.html.

2. 冯德全讲座"好的习惯才能成就好的未来"：http：//video.tudou.com/v/XMjIw-
　NDU2OTI5Mg==.html.

模块八
皮亚杰儿童智力理论

学习目标

- 识记：智力、图式、同化、顺应。
- 领会：皮亚杰理论的主要观点。
- 理解：儿童智力发展的四个阶段。
- 应用：举例分析说明幼儿智力发展的过程。

模块描述

　　本模块主要了解儿童的智力如何产生和发展，理解皮亚杰理论几个主要概念，掌握儿童智力发展的几个阶段，懂得皮亚杰的儿童发展论对我国当前早期教育领域的启发与应用，从而在将来的工作中有效地对婴幼儿实施早期教育，成为一名合格的早期教育指导师。

任务解析

　　根据早期教育职业工作活动顺序和职业教育学习规律，"皮亚杰儿童智力理论"模块可以分解为以下任务。

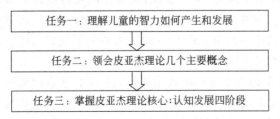

任务一：理解儿童的智力如何产生和发展

任务二：领会皮亚杰理论几个主要概念

任务三：掌握皮亚杰理论核心：认知发展四阶段

让·皮亚杰(Jean Piaget),1896年8月9日出生于瑞士的纳沙特尔,逝于1980年9月16日,其父亚瑟·皮亚杰是一位纳沙特尔大学教授,主要是研究中世纪的历史与文学,其母丽贝卡·杰克逊则是一位虔诚的宗教徒。这样的家庭背景使皮亚杰有机会接触与思考有关哲学和科学的知识,进而发展出一套独到的思想与见解。由于父亲的教导,皮亚杰重视以科学的系统性来求知,他是近代最有名的儿童心理学家,发生认识论创始人。他的认知发展理论成为这个学科的典范,他一生留给后人60多本专著、500多篇论文,他曾到过许多国家讲学,获得几十个名誉博士、荣誉教授和荣誉科学院士的称号。

皮亚杰对心理学最重要的贡献,是他把弗洛伊德的那种随意、缺乏系统性的临床观察,变得更为科学化和系统化,使日后临床心理学有长足的发展。

任务一：理解儿童的智力如何产生和发展

案例导入

在一个3岁和一个6岁的孩子面前的桌上,放了8个杯子,再在每个杯子旁放1个鸡蛋,并向这两个孩子提问:"杯子和鸡蛋是不是一样多?"两个孩子会回答:"是的。"说明孩子知道杯子和鸡蛋的数目相等。但破坏这种知觉对应而把杯子或鸡蛋堆在一起时,再问儿童杯子和鸡蛋是否一样多? 或是鸡蛋多杯子少、杯子多鸡蛋少? 3岁的孩子回答是不一样多,而6岁的孩子则会回答一样多。

案例思考

为什么两个不同年龄的孩子回答会不一样? 这体现了儿童发展过程中的什么特点?

随着一声响亮的啼哭,一个新的生命诞生了。与其他高等哺乳动物幼仔相比,人类婴儿在出生时最为柔弱无能。类人猿出生后就能独自觅食和自卫,小猩猩依赖母猩猩只需1～2年,而人类婴儿则需依赖成人多年才能自理生活。然而,在人类这柔弱的小生命体内却蕴藏着其他任何动物幼仔都无可比拟的潜能。人类从出生发展至成熟经历了比任何哺乳动物都更为漫长的时间,但在最后却取得了在动物界的最高成就,成为地球的主宰者。

在一般人看来,婴儿从出生到会坐能走、爱笑会说,从母亲的襁褓到幼儿园、小学、中学或大学,最后长大成人似乎是一个很自然的过程。然而实际上这一切经历着极其复杂的变化。体格的发育成熟、情绪情感的发展、智力的成长、人格的形成以及语言的获得等生理、心理过程都无一不是充满奥秘而成为人类长期探索的目标。为什么有时候孩子的表现会远远超出成人的想象而给父母带来无尽的欢乐和惊叹? 为什么有时候他们又显得不可理喻、难以管教? 儿童与成人在认知上到底有何区别? 儿童的智力是如何产生与发展的? 这些问题长期以来都是世界各国不同学者所研究的重大理论课题,也是教育工作者及儿童保健人员经常遇到和需要解决的现实问题。

很长一段时期,心理学家们对儿童智力发展的研究和观察往往特别重视儿童获得智能增长的正确学习过程,但当代著名学者瑞士心理学家让·皮亚杰却对孩子是如何犯错误的思维过程进行了长期的探索,他发现分析一个儿童对某问题的不正确回答比分析正确回答更具有启发性。

1925—1929 年,皮亚杰在纳沙特尔大学任心理学、社会学和哲学教授。1925 年和 1927 年,他的两个女儿杰奎琳和露西安娜先后出生,1931 年他的儿子罗伦出生。皮亚杰在妻子的协助下,采用临床法(Clinical Method),先是观察研究自己的三个孩子,为其创立儿童心理发展理论提供了重要基础;之后与其他研究人员一起,利用大量时间对成千上万的儿童动作进行观察并进行各种实验,找出了不同年龄儿童思维活动质的差异以及影响儿童智力的因素,进而提出了独特的儿童智力阶段性发展理论。皮亚杰理论引发了一场儿童智力观的革命,虽然这一理论在很多方面目前也存在争论,但正如一些心理学家指出:"这是迄今被创造出来的唯一完整系统的认知发展理论。"

皮亚杰的研究为我们揭秘:儿童理解事物的方法和成人存在着根本区别;儿童智力的产生和发生遵循着独特规律。

一、每个孩子都是"科学家"

孩子生来就具有想去认识事物的动力。比如一个 4 个月的孩子会不停地扔东西,然后又到处找。他是在检验自己物质不灭的想法。他可能会向自己提出这样一个问题:"如果我把这块吃的东西丢掉了,是否以后就再也看不见它了?它还存在不存在了?"

(1)看不见就等于忘记。在幼儿进行这种"看不见就等于忘记了"的实验之前,除了他当时能看到、听到和摸到的东西以外,他的脑海里实际上什么也不存在。可想而知,幼儿确实需要跨越一个信念的飞跃才能明白,即使一件东西自己看不见了,它也仍然存在。幼儿在前几个月里,通过一次又一次的验证,开始理解了这个概念。

(2)喜欢玩"躲猫猫"。小科学家开始故意把东西丢到地上,并且发现低头就能看见它。他喜欢玩"躲猫猫"也是出于同样的原因:一张脸忽隐忽现,真是有趣。8 个月左右的时候,幼儿对物体不灭的理解才开始变得复杂起来,东西不见了以后他开始到处寻找。

(3)2 岁以前处于感觉运动阶段。2 岁前幼儿的知识是在运用手、感觉和运动能力的过程中学到的。他们对事物的认识,是以物质世界上发生的事情为基础的,而理解抽象事物的能力很有限。2 周岁末的时候,他们开始知道,不管他能否看见或者摸到那样东西,它依然存在。

二、儿童智力观的革命:皮亚杰理论

皮亚杰的认知发展理论摆脱了遗传和环境的争论和纠葛,旗帜鲜明地提出内因和外因相互作用的发展观,即心理发展是主体与客体相互作用的结果。皮亚杰认为智力是一种适应形势,具有动力性的特点。随着环境和有机体自身的变化,智力的结构和功能必然不断变化,以适应变化的条件。

(一)生物学的同化在心理学中的应用

在皮亚杰的理论中,格式既可被看成有机体认知结构中的一个子结构,又可被看成认知结构中的一个元素。认知结构就是协调了格式的整体形式。

皮亚杰将生物学的同化这一概念应用于心理学中,意指人们把知觉到的新鲜刺激融于原有的格式中,从而达到了对事物的理解,同化是个体认识成长的机制之一。

依据皮亚杰的观点,平衡化是指通过多重的去平衡与再平衡,导致从一接近平衡的状态向着质上存在差异的平衡状态递进发展。而自动调节是介于同化与顺应之间的第三者,对同化与顺应进行调整以达到两者的平衡。

皮亚杰认为一切知识,从功能机制上说,是同化与顺化的统一;从结构机制上分析,则是主体认知结构的内化产生和外化应用的统一。而运算是组成认知结构的元素,各个运算联系在一起就组成了结构的整体。

(二)建构主义发展观

皮亚杰认为,发展有四个条件,即成熟、实际经验、社会环境的作用和平衡化,前三者是发展的三个经典性因素,而第四个条件才是真正的原因。

皮亚杰认为,心理既不是起源于先天的成熟,也不是起源于后天的经验,而是起源于动作,即动作是认识的源泉,是主客体相互作用的中介。最早的动作是与生俱来的无条件反射。儿童一出生就以多种无条件反射反应外界的刺激,发出自己需求的信号,与周围环境相互作用。随之而发展起来的各种活动与心理操作,都在儿童的心理发展中起着主体与环境相互作用的中介作用。第四个因素平衡化促进了同化与顺应之间的和谐发展,并使得成熟、实际经验和社会环境之间处在协调状态。更为重要的是,平衡的倾向作为一种过程,总是把儿童的认知水平推向更高阶段。当低层次的平衡被冲破以后,由于有了这种倾向,平衡才能在高一级的水平上得以恢复,从而导致了智力的发展,因此是最为根本的因素。

(三)儿童认知发展阶段论

皮亚杰把儿童的认知发展分成以下四个阶段。

(1)感知运动阶段(感觉—动作期,0~2岁)。这个阶段的儿童的主要认知结构是感知运动图式,儿童借助这种图式可以协调感知输入和动作反应,从而依靠动作去适应环境。通过这一阶段,儿童从一个仅仅具有反射行为的个体逐渐发展成为对其日常生活环境有初步了解的问题解决者。

(2)前运算阶段(前运算思维期,2~7岁)。儿童将感知动作内化为表象,建立了符号功能,可凭借心理符号(主要是表象)进行思维,从而使思维有了质的飞跃。

(3)具体运算阶段(具体运算思维期,7~11岁)。在本阶段内,儿童的认知结构由前运算阶段的表象图式演化为运算图式。具体运算思维的特点:具有守恒性、脱自我中心性和可逆性。皮亚杰认为,该时期的心理操作着眼于抽象概念,属于运算性(逻辑性)的,但思维活动需要具体内容的支持。

(4)形式运算阶段(形式运算思维期,从11岁开始一直发展)。这个时期,儿童思维发展到抽象逻辑推理水平。其思维形式摆脱思维内容,形式运算阶段的儿童能够摆脱现实的影响,关注假设的命题,可以对假言命题做出逻辑的和富有创造性的反应。同时儿童可以进行假设—演绎推理。

任务二：领会皮亚杰理论几个主要概念

📝 案例导入

在某医院产科的产房内,医生正在为一产妇接生。经过产妇十几个小时的痛苦和医生护士耐心细致的照料,宝宝终于来到了这个世界。有趣的是,医生刚把宝宝迎接到这个世界,宝宝居然伸手紧紧地抓住了医生的手。这一幕,既温馨又暖人。在场的人都说这个宝宝将来情商高。

🔲 案例思考

请问,宝宝的这个动作是与生俱来的还是发展超前于常人?

在儿童认知发展理论中,皮亚杰革命性地提出几个概念：智力(智慧)、图式、同化和顺应。

一、智力（智慧）

有人认为,智力主要是抽象思维的能力;也有心理学家将智力解释为"适应能力""学习能力""获得知识的能力""认识活动的综合能力"。更有某些智力测验的先驱者认为："智力就是智力测验的那个东西。"迄今为止心理学家尚未能提出一个为众人所接受的明确定义。

皮亚杰在年轻时曾在巴黎比奈智力测试实验室担任西蒙(T. Simon,世界第一个智力测验的创立者之一)的助手。正是在比奈实验室工作期间,皮亚杰认识到"智力"不可能和儿童正确回答的那种测验题目相等,因而他从根本上反对以智力测验卷上正确回答的题目数来定义智力。

在皮亚杰看来：一个智慧行为是一个生物体本身在现存条件下能够产生的最适合于其生存条件的行为。换句话说,智慧就是生物体能最有效地应付环境,在客观现实条件下创造最佳生存条件的品质和能力。这样一种观点充分体现了生物进化"适者生存"的思想。皮亚杰在从事心理学研究之前是一个生物学博士,因而在日后的儿童智力发展研究中,他总是力图把生物学与认识论二者沟通起来。正是从生物学的观点出发,皮亚杰认为智慧是生物适应的一种特殊表现,即人的智慧是机体适应环境的手段。

智慧既然是机体适应环境的一种手段,那么由于环境总是在不断变化着的,因而智慧也必然在变化着,儿童的智力也正是个体在与环境的相互作用中,伴随着生物性状的发展与成熟及自身经验的增长,在适应中一步一步地发展起来的。

心理学界一般认为,皮亚杰并不十分注重回答"智慧的定义是什么?"这类问题。尽管如此,人们认为他对智慧本质的理解是十分深刻的。

二、图式

皮亚杰认为智慧是有结构基础的,而图式就是他用来描述智慧(认知)结构的一个特别重要的概念。

皮亚杰对图式的定义是"一个有组织的、可重复的行为或思维模式"。凡在行动可重复和概括的东西我们称为图式。简单地说:图式就是动作的结构或组织。图式是认知结构的一个单元,一个人的全部图式组成一个人的认知结构。初生的婴儿具有吸吮、哭叫及视、听、抓握等行为,这些行为是与生俱来的,是婴儿能够生存的基本条件,这些行为模式或图式是先天性遗传图式,全部遗传图式的综合构成一个初生婴儿的智力结构。遗传图式是图式在人类长期进化的过程中所形成的,以这些先天性遗传图式为基础,儿童随着年龄的增长及机能的成熟,在与环境的相互作用中,通过同化、顺应及平衡化作用,图式不断得到改造,认知结构不断发展。在儿童智力发展的不同阶段,有着不同的图式。例如,在感知运动阶段,其图式被称为感知运动图式,当进入思维的运算阶段,就形成了运算思维图式。

案例一:一个四个半月的婴儿,当看到拨浪鼓时,伸手去抓,握住后摇晃拨浪鼓。这系列的动作包括视、听、抓握及晃动等,这样一个行为模式显然是有其神经系统生理基础的,完成这一行为的神经系统生理基础即是这一行为模式的心理结构,也就是图式。

案例二:一个5岁的孩子,当被要求回答两根长短不一的木棍(长棍A、短棍B)哪一根长,哪一根短,他会毫无困难地指出A棍长于B棍,继续让这个孩子比较B棍与更短的C棍,孩子显然也能得出正确答案。但当要他比较A棍与C棍的长短而不显示这三根木棍,这个5岁的孩子就回答不了。而当这个孩子长到8岁,他就能够准确地说出A棍长于C棍。显然5岁的孩子大脑中存在着正确完成A棍与B棍或B棍与C棍两两比较的心理结构,但却尚没有形成当三根棍不放在一起时比较A棍与C棍的心理结构。而当他长到8岁,显然在他大脑中某种东西发展了,因而他得出了A棍长于C棍的正确结论,这个发展的东西就是心理结构,即图式。

图式作为智力的心理结构,是一种生物结构,它以神经系统的生理基础为条件,如案例一四个半月婴儿的视觉抓握反射的协调,显然是锥体束中一定的新神经通路的髓鞘形成的结果。然而限于目前的科学水平,还只能对少数较低级的图式(例如运算图式)来说,目前的研究还无法指出这些图式的生理性质和化学性质。相反,这些图式在人的头脑中的存在是根据可以观察到的行为推测的。

事实上,皮亚杰是根据大量的、通过临床法所观察到的现象,结合生物学、心理学、哲学等学科的理论,运用逻辑学以及数学概念(如群、群集、格等)来分析描述智力结构的。由于这种智力结构符合逻辑学和认识论原理,因此图式不仅是生物结构,更重要的是一种逻辑结构(主要指运算图式)。

尽管诸如前述视觉抓握动作的神经生理基础是新神经通路髓鞘形成,而髓鞘形成似乎是遗传程序的产物。包含着遗传因素的自然成熟也确实在使儿童智慧发展遵循不变的连续阶段的次序方面起着不可缺少的作用,但在从婴儿到成人的图式发展中,成熟并不起决定作用。智慧演变为一种机能性的结构,是在诸多因素共同作用下的结果,儿童成长过程中智力结构的完整发展不是由遗传程序所决定。遗传因素主要为发展提供了可能性,或是说对结构提供了门径,在这些可能性未被提供之前,结构是不可能演化的。但是在可能性与现实性之间,还必须有一些其他因素,例如练习、经验和社会的相互作用。

三、同化、顺应

同化与顺应是皮亚杰用于解释儿童图式的发展或智力发展的两个基本过程。同化是通过已有的认知结构获得知识(本质上是旧的观点处理新的情况)。例如,学会抓握的婴儿当看见床上的玩具,会反复用抓握的动作去获得玩具。当他独自一个人,玩具又较远,婴儿手够不着(看得见)时,他仍然用抓握的动作试图得到玩具,这一动作过程就是同化,婴儿用以前的经验来对待新的情境(远处的玩具)。

从以上解释可以看出,同化的概念不仅适用于有机体的生活,也适用于行为。顺应是指"同化性的格式或结构受到它所同化的元素的影响而发生的改变"。也就是改变主体动作以适应客观变化,也可以说改变认知结构以处理新的信息(本质上即改变旧观点以适应新情况)。例如,上面提到那个婴儿为了得到远处的玩具,反复抓握,偶然地,他抓到床单一拉,玩具从远处来到了近处,这一动作过程就是顺应。

皮亚杰用同化和顺应来阐明主体认知结构与环境刺激之间的关系:同化时主体把刺激整合于自己的认知结构内,一定的环境刺激只有被个体同化(吸收)于他的认知结构(图式)中,主体才能对之做出反应。或者说,主体之所以能对刺激做出反应,也就是因为主体已具有使这个刺激被同化(吸收)的结构,这个结构正具有对之做出反应的能力。认知结构由于受到被同化刺激的影响而发生改变,就是顺应,不做出这种改变(顺应),同化就无法运行。简言之,刺激输入的过滤或改变叫作同化,而内部结构的改变以适应现实就叫作顺应。同化与顺应之间的平衡过程,就是认识的适应,也即是人的智慧行为的实质所在。

同化不能改变或更新图式,顺应则能起到这种作用。但皮亚杰认为,对智力结构的形成主要有功的机能是同化。顺应使结构得到改变,但却是同化过程中主体动作反复重复和概括导致了结构的形成,从中可以看出一旦结构已经改变,反复训练就非常重要了。

四、运算

什么是运算?在这里运算指的是心理运算,是皮亚杰理论的主要概念之一。运算是动作,是内化了的、可逆的、有守恒前提、有逻辑结构的动作。运算(心理运算)有以下四个重要特征。

(一)心理运算是一种在心理上进行的、内化了的动作

例如,把热水瓶里的水倒进杯子里,倘若我们实际进行这一倒水的动作,就可以见到

在这一动作中有一系列外显的、直接诉诸感官的特征。然而对于成人和一定年龄的儿童来说,可以不用实际地去做这个动作,而在头脑里想象完成这一动作并预见它的结果。这种心理上的倒水过程,就是所谓"内化的动作",是动作能被称为运算的条件之一。可以看出,运算其实就是一种由外在动作内化而成的思维,或是说在思维指导下的动作。新生婴儿也有动作,哭叫、吸吮、抓握等,这些动作都是一些没有思维的反射动作,所以,不能算作运算。事实上由于运算还有其他一些条件,儿童要到一定的年龄才能出现称为运算的动作。

(二)心理运算是一种可逆的内化动作

继续用上面倒水过程为例,在头脑中我们可以将水从热水瓶倒入杯中,事实上我们也能够在头脑中让水从杯中回到热水瓶去,这就是可逆性,是动作成为运算的又一个条件。一个儿童如果在思维中具有了可逆性,可以认为其智慧动作达到了运算水平。

(三)运算是有守恒性前提的动作

当一个动作已具备思维的意义,这个动作除了是内化的可逆的动作,它同时还必定具有守恒性前提。所谓守恒性,是指认识到数目、长度、面积、体积、重量、质量等尽管以不同的方式或不同的形式呈现,但保持不变。

装在大杯中的 100 毫升水倒进小杯中仍是 100 毫升,一个完整的苹果切成 4 小块后其重量并不发生改变。自然界能量守恒、动量守恒、电荷守恒都是具体的例子。当儿童的智力发展到了能认识到守恒性,则儿童的智力达到运算水平。守恒性与可逆性是内在联系着的,是同一过程的两种表现形式。可逆性是指过程的转变方向可以为正或为逆,而守恒性表示过程中量的关系不变。儿童思维如果具备可逆性(或守恒性),则差不多可以说他们的思维也具备守恒性(或可逆性),否则两者都不具备。

(四)运算是有逻辑结构的动作

智力是有结构基础的,即图式。儿童的智力发展到运算水平,即动作已具备内化、可逆性和守恒性特征时,智力结构演变成运算图式。运算图式或者说运算不是孤立存在的,而是存在于一个有组织的运算系统中。一个单独的内化动作并非运算而只是一种简单的直觉表象。而事实上动作不是孤立的,而是互相协调的,有结构的。

例如,一般人们为了达到某种目的而采取动作,这时需要动作与目的有机配合,而在达到目的的过程中形成动作结构。在介绍图式时,已说过运算图式是一种逻辑结构,这不仅因为运算的生物学、生理基础目前尚不清楚,是由人们推测而来的,更重要的是因为这种结构的观点是符合逻辑学和认识论原理的,因为是一种逻辑结构。故心理运算又是有逻辑结构的动作。

拓展阅读:《印度狼孩的故事》

任务三：掌握皮亚杰理论核心：认知发展四阶段

案例导入

东东的妈妈带着东东到早教中心参加活动，东东把什么玩具都归为己有，其他宝宝要玩，他就打，就咬，只允许自己玩别人的东西，而不喜欢别人玩自己的东西。

案例思考

为什么东东会出现这样的行为？体现了儿童认知发展过程中的什么特点？

以运算为标志，皮亚杰把婴儿智力的发展阶段分为前运算时期和运算时期，同时又将前运算时期分为感知运动阶段和前运算阶段，运算时期分为具体运算阶段和形式运算阶段。这就是皮亚杰的理论核心——认知发展四阶段。

一、感知运动阶段（出生至 2 岁左右）

自出生至 2 岁左右，是智力发展的感知运动阶段。在此阶段的初期即新生儿时期，婴儿所能做的只是为数不多的反射性动作。通过与周围环境的感知运动接触，即通过他加以客体的行动和这些行动所产生的结果来认识世界。也就是说婴儿仅靠感觉和知觉动作的手段来适应外部环境。这一阶段的婴儿形成了动作格式的认知结构。这个阶段的儿童的主要认知结构是感知运动图式，婴儿借助这种图式可以协调感知输入和动作反应，从而依靠动作去适应环境。通过这一阶段，婴儿从一个仅仅具有反射行为的个体逐渐发展成为对其日常生活环境有初步了解的问题解决者。皮亚杰将感知运动阶段根据不同特点再分为六个分阶段。从刚出生时婴儿仅有的诸如吸吮、哭叫、视听等反射性动作开始，随着大脑及机体的成熟，在与环境的相互作用中，到此阶段结束时，婴儿渐渐形成了随意有组织的活动。

（一）第一分阶段（反射练习期，出生至 1 个月）

婴儿出生后以先天的无条件反射适应环境。这些无条件反射是遗传决定的，主要有吸吮反射、吞咽反射、握持反射、拥抱反射及哭叫、视听等动作。通过反复的练习，这些先天的反射得到发展和协调，发展与协调意味着同化与顺应的作用。

皮亚杰仔细观察了婴儿的吸吮动作，发现吸吮反射动作的变化和发展。例如，母乳喂养的婴儿，如果又同时给予奶瓶喂养，可以发现婴儿吸吮橡皮奶头时的口腔运动截然不同于吸吮母新乳头的口腔运动。由于吸吮橡皮奶头较省力，婴儿会出现拒绝母乳喂养的现象，或是吸母乳时较为烦躁。在推广母乳喂养过程应避免给婴儿吸橡皮奶头可能正是这一原因。从中也可以看出婴儿在适应环境中的智力增长：他愿意吸省力的奶瓶而不愿意吸费力的母乳。

（二）第二分阶段（习惯动作和知觉形成时期，1～41 天）

在先天反射动作的基础上，通过机体的整合作用，婴儿渐将个别的动作联结起来，形成一些新的习惯。例如，婴儿偶然有了一个新动作，便一再重复。如吸吮手指、手不断抓握与放开、寻找声源、用目光追随运动的物体或人等。行为的重复和模式化表明动作正在同化作用中，并开始形成动作的结构，反射运动在向智慧行动过渡。由于行为并没有什么目的，只是由当前直接感性刺激来决定，所以还不能算是智慧行动。但是婴儿在与环境的相互适应过程中，顺应作用也已发生，表现为动作不完全是简单的反射动作。

（三）第三分阶段（有目的的动作逐步形成时期，41 天～9 个月）

从 41 天开始，婴儿在视觉与抓握动作之间形成了协调，以后婴儿经常用手触摸、摆弄周围的物体。这样一来，婴儿的活动便不再限于主体本身，而开始涉及对物体的影响，物体受到影响后又反过来进一步引起主体对它的动作，这样就通过动作与动作结果造成的影响使主体对客体发生了循环联系，最后渐渐使动作（手段）与动作结果（目的）产生分化，出现了为达到某一目的而行使的动作。例如，一个多彩的响铃，响铃摇动发出声响引起婴儿目光寻找或追踪。这样的活动重复数次后，婴儿就会主动地用手去抓或是用脚去踢挂在摇篮上的响铃。显然，婴儿已从偶然的无目的地摇动玩具过渡到了有目的地反复摇动玩具，智慧动作开始萌芽。但这一阶段目的与手段的分化尚不完全、不明确。

（四）第四分阶段（手段与目的分化协调期，9～11 个月或 12 个月）

这一时期又称图式之间协调期。婴儿动作的目的与手段已经分化，智慧动作出现。一些动作格式（图式）被当作目的，另一些动作格式则被当作手段使用。如婴儿拉成人的手，把手移向他自己够不着的玩具方向，或者要成人揭开盖着玩具的布。这表明婴儿在做出这些动作之前已有取得物体（玩具）的意向。随着这类动作的增多，婴儿运用各动作格式之间的配合更加灵活，并能运用不同的动作格式来对付遇到的新事物，就像以后能运用概念来了解事物一样，婴儿用抓、推、敲、打等多种动作来认识事物，表现出对新的环境的适应。婴儿的行动开始符合智慧活动的要求。不过这阶段婴儿只会运用同化格式中已有的动作格式，还不会创造或发现新的动作顺应世界。

（五）第五分阶段（感知动作智慧时期，12～18 个月）

皮亚杰发现，这一时期的婴儿能以一种试验的方式发现新方法达到目的。当婴儿偶然地发现某一感兴趣的动作结果时，他将不只是重复以往的动作，而是试图在重复中做出一些改变，通过尝试错误，第一次有目的地通过调节来解决新问题。例如，婴儿想得到放在床上枕头上的一个玩具，他伸出手去抓却够不着，想求助爸爸妈妈可又不在身边，他继续用手去抓，偶然地他抓住了枕头，拉枕头过程中带动了玩具，于是婴儿通过偶然地抓拉枕头得到了玩具。以后婴儿再看见放在枕头上的玩具，就会熟练地先拉枕头再取玩具。这是智慧动作的一大进步，但婴儿不是自己想出这样的办法，他的发现是来源于偶然的动作中。

（六）第六分阶段（智慧综合时期，18～24个月）

这个时期儿童除了用身体和外部动作来寻找新方法之外，还能开始"想出"新方法，即在头脑中由"内部联合"方式解决新问题。

例如，把儿童玩的链条放在火柴盒内，如果盒子打开不大，链条能看得见却无法用手拿出，儿童于是便会把盒子翻来覆去看，或用手指伸进缝道去拿，如手指也伸不进去，这时他便会停止动作，眼睛看着盒子，嘴巴一张一合做了好几次这样的动作之后突然他用手拉开盒子口取得了链条。在这个动作中，儿童的一张一合的动作表明儿童在头脑里用内化了的动作模仿火柴盒被拉开的情形，只是他的表象能力还差，必须借助外部的动作来表示。这个拉开火柴盒的动作是儿童"想出来的"。当然儿童此前看过父母类似的动作，而正是这种运用表象模仿别人做过的行为来解决眼前的问题，标志着儿童智力已从感知运动阶段发展到了一个新的阶段。

在感知运动阶段，儿童智慧的成长突出地表现在以下三方面。

（1）逐渐形成物体永久性（不是守恒）的意识，这与儿童语言及记忆的发展有关，物体永久性具体表现在：当一个物体（如爸爸妈妈、玩具）在他面前时，儿童知道有这个人或物，而当这个物体不在眼前时，他能认识到此物尽管当前摸不着、看不见，也听不到，但仍然是存在的。爸爸妈妈离开了，但儿童相信他们还会出现，被大人藏起的玩具还在那个地方，翻开毯子，打开抽屉，还应可以找到。这标志着稳定性客体的认知格式已经形成。近年的研究表明，儿童形成母亲永久性的意识较早，并与母婴依恋有关。

（2）在稳定性客体永久性认知格式建立的同时，儿童的空间—时间组织也达到一定水平。因为儿童在寻找物体时，他必须在空间上定位来找到它。又由于这种定位总是遵循一定的顺序发生的，故儿童又同时建构了时间的连续性。

（3）出现了因果性认识的萌芽，这与物体永久性意识的建立及空间—时间组织的水平密不可分。儿童最初的因果性认识产生于自己的动作与动作结果的分化，然后扩及客体之间的运动关系。当儿童能运用一系列协调的动作实现某个目的（如拉枕头取玩具）时，就意味着因果性认识已经产生了。

二、前运算阶段（也称表象阶段，2～7岁）

皮亚杰认为，孩子成长到2岁左右，他的智慧有了新的飞跃。在2岁以前，他处于感知运动阶段，只能对当前感觉到的事物施以实际的动作和思维，在此阶段中期、晚期，形成物体永久性意识，并有了最早期的内化动作。接下来，2～7岁的儿童进入智力发展的第二阶段——前运算阶段。

到前运算阶段，儿童对物体永久性的意识巩固了，动作大量内化。随着语言的快速发展及初步完善，儿童频繁地借助表象符号（语言符号与象征符号）来代替外界事物，重视外部活动，儿童开始从具体动作中摆脱出来，凭借象征格式在头脑里进行"表象性思维"，故这一阶段又称为表象思维阶段。在此阶段，儿童将感知动作内化为表象，建立了符号功能，可凭借心理符号（主要是表象）进行思维，从而使思维有了质的飞跃。

案例：有一次皮亚杰带着3岁的女儿去探望一个朋友，皮亚杰的这位朋友家也有一个1岁多的小男孩，正放在婴儿围栏中独自嬉玩，嬉玩过程中婴儿突然跌倒在地上，紧接着便愤怒而大声地哭叫起来。当时皮亚杰的女儿惊奇地看到这情景，口中喃喃有声。3天后在自己的家中，皮亚杰发现3岁的小姑娘似乎照着那1岁多小男孩的模样，重复地跌倒了几次，但她没有因跌倒而愤怒啼哭，而是咯咯发笑，以一种愉快的心境亲身体验着她在3天前所见过的"游戏"的乐趣。皮亚杰指出，3天前那个小男孩跌倒的动作显然早已经内化于女儿的头脑中去了。

在表象思维的过程中，儿童主要运用符号（包括语言符号和象征符号）的象征功能和替代作用，在头脑中将事物和动作内化。而内化事物和动作并不是把事物和动作简单地全部接受下来而形成一个图像或副本。内化事实上是把感觉运动所经历的东西在自己大脑中再建构，舍弃无关的细节（如上例皮亚杰的女儿并没有因跌倒而愤怒啼哭），形成表象。内化的动作是思想上的动作而不是具体的躯体动作。内化的产生是儿童智力的重大进步。

皮亚杰将前运算阶段又划出两个分阶段：前概念或象征思维阶段和直觉思维阶段。

1. 前概念或象征思维阶段（2～4岁）

这一阶段的产生标志是儿童开始运用象征符号。例如，在游戏时，儿童用小木凳当汽车，用竹竿做马，木凳和竹竿是符号，而汽车和马则是符号象征的东西。即儿童已能够将这二者联系起来，凭着符号对客观事物加以象征化。

客观事物（意义所指）的分化，皮亚杰认为就是思维的发生，同时意味着儿童的符号系统开始形成了。

语言实质上也是一种社会生活中产生并约定的象征符号。象征符号的创造及语言符号的掌握，使儿童的象征思维得到发展。但这时期的儿童语词只是语言符号附加上一些具体词，缺少一般性的概念，因而儿童常把某种个别现象生搬硬套到另一种现象之上，他们只能做特殊到特殊的传导推断，而不能从一般到特殊的推理。

例如，儿童看到别人有一顶与他同样的帽子，他会认为"这帽子是我的"。他们在房间看到一轮明月，而一会儿之后在马路上看到被云雾遮掩的月亮，便会认为天上有两个月亮。

2. 直觉思维阶段（4～7岁）

这一阶段是儿童智力由前概念思维向运算思维的过渡时期。此阶段儿童思维的显著特征是仍然缺乏守恒性和可逆性，但直觉思维开始由单维集中向二维集中过渡。守恒即将形成，运算思维就要到来。

案例：一位父亲拿来两瓶可口可乐（这两瓶可口可乐瓶的大小形状一样，里面装的饮料也是等量的），准备分别给他的6岁和8岁的孩子，开始两个孩子都知道两瓶中的饮料是一样多的。但父亲并没有直接将两瓶可乐饮料分配给孩子，而是将其中一瓶倒入了一个大杯中，另一瓶倒入了两个小杯中，再让两个孩子挑选。6岁孩子先挑，他首先挑选了一大杯而放弃两小杯，可是当他拿起大杯看着两个小杯，又似乎犹豫起来，于是放下大杯又来到两小杯前，仍是拿不定主意，最后他还是拿了一大杯，并喃喃地说："还是这杯多一点。"这个6岁的孩子在挑选饮料时表现出了犹豫地选择了大杯。在6岁孩子来回走动着挑选量较多的饮料时,他那8岁的哥哥却在一旁不耐烦而鄙薄地叫道:"笨蛋,两边是一样多的。""如果你把可乐倒回瓶中,你就会知道两边是一样多的。"他甚至还亲自示范了将饮料倒回瓶中以显示其正确性。

从这个6岁孩子身上可以充分体现出直觉思维阶段儿童思维或智力的进步和局限性。数周前毫不犹豫地挑选大杯说明他的思维是缺乏守恒性和可逆性的,他对量的多少的判断只注意到了杯子大这一个方面,而当他此次挑选过程中所表现出的迷惘则说明他不仅注意到了杯子的大小,也开始注意到杯子数量,直觉思维已开始从单维集中向两维集中过渡。但他最后挑选大杯表明守恒和可逆意识并未真正形成。6岁儿童挑选可乐过程表现出的迷惘和犹豫其实也是一种内心的冲突或不平衡,即同化与顺应之间的不平衡。过去的或是说现存的认知结构或图式(同化性认知结构)已不能解决当前问题,新的认知结构尚未建立。不平衡状态不能长期维持,这是智力的"适应"功能所决定的,平衡化因素将起作用,不平衡将向着平衡的方向发展,前运算阶段的认知结构将演变成具体运算思维的认知结构。守恒性和可逆性获得是这种结构演变的标志。8岁男孩的叫喊和示范动作充分体现了这一点。

由此可见,前运算阶段的儿童认识活动有以下几个特点:①相对的具体性,借助于表象进行思维,还不能进行运算思维。②思维的不可逆性,缺乏守恒结构。③自我中心性,儿童站在自己经验的中心,只有参照他自己才能理解事物,他认识不到他的思维过程,缺乏一般性。他的谈话多半以自我为中心。④刻板性,表现为在思考眼前问题时,其注意力还不能转移,还不善于分配;在概括事物性质时缺乏等级的观念。

皮亚杰将此阶段的思维称为半逻辑思维,与感知运动阶段的无逻辑、无思维相比,这是一大进步。

三、具体运算阶段(7~11岁)

具体运算阶段(具体运算思维期,Concrete Operations Stage,7~11岁),在本阶段内,儿童的认知结构由前运算阶段的表象图式演化为运算图式。具体运算思维的特点:具有守恒性、去自我中心性和可逆性。

皮亚杰认为,儿童到了7岁左右,开始出现内化了的、可逆的、有守恒前提的、有逻辑结构的动作,智力发展进入第三阶段——具体运算阶段。具体的运算意指该时期儿童的心理操作着眼于抽象概念,但思维运算必须有具体的事物支持,有些问题在具体事物帮助下可以顺利获得解决。

案例:爱迪丝的头发比苏珊的淡些,比莉莎的黑些。问儿童:"三个中谁的头发最黑?"这个问题如果以语言的形式出现,则具体运算阶段的儿童难以正确回答。但如果拿来三个头发黑白程度不同的布娃娃,分别命名为爱迪丝、苏珊和莉莎,按题目的顺序两两拿出来给儿童看,儿童看过之后,提问者再将布娃娃收藏起来,再让儿童说谁的头发最黑,他们会毫无困难地指出苏珊的头发最黑。

具体运算阶段儿童智慧发展的最重要表现是获得了守恒性和可逆性的概念。守恒性包括有质量守恒、重量守性、对应量守恒、面积守恒、体积守恒、长度守恒等。具体运算阶段儿童并不是同时获得这些守恒的,而是随着年龄的增长,先是在 7～8 岁获得质量守恒概念,之后是重量守恒(9～10 岁)、体积守恒(11～12 岁)。皮亚杰确定质量守恒概念达到时作为儿童具体运算阶段的开始,而将体积守恒达到时作为具体运算阶段的终结或下一个运算阶段(形式运算阶段)的开始。这种守恒概念获得的顺序在许多国家对儿童进行的反复实验中都得到了验证,几乎没有例外。

具体运算阶段儿童所获得的智慧成就有以下几个方面。

(1) 在可逆性(互反可逆性)形成的基础上,借助传递性,能够按照事物的某种性质如长短、大小、出现的时间先后进行顺序排列。

例如,给孩子一组棍子,长度(从长到短为 A、B、C、D……)相差不大。儿童会用系统的方法,先挑出其中最长的,然后依次挑出剩余棍子中最长的,逐步将棍子正确地顺序排列(这种顺序排列是一种运算能力),即 A＞B＞C＞D……当然孩子不会使用代数符号表示他的思维,但其能力实质是这样的。

(2) 产生了类的认识,获得了分类和包括的智慧动作。分类是按照某种性质来挑选事物。

例如,他们知道麻雀(用 A 表示)小于鸟(用 B 表示),鸟小于动物(用 C 表示),动物小于生物(用 D 表示),这既是一种分类包括能力,也是一种运算能力,即 A(麻雀)＜B(鸟)＜C(动物)＜D(生物)。

(3) 把不同类的事物(互补的或非互补的)进行序列的对应。简单的对应形式为一一对应。

例如,给学生编号,一个学生对应于一个号,一个号也只能对应于一个学生,这便是一一对应。较复杂的对应有二重对应和多重对应。二重对应的例子,如一群人可以按肤色而且按国籍分类,每个人就有双重对应。

(4) 自我中心观进一步削弱。在感知运动阶段和前运算阶段,儿童是以自我为中心的,他以自己为参照系来看待每件事物,他的心理世界是唯一存在的心理世界,这妨碍了儿童客观地看待外部事物。在具体运算阶段,随着与外部世界的长期相互作用,自我中心逐渐克服。

案例:一个 6 岁的孩子(前运算阶段)和一个 8 岁的孩子(具体运算阶段)一起靠墙坐在一个有四面墙的房间里,墙的四面分别挂有区别明显的不同图案(A、B、C、D),同时这些图案被分别完整地拍摄下来制成四张照片(a、b、c、d)。让两个儿童先认真看看四面墙的图案,然后坐好,将四张照片显示在孩子面前,问两个儿童:“哪一张照片显示的是你所靠墙对面的图案?”两位孩子都毫无困难地正确答出(a)。这时,继续问孩子:“假设你靠在那面墙坐,这四张照片中哪一张将显示你所靠的墙(实际没有靠坐在那面墙,只是假设)对面的图案?”6 岁的前运算阶段儿童仍然答的是他实际靠墙对面的图案照片(a),而 8 岁的具体运算阶段儿童指出了正确的图案照片(c)。为了使 6 岁的男孩对问题理解无误,研究者让 8 岁男孩坐到对面去,再问 6 岁孩子,8 岁孩子对面的墙的图案照片是哪一张。6 岁孩子仍然选了他自己靠坐墙对面的照片(a)。

由此表明,进入具体运算阶段的儿童获得了较系统的逻辑思维能力,包括思维的可逆性与守恒性、分类、顺序排列及对应能力、数的概念在运算水平上掌握(这使空间和时间的测量活动成为可能)、自我中心观削弱等。

四、形式运算阶段（12岁左右）

儿童成长到12岁左右,其智力发展进入形式运算阶段,其思维能够摆脱现实的影响,关注假设的命题,可以对假言命题做出逻辑的和富有创造性的反应,可以进行假设—演绎推理,这表明儿童思维发展到了抽象逻辑推理水平。

具体运算阶段,儿童只能利用具体的事物、物体或过程来进行思维或运算,不能利用语言、文字陈述的事物和过程为基础来运算。例如爱迪丝、苏珊和莉莎头发谁黑的问题,具体运算阶段不能根据文字叙述来进行判断。而当儿童智力进入形式运算阶段,思维不必从具体事物和过程开始,可以利用语言文字,在头脑中想象和思考,重建事物和过程来解决问题。故儿童可以不必借助于娃娃的具体形象而答出苏珊的头发黑。这种摆脱了具体事物束缚,利用语言文字在头脑中重建事物和过程来解决问题的运算就叫作形式运算。

除了利用语言文字外,形式运算阶段的儿童甚至可以根据概念、假设等为前提,进行假设演绎推理,得出结论。因此,形式运算也往往称为假设演绎运算。由于假设演绎思维是一切形式运算的基础,包括逻辑学、数学、自然科学和社会科学在内。因此儿童是否具有假设演绎运算能力是判断他智力高低的极其重要的尺度。

当然,处于形式运算阶段的儿童,不仅能进行假设演绎思维,皮亚杰认为他们还能够进行一切科学技术所需要的一些最基本运算。这些基本运算,除具体运算阶段的那些运算外,还包括这样的一些基本运算:考虑一切可能性;分离和控制变量,排除一切无关因素;观察变量之间的函数关系,将有关原理组织成有机整体等。

案例:辨别液体实验,此实验用以观察形式运算阶段儿童是否能够考虑一切可能性的组合。

在被试儿童面前放置5瓶不同的无色透明液体,分别标志1、2、3、4、5(见图8-1),从1瓶或几瓶中取出少量液体,与从瓶5中取出的少量液体相混合。这5瓶中液体分别是稀硫酸(瓶1)、水(瓶2)、过氧化氢溶液(瓶3)、硫代硫酸钠(瓶4)、碘化钠溶液(瓶5)。主试向儿童进行化学演示,让被试儿童观看混合后的颜色反应。但不要让儿童知道混合了哪几瓶中的液体。演示后让儿童自己做实验,判断哪一瓶或哪几瓶中的液体与瓶5中液体混合能产生特定的颜色(棕色),哪一瓶或哪几瓶中的液体与瓶5中液体混合不能产生棕色。

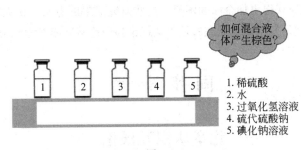

图 8-1

正确的答案是瓶1和瓶3的液体加上瓶5中的液体形成棕色(生成碘),瓶2的水没有什么用处,只是为增加组合的复杂性而增加,瓶 4 中的液体妨碍棕色形成,或者说如果已经形成棕色,它可以还原碘来消除棕色。

这一实验并不测验化学知识,只是测验儿童组合思维的能力。可以发现在儿童做此项实验时,有的乱撞瞎碰,而有的却在找其中的规律性,14～15 岁或以上形式运算阶段的青少年能按五瓶液体的顺序①②③④⑤进行配合:①＋②,①＋③,①＋④,①＋⑤,接着②＋③,②＋④,②＋⑤……去概括,揭示其中的规律,得出正确答案。

形式运算思维是儿童智力发展的最高阶段。但是有两个问题应加以说明:①并非儿童成长到 12 岁以后就都具备形式运算思维水平。近些年在美国的研究发现,在美国大学生中(一般 18～22 岁),有约半数或更多的学生,其智力水平或仍处于具体运算阶段,或处于具体运算和形式运算两个阶段之间的过渡。②15 岁以后人的智力还将继续发展,但总的来说属于形式运算水平。可以认为,形式运算阶段还可分出若干个阶段,有待进一步研究。皮亚杰认为智力的发展是受若干因素影响的,与年龄没有必然的联系。所以达到某一具体阶段的年龄即使有很大的差异,并不构成皮亚杰理论的重大问题。

皮亚杰采取系统的历史法,并在吸收神经生理学、生物学、人类学、逻辑学、数理逻辑、系统论、控制论和信息论的基础上,特别是把认识论和心理学紧密结合起来,创造了发生认识论。皮亚杰将心理学成果引进认识论中,提出活动中介论,主客体相互作用论和认识活动中的双向建构论,这些都揭示了认知形成的辩证运动规律,丰富原有认识论的内容,改变整个认识论的结构和体系,促进了科学认识论的发展。

首先,皮亚杰的儿童认知发展论推动了儿童心理学的发展。皮亚杰所创立的"日内瓦学派"批判儿童心理学史中各种形而上学的发展观,提出了儿童心理发展是在内外因相互作用中不断产生量和质的变化的心理发展观。他提出儿童心理发展的四要素并首次概括了心理发展的阶段理论,同时划分心理发展的四大阶段,揭示感知运动、前运算、具体运算以及形式运算的一般规律。因此,皮亚杰极大地丰富和深化了儿童心理学的研究,成为发展心理学史上的一个重要的里程碑。

其次,皮亚杰的儿童认知发展论,引导了认识论的发展方向。皮亚杰借助反省抽象和自我调节阐明认识无限发展的内在根据,这是关于认知微观运行机制的一种有益的探索。它突破近代认识论仅仅研究认识结构和认识内容的共时性转换的缺陷,把传统认识论对认识的静态分析拓深为动态研究,使具体认识活动中认知结构—功能的共时性转换,被纳入认知结构—功能演进的历时性建构框架,从而抓住系统思维的立体网络特征,实现对认识发展过程的多维度的审察,使认识发展规律获得更加全面的阐释。这些研究成果的意义是重大的。可以说,当今没有一个关于认知发展研究不以皮亚杰的发生认识论为理论基础或参考框架的。

同 步 实 训

儿童认识发展论

1. 实训目的

加深学生对儿童认识发展论的认识。

2．实训安排

（1）学生分组到早教中心观察不同月龄和班级宝宝的言行。

（2）运用认识发展论分析并讨论所观察宝宝成长中各个阶段的特点。

3．教师注意事项

（1）由早教机构中的具体事例导入对儿童认识发展论中各个阶段的特点的认识。

（2）提供一些儿童认识发展论中各个阶段的特点的简单案例，供学生讨论。

（3）参观早教机构或提供其他相应学习资源。

4．资源（时间）

4课时、参考书籍、案例、网页。

5．评价标准

表 现 要 求	是否适用	已达要求	未达要求
小组活动中,外在表现(参与度、讨论发言积极程度)			
小组活动中,对概念的认识与把握的准确度			
小组活动中,角色扮演的精准度			
小组活动中,文案制作的完整与适用程度			

知 识 结 构

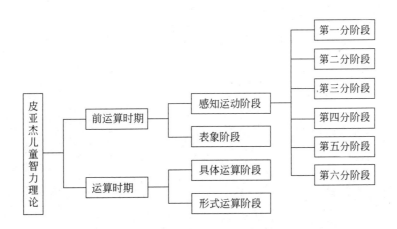

教学做一体化训练

一、重点名词

智力　图式　同化　顺应

二、课后讨论

皮亚杰的认识发展论对于当前教育的启发是什么？

三、课后自测

1. 皮亚杰的认识发展论的主要观点是什么？
2. 举例分析说明幼儿智力发展的过程。

课 后 推 荐

图书：

1. 让·皮亚杰. 发生认识论原理[M]. 王宪钿, 等译. 北京：商务印书馆, 1985.

2. 施良方. 学习论[M]. 北京：人民教育出版社, 2001.

3. 林崇德. 发展心理学[M]. 北京：人民教育出版社, 2009.

4. 张大均. 教育心理学[M]. 北京：人民教育出版社, 2005.

视频：

教育心理学研究："早教可以有多早？"——美国早教研究实验. 2015-09-17 金宝贝国际早教石家庄中心.

模块九
感觉统合对婴幼儿早期发展的影响

学习目标

- 识记：感觉统合。
- 领会：感觉统合的发展；大脑与感觉统合的关系；感觉统合如何影响婴幼儿发展。
- 理解：三个主要感官系统：前庭系统、触觉、本体觉的重要作用。
- 应用：1. 感官系统和大脑发展是如何促进幼儿发展的？
    2. 以身边儿童的例子应用教材内容进行分析，并制定训练方法。

模块描述

本模块主要了解感觉统合理论的产生与发展，理解感觉统合对婴幼儿早期发展的重要影响，掌握各个感官发展的定义和主要发展内容，掌握帮助婴幼儿进行早期感觉统合训练的方法。

任务解析

根据早期教育职业工作活动顺序和职业教育学习规律，"感觉统合对婴幼儿早期发展的影响"模块可以分解为以下任务。

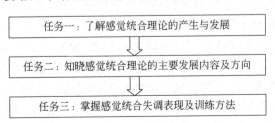

任务一：了解感觉统合理论的产生与发展

案例导入

神经科学专家通过动物实验证实，动物和环境互动的结果能够影响大脑的结构和功能的发展。美国加州伯克利分校的研究者将两组老鼠放在不同的环境中，比较环境差异对脑部的影响：一组老鼠住在有梯子、跑步器等玩具的环境中并且经常被人抚摸；另一组老鼠则在空置的环境中生活并且没有人抚触。研究结果显示：住在设备富足环境中的老鼠大脑皮质较重，神经连接和神经传导化学递质也较多；而住在空置环境中的老鼠，大脑皮质相对较轻，缺少神经连接及神经传导化学递质。

案例思考

1. 环境对婴幼儿成长的影响是否重要？
2. "玩"对婴幼儿发展意味着什么？

感觉统合理论由美国南加州大学临床心理学博士爱尔丝于 1969 年首先系统提出。1970 年欧美、日本等发达国家的问题儿童日趋严重，经数百位专家共同研究，终于在 1972 年由美国南加州大学爱尔丝博士根据脑功能研究，提出感觉统合理论。

一、什么是感觉统合

感觉统合是指大脑的各个阶层的神经系统，将来自身体内部以及外部感觉器官接收到的刺激进行分析处理，由大脑对信息进行解释和理解，并据此使身体做出合适的反应的过程。

爱尔丝博士将感觉分为七种，分别是视觉、听觉、嗅觉、味觉、触觉、前庭觉以及本体觉。视觉、听觉、嗅觉、味觉比较容易理解，触觉是指分布于全身皮肤上的神经细胞接收来自外界的温度、湿度、疼痛、压力及振动的感觉；前庭觉就是内耳前庭系统(内耳的三对半规管及耳石)在人身体移动时检测身体位置是否保持平衡的感觉；本体觉则是来自我们身体内部的肌肉、关节的感觉，它是了解肢体的位置与运动的感觉。感觉统合的过程就是将人体器官各部分感觉信息输入组合起来，经大脑统合作用，完成对身体内外知觉做出正确反应的过程。感觉统合术语广泛地应用于行为和脑神经科学的研究中，也就是说感觉统合的理论是由脑神经神经生理学基础发展而来的。

简单地讲，感觉统合是一种大脑和身体相互协调的学习过程，没有感觉统合，大脑和身体都不能发展。我国的有关研究表明，在儿童中存在不同程度的感觉统合失常者占 10%～30%。感觉统合失常的罪魁祸首，是都市化生活和小家庭制度。感觉统合不足造成的行为失常包括：好动不安、注意力不集中、笨手笨脚、严重害羞等，这些问题一直困扰着教师和家长。爱尔丝博士提出的感觉统合治疗方法为这些儿童提供了矫治的机会，也解决了家长和教师为高智商低成绩儿童现象而产生的烦恼。最新研究调查显示：中国大中城市儿童感统失调率达到 80%，其中 30% 为重度感统失调。

二、感觉统合发展的神经基础

感觉神经接收器将外在感觉信息传入中枢神经，经脑干网状系统传入小脑边缘系统及大脑皮质，完成感觉统合的历程。

（一）主要的感觉神经系统

（1）触觉神经系统：辨别温度、质地、压痛觉及触觉分辨能力，如形状。
（2）前庭觉神经系统：辨别方向、速度、姿势及身体位置。
（3）本体觉神经系统：辨别身体及肢体位置，及用力大小。

（二）中枢神经系统

1. 中枢神经系统构成

中枢神经由位于颅腔和椎管内的脑和脊髓所组成，在人体各器官系统中占有十分重要的地位。神经系统借助感受器接收体内和体外的刺激，引起各种反应，借以调节和控制全身器官系统的活动，使人体成为一个完整的对立统一的整体。神经系统主要由神经组织构成。神经组织包括神经元和神经胶质。神经元是一种高度分化的细胞，具有感受刺激和传导冲动的功能，是神经系统的主要成分，神经胶质则是神经系统的辅助成分，主要起到支持、营养和保护作用。

神经元是一种高度特化的细胞，是神经系统的基本结构和功能单位之一，它具有感受刺激和传导兴奋的功能。神经系统中含有大量的神经元，据估计，人类中枢神经系统中约含 1000 亿个神经元，仅大脑皮层中就约有 140 亿个。神经元的基本结构可分为胞体和突起两部分。胞体包括细胞膜、细胞质和细胞核；突起由胞体发出，分为树突和轴突两种。树突较多，粗而短，反复分支，逐渐变细；轴突一般只有一条，细长而均匀，中途分支较少，末端则形成许多分支，每个分支末梢部分膨大呈球状，称为突触小体。在轴突发起的部位，胞体常有一锥形隆起，称为轴丘。轴突自轴丘发出后，开始的一段没有髓鞘包裹，称为始段。由于始段细胞膜的电压门控钠通道密度最大，产生动作电位的阈值最低，即兴奋性最高，故动作电位常常由此首先产生。轴突离开细胞体一段距离后才获得髓鞘，成为神经纤维。前一个神经元的轴突末梢和下一个神经元的树突进行信号传导，信息传送的多少，快慢和轴突末梢的分叉数目还有树突的数目成正比。一个人的智商、思维方式、大脑整合信息的能力就是以这种方式体现的。树突和轴突末梢的分叉多少主要是在 13 岁以前就形成了基本固定的结构和数目，后天的努力只能改善很小的一部分。神经系统中还有数量众多（几十倍于神经元）的神经胶质细胞，如中枢神经系统中的星形胶质细胞、少突胶质细胞、小胶质细胞以及周围神经系统中的施万细胞等。由于缺少钠通道，各种神经胶质细胞均不能产生动作电位。

2. 中枢神经系统功能

脑干是掌管感觉统合的区域，包括网状系统、延髓、中脑、脑桥，如图 9-1 所示。

（1）网状系统：中枢神经的过滤器，过滤及淡化不重要的刺激，加强重要的刺激强度；调节生理时钟。

（2）延髓：上传本体觉进入小脑，下传肌肉动作控制信息到脊髓神经；接收感觉信息（本体觉、触觉、振动觉）；连接眼肌神经及前庭和听觉神经，维持姿势平衡。

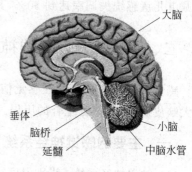

图 9-1

（3）中脑：上传感觉信息至小脑，以协调身体动作和眼睛动作；整合眼睛和躯干动作，对突发的视觉刺激进行反应；影响幼儿眼睛动作聚焦、追视、搜寻的灵巧度。

（4）脑桥：与小脑连接紧密，影响反射动作和姿势控制，是听觉神经路径。

（三）边缘系统

边缘系统包含杏仁核、海马回、乳头体，杏仁核是调节情绪的第一站，海马回掌管记忆，乳头体是杏仁核和海马回的信息传递中心，主要存储非长期记忆和固化长期记忆。

边缘系统是控制情绪的中枢，也是情感建立的基地，主要功能包括：①调整动机；②情绪事件记忆；③调控情绪；④建立各式情感，维持社交关系。

（四）大脑皮质

大脑皮质包含顶叶、额叶、枕叶和颞叶（见图 9-2）。

（1）顶叶：侦测触觉、本体觉、压觉、温度觉、痛觉；整合视觉、触觉、听觉的接收。

（2）额叶：具有前瞻能力和判断决策能力，是高级的认知管理中心，掌管专注力，控制冲动，进行预测、策划、判断、组织、理解，建立同理心。

（3）枕叶：主要功能是理解视觉刺激和情境。

（4）颞叶：听力和听觉理解，阅读能力，掌握节奏，解读肢体语言和面部表情。

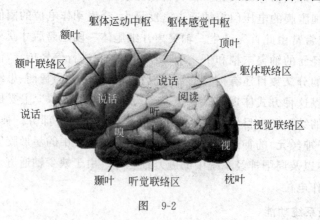

图 9-2

（五）小脑

小脑拥有 50％的脑神经元，功能与感觉统合密切相关，主掌信息处理的速度和时间感的认知，同时与情绪调整速度、认知整合速度有关。小脑的另一项重要功能是执行额叶的相关功能，比如实行计划时间表，目前还发现小脑与精细动作的协调有关。已发现注意力缺失多动症以及学习障碍，90％与小脑相关。小脑具有以下功能。

（1）提供方向感、时间感，帮助辨别空间感；

（2）培养时间顺序感，培养节奏感；

（3）感觉、动作整合；

（4）肌肉张力及重心处理；

（5）情绪调节；

（6）提供开始—停止的正确反应时间。

三、感觉统合发展是影响婴幼儿发展的重要基础

感觉统合发展是每个幼儿发展的必要历程之一，幼儿对感觉信息的接收、调节、组合、运用的过程，体现在动作发展、情绪调节和日常行为表现上。感觉统合的发展也同时影响大脑的发展及幼儿的行为发展。

（一）影响幼儿的日常行为

感觉统合能力对幼儿在身体运动、认知学习、沟通表达以及情绪调节上都起到至关重要的作用，当幼儿出现不恰当的行为，如注意力不集中、坐不住、易哭闹、易冲动、偏食挑食时，要考虑感觉统合能力发展不良的因素。

（二）影响幼儿的身心健康

如果出现感觉统合失调的情况，如手脚笨拙、惧怕过大声音、对环境敏感（如色彩过度或者环境嘈杂）、不喜他人接触、对衣服质地挑剔，不易入睡等，幼儿可能会因为这些状况影响自身的生长和发育，导致出现健康问题、发育迟滞、学习障碍等危机。

（三）影响幼儿的情绪发展

幼儿可以通过进行大量丰富的游戏或者各种运动，感受到兴趣和快乐，这样有益于幼儿健康的情绪发展。运动能够促进边缘系统释放血清素、多巴胺等正向情绪的神经递质，激发幼儿的兴趣，引发快乐的情绪体验。所以感觉统合良好的发展，也能够使幼儿快乐成长。

四、感觉统合发展不良的表现

如果孩子出现以下其中的一种表现，需要父母和老师加以留意，提高警觉。经大量科

学研究发现,几乎100％的儿童都存在不同程度的感觉统合失调,其中剖腹产儿童尤其严重。

(一)前庭平衡功能失常

表现为多动不安,走路易摔倒,原地打圈晕眩,上课不专心、爱做小动作,调皮任性,兴奋好动,黏人,自控能力差,情绪不稳定,容易违反课堂纪律,容易与人冲突,爱挑剔,很难与其他人同乐,也很难与别人分享玩具和食物,不能考虑别人的需要。有些孩子还可能出现语言发展迟缓,说话词不达意,语言表达困难等。

(二)视觉感不良

表现为尽管能长时间地看动画片,玩电动玩具,却无法顺利地阅读,经常出现跳读或漏读或多字少字;写字时偏旁部首颠倒,甚至不认识字,学了就忘,不会做计算,常把数或字写颠倒,例如:把9写成6,把79写成97,把"朋友"写成"友朋",常抄错题或抄漏题等。

(三)听觉感不良

表现为对别人的话听而不见,丢三落四,经常忘记老师说的话和留的作业等。

(四)触觉过分敏感或过分迟钝

表现为害怕陌生的环境、吃手、咬指甲、爱哭、爱玩弄生殖器等,过分依赖父母、容易产生分离焦虑,或过分紧张、过分碰触各种东西;有强迫性的行为(一再地重复某个动作),个人表现缺乏自信、消极退缩,语言和行为表现笨嘴笨舌、笨手笨脚、惹是生非、爱招惹别人、偏食或暴饮暴食、脾气暴躁。

(五)痛觉过分敏感或过分迟钝

表现为有冒险行为、自伤自残,不懂总结经验教训;或者少动,孤僻,不合群,做事缩手缩脚,缺乏好奇心,缺少探索性行为。

(六)本体觉失调

表现为方向感失调,容易迷路,容易走失,不能玩捉迷藏,闭上眼睛容易摔倒,站无站姿、坐无坐相,容易驼背、近视,过分怕黑。

(七)动作协调不良

表现为动作协调能力差,走路容易摔倒,不能像其他儿童那样会翻滚、骑车、跳绳和拍球等。

(八)精细动作不良

表现为不会系鞋带、扣纽扣、用筷子等。

任务二：知晓感觉统合理论的主要发展内容及方向

案例导入

明明是教师和家长都觉得很聪明的宝宝，阅读能力也很强，刚 2 岁就可以自己安静地坐下来有模有样地读绘本，但是到了运动环节，就发生了问题，他不喜欢做这些活动，也不遵守指令，不和小朋友一起玩，总是自己乱跑，而且一旦做不好就没耐心了，经常会因此发脾气，家长和教师都不能理解，为什么明明有时候安静？有时候又很闹？

案例思考

1. 在明明的案例中哪些行为和感觉统合相关？

2. 明明的哪些感觉发展是需要练习的？

单一的感觉不能反映事物的全貌和特性。只有各种感觉进行有效的联系和整合，才能形成对事物整体的认识。所以感觉整合实际上是从许多部分感觉形成整体的认知。只有经过感觉的整合，人类才能完成高级而复杂的认识活动，包括注意力、记忆力、语言能力、组织能力、自我控制、概括和推理能力等。

一、前庭觉

家长在对孩子早期教育时更喜欢训练孩子认字、算数、背儿歌、背唐诗等，但是，如果孩子注意力不集中，他就不能够把你教的知识记住，也不可能坐下来好好听讲。所以，家长应该注意训练孩子集中注意力的能力。心理学家研究表明，注意力与前庭平衡能力有关。

（一）平衡感是人类行动的基础

前庭器官是人类大脑中的重要器官，其主要作用是控制人的重力感和平衡感，影响着人对重力的感受、对身体平衡的控制，对身体与环境关系的判断，以及翻、爬、坐、站、跑等行动。人类平衡能力的发展可以追溯到母体中胎位的变化，离开母体之后婴儿逐渐学会平躺、翻身、坐、爬、站立、走、跑等，既是平衡能力的体现，也是在不断增强平衡能力。

平衡感对人类非常重要，对人类的学习、生活等各方面都会产生重大的影响。已有研究表明：平衡感发育不良会影响儿童的日常行为，例如容易跌倒、左右不分、注意力无法集中、眼睛不能盯住目标等；会影响儿童的情绪和性格，使儿童变得心浮气躁、好动不安、缺乏自信、具有攻击性；甚至会影响儿童的语言能力发展，出现语言发展迟缓、语言表达困难等现象……严重影响儿童的学习和生活，不利于儿童的健康长远发展。

（二）前庭觉是大脑功能的门槛

前庭觉是以前庭神经核组成的神经网络，前庭神经核就是脑后下方脑干的前面的一个微小的雷达式感应器官,可以说前庭觉是大脑门槛。人类身体的触觉、关节活动信息必须在此过滤,以选择重要的信息做回应,所以前庭觉必须和平衡感取得完全协调,人类才能正确分辨和认识身体的空间搁置,这称为前庭平衡。

(三)前庭平衡功能失调

前庭系统功能正常时,人类对重力感会有持续性的相类似的信息输入,这些感觉信息会与其他感觉信息一起以不断重叠的方式输入大脑,然后成为眼睛及其他身体感觉在判断信息时的重要参考资料。前庭器官随时在告诉我们头和身体的方向:头部转动或弯曲时,前庭感觉接收器的碳酸钙晶体,会离开原来位置,改变前庭神经系统的传达淤积,这种现象在跳跃、跑步、摇晃时更为突出,其他像走路、乘车船或头部有轻微振动时,前庭感觉也会立刻有反应。

前庭系统功能失调的孩子,视觉很难跟着移动的目标,眼球的移动不平衡使他们常常会以跳动方式抓住新目标,造成阅读的困难;无法将信息由脊髓锥体神经体系传达到身体各部分,也无法将身体各部分肌肉和关节的信息传到前庭神经核及小脑,从而影响感觉的统合,会经常跌倒或撞墙,甚至害怕行动;会缺乏重力感,影响其空间透视感,无法正确判断距离和方向,常常因太靠近人或碰撞他人,造成人际关系障碍……最后,由于上述能力的缺乏,孩子会经常遭遇挫折,久而久之就丧失自信心,导致恐惧、伤心、生气、过度兴奋等情绪问题。

(四)前庭平衡能力训练

前庭平衡能力的训练,从孩子在母亲腹中时就可以开始,孕妇在整个怀孕期间可以适当地做些,比如简单的家务和散步活动;孩子出生后,可以在家长的引导下每天做几秒钟的俯卧抬头、头竖直训练,家长也要注意适当地摇抱孩子;出生 3 个月时,可以开始训练孩子翻身,6 个月时可以开始训练孩子坐,七八个月时可以开始训练孩子爬行,12 个月时可以开始训练孩子走,然后逐步训练孩子跑、跳、单、双腿蹦、上下台阶、走平衡木、坐滑梯、跳绳、拍球等活动能力。

对于前庭平衡不良的孩子,可以通过给予前庭器官的各种不同程度的刺激,使调节姿势反应的前功能正常化,在接受触觉刺激的同时,也有助于其他感觉的统合。被动式前庭刺激治疗中,治疗师会让儿童躺或坐在吊网床中,然后有节奏地摇摆或旋转儿童的身体,从而达到刺激前庭感觉的效果。如果儿童对前庭刺激过分敏感,可以让儿童自己通过拉绳子等控制身体的摇摆和旋转。前庭平衡的人在旋转时会有眩晕感,但前庭平衡不良的孩子很少产生这样的眩晕感,这时治疗师把吊网上端扭紧后放开,造成旋转,以逐渐产生眼球震颤和眩晕感打通相关的神经通道。

此外,儿童平衡能力的发展也可以通过一些运动训练达成,包括旋转运动,如旋转圆桶、旋转木马;摇晃运动,如采取腹卧位、仰卧位、侧卧位、头脚颠倒位进行秋千、吊床游戏;平衡运动,如走平衡木;跳跃性运动,如蹦床……

二、触觉

研究表明：孩子早期触觉学习不足容易造成孩子敏感、胆小、紧张等一系列问题。

（一）触觉是神经体系的营养

触觉是指分布于全身皮肤上的神经细胞。从人类胚胎发育的过程来看，人类胚胎的外层发育成皮肤和神经细胞，可见触觉和神经体系是相同的，触觉是神经组织最重要的营养。婴幼儿一出生便拥有十分敏感的皮肤触觉，并且在成长过程中不断进行着触觉的学习，比如母亲的爱抚、同伴的玩闹等，但剖腹产、人工喂养、早期限制活动过多等因素，会造成孩子触觉学习不足，出现触觉敏感问题。

（二）触觉与情绪稳定

触觉发展在孩子众多方面的发展中，最容易被成人忽视。然而，触觉的发展对大脑发育、心理发展具有不可替代的重要作用，与儿童情绪、性格的形成与发展也有很大关系。触觉发展不良的孩子总体来说情绪不太稳定，容易紧张；比较孤僻，不会交朋友，害怕人多的地方；爱惹人、黏人、固执，缺乏耐心和恒心。

（三）触觉训练

对于触觉敏感问题的儿童，可以采用触觉刺激进行干预和训练。具体而言，选用干毛巾、丝绸、软毛刷、天鹅绒衣服或治疗师的手等，依次轻擦儿童的手部、腕部、背部、颜面部、脚部、腹部等部位的皮肤，并在轻擦的过程中时刻注意观察儿童的反应。此外，还有一些皮肤刺激游戏，例如水中游戏、沙池游戏等。一般而言，触觉刺激对神经系统产生影响的时间约在刺激 30 秒以后，时间越长，效果越好。儿童会对触觉刺激的类型、时间长短及频率做出不同反应，治疗师要根据儿童不同类型的灵敏程度灵活地调整策略。

三、本体觉失调及训练

（一）本体觉失调与顺应性反应

本体觉是指身体各个部位的肌肉、肌腱、关节、韧带等来自自己身体的一种感觉，是人类动作、行为的另一个基本的感觉，人体依靠这种感觉调节动作和行为，进行肌肉的收缩和放松。肌肉的收缩特别是对反抗阻力的收缩，是促进本体觉受信息输入中枢神经系统的重要方法。本体觉失调的儿童不能很好地解纽扣、取物，也不能根据对象物的性质掌握用力的轻重，常常会将东西弄碎、弄坏。

（二）本体觉和学习能力

本体觉包括人体对大、小肌肉的控制，手眼协调，手耳协调，身脑协调等。本体觉失调的儿童，其学习能力也会受到影响，具体表现为：手脚较为笨拙，动作缓慢拖拉，学习缺乏上进心；大脑对舌头、嘴唇、声带的控制不灵活,容易造成语言发育迟缓、大舌头、口吃等语言障碍。

(三) 本体觉的训练

关于儿童"本体觉"的训练,心理学家设计出一种体形较小的滑行板(见图9-3),其原理是通过较强的肌肉收缩为脑干部统合提供感觉输入,持续的肌肉收缩能够增进肌梭机能,肌梭产生的感觉输入往往导入小脑,可能对脑干部的统合功能起到促进作用。有时也会在脚踝或手腕加上铅锤,以产生牵拉的作用,增加肌肉收缩的阻力,促进本体觉受信息对中枢神经系统的输入。

图　9-3

(四) 本体觉失调儿童家长要注意的问题

本体觉不是孩子生来就有的,是需要后天的训练来养成的。因而,家长在养育孩子的过程中,不要过度地保护孩子,怕孩子磕着碰着就限制孩子的各种活动,而应该通过生活中的日常训练,帮助孩子形成本体觉,例如翻身、滚翻、爬行拍球、滑梯、平衡训练等。家长还应注意训练儿童的生活自理能力,让儿童从小学习做一些力所能及的事情,例如学习使用筷子,自己洗脸洗手,自己穿衣服、系鞋带等,这些都有利于儿童本体觉的形成和发展。

任务三:掌握感觉统合失调的表现及训练方法

📝案例导入

磊磊是个安静的孩子,活动力弱,胆子小,不敢爬高的地方,也不敢从高的地方跳下来,而且还晕车。平时妈妈带他去游乐场,他从来不坐那些旋转的玩具,连秋千、跷跷板这样的小朋友们都喜欢的玩具他也不爱玩。磊磊非常固执,只有自己觉得安全了他才会去做事情,如果他觉得自己做不到就会拒绝,并且表现得极不合作,这些问题已经影响到了他的日常生活以及学习和交往等方面的发展。

案例思考

1. 判断磊磊的情况是什么感觉发展出现了障碍？

2. 可以用什么样的活动帮助磊磊？

一、感觉统合失调在婴幼儿时期的表现

感觉统合障碍在儿童发展过程中容易被日常行为掩盖，父母和教师不容易发现幼儿的问题，导致了治疗和纠正延误。对于感觉统合发展障碍来讲，越早治疗越有效果。父母和教师需要了解感觉统合发展障碍，尽早察觉幼儿的问题。

（一）婴儿期（0～1岁）

（1）非常不好带养，常出现爱哭、不安、难安抚的情形。

（2）睡不好，晚上睡1～2小时就醒一次，或是入睡困难，要摇、哄很久才能入睡，有点声音就容易惊醒。

（3）肌肉松软，全身软趴趴的，比别的婴儿挺直头部的能力发展得慢。

（4）喂奶要很久才喂完，奶量少，换固体食物很困难。

（5）不喜欢被抱，被抱时扭动不安。

（6）洗脸、洗头、刷牙、剪指甲、换尿布等日常生活自理常有哭闹、排斥、抗拒等行为反应。

（二）幼儿期（1～3岁）

除了上述婴儿期的状况可能持续外，也可能出现以下情况。

（1）注意力不易持久。

（2）动作表现笨拙。

（3）口齿不清。

（4）一点小碰撞就十分生气。

（5）非常害怕荡秋千、溜滑梯、走斜坡或爬楼梯。

（6）因食物质地而挑食。

（7）语言发展迟缓。

（三）前儿童期（3～6岁）

（1）大肢体运动不协调。

（2）精细动作不良，手部动作笨拙。

（3）多动并且易冲动。

（4）总是摔倒。

（5）社交能力差，和同学总是发生冲突。

（6）爱哭闹，情绪不稳定，抗挫折能力差。

（7）睡眠问题明显。

（8）注意力不集中。

二、感觉统合失调的训练原则

（一）需要进行相关心理测试和分析

感觉统合训练是建立在现实原则的基础上的，不是由家长或教师主观臆测的。首先，参加感觉统合训练的孩子在训练前都要进行智力、记忆力、逻辑思维能力、感觉统合能力等方面的测试，然后根据测试结果，由教师综合而准确地分析孩子的问题。

往往同一个问题是由不同的原因引起的，只有充分了解问题产生的原因才有可能解决问题。例如厌学问题，有的孩子是因为智商偏低，学习特别吃力而产生厌学；也有的孩子是因为父母要求过高，总是指责挑剔，使他们产生太多不愉快经历而产生厌学；更多的是学习能力障碍使孩子不愿意做自己不擅长做的事情等。许多因素往往又不是孤立存在的，只有充分了解了各方面的原因，才能提出有效的解决方案。绝大部分的孩子虽然学习能力上有问题，但是智商却没有问题，是感觉统合能力训练不足造成的学习问题，那么孩子就需要进行相关的训练，而不是和孩子谈话就能解决的。

（二）以儿童为中心

基于人本主义的观点，在心理训练时，应充分考虑孩子的客观心理需要与他们心理发展的特点。例如，被重视的需要，有些时候儿童不是行为控制能力的问题，而是因为没有感觉到足够的被重视，他们生气发脾气或者恶作剧是为了引起别人的重视。又例如，儿童有被别人接纳的需要，当缺乏足够社会经验的儿童面临陌生环境时，他们也许会哭，会黏人或发脾气，那时他们要表达的意思是自己感到不安全，希望被接纳，只有在被周围人接纳时人才会有安全感，而安全感是人类生存的本能需要。而此时，孩子的表达能力还没有发展到可以将上述感受准确表达出来的程度。

当我们站在儿童的视角观察周围的环境，就不难理解孩子怪异行为产生的原因了。比如，我们带孩子去逛街，抱着他（她）是很累的，自然会鼓励孩子自己走。可是孩子又哭又闹不愿意走，是因为他（她）懒吗？是因为他（她）不听话或者脾气不好吗？都不是。只要我们蹲下来，从孩子的高度观察周围，就会发现，孩子根本看不到琳琅满目的商品，只看到一片黑压压的腿的森林。

家长和教师很有必要了解儿童心理学的知识，知道孩子心理发育的规律，哪些行为是正常的，哪些行为是落后的、不正常的，不要轻易责怪孩子，而是要及时帮助孩子解决发展中的问题。

（三）遵循幼儿自身的发展

感觉统合训练的目标是在孩子原有能力的基础上能有进步，这种进步的过程就是发展。发展在一定程度上遵循自身的规律，如儿童动作发展的顺序是由上到下（即从头到脚），从中心到外围，从大肌肉到小肌肉。婴儿最早协调的是头部的动作，如吮吸反射、眼及头追随物体转动，接下来是手的抓取，躯干的动作，如翻身、独坐、爬行，最后是腿和脚的动作,即站立和行走。

在遵循儿童发展基本规律的前提下,由简到繁,由粗到细,反复练习,感觉统合训练正是建立在发展原则之上的。不管儿童目前的状况如何,他都是在不断发展变化中的,按照其发展的规律,用适当的方法来干预,就能帮助他更理想地发展。

(四) 快乐游戏,建立自信

研究结果发现,良好的情绪是思维的润滑剂,当人们情绪良好时,大脑具有最佳的思维效率和表现。这就是为什么人们对感兴趣的事物学起来非常快,而对不感兴趣的事物学起来却很费劲的原因。每一个孩子都有不同于他人的人格特征,他们所表现出来的能力和兴趣也都是不一样的。良好的成功的教育是要能够注意到孩子的潜能和兴趣点,并且顺应他自身的爱好和能力选择发展方向。"孩子天生是好动的,是以游戏为生命的。"应该让孩子在游戏中快乐成长。

由于感觉统合失调的孩子可能因为触觉过分防御而导致胆小、敏感、爱哭、不合群,他们对于外界信息、刺激过度敏感,实际上是夸大这种刺激,使他们在行动时畏首畏尾、逃避退缩。虽然适度退缩有利于自我保护,使孩子免受外界环境的伤害,但是过分的退缩,将不利于形成坚强的心理素质和自信的品质。通过游戏建立一种和谐、宽松、愉快的环境,孩子感到安全、满足和温暖,这本身就起到了一定的治疗作用。

儿童从婴儿期开始,要完成许多学习,他们必须依赖成年人的照顾和帮助才能正常成长。父母以及家庭其他成员还有其余密切接触儿童者对他们的鼓励就显得尤为重要。孩子的能力一点点地提高,屡次尝试也使他们在失败中积累了经验,动作越来越熟练,自信心也越来越强。所以,自信心除了依靠外界评价,更重要的是自身能力的提高。

三、感觉统合失调的训练方法

(一) 重要的触觉训练项目

触觉体系的感觉统合运动重点在于加强肌肤的各项接触刺激,以修正前庭核有关触觉的抑制和运动能力,使大脑的处理能力和身体的触觉神经建立起协调良好的关系。

触觉过分敏感的主要表现:偏食、挑食,不爱吃菜;吃手或咬手指;情绪不稳定,爱发脾气;怕陌生环境、怕黑、黏人,或紧张、退缩,不敢表现;对小伤小痛特别敏感;不合群或不会和别人玩,爱惹事等。

1. 大笼球

通过大笼球在孩子身体上滚动产生压力,挤压身体的各个不同部位,可以强化各部位触觉和大脑的协调能力,在大笼球的不断转动或挤压时,压力和与身体的接触部位的不断变化,可强化大脑处理来自身体不同部位的刺激,激活大脑神经网状系统,促进感觉统合。

2. 羊角球

羊角球适合 3～6 岁儿童的游戏器材,主要针对那些坐不住、情绪不稳定、爱发脾气、爱惹人、黏人、怕黑等问题的孩子。

3. 袋鼠跳

此项目适合任何年龄段的儿童,而且作用与羊角球类似。

4. 阳光隧道

阳光隧道主要适用于本体觉不佳、触觉敏感或迟钝的儿童,帮助儿童对自己身体的形象做出较正确的判断,进入隧道时,头、手、脚的协调对儿童前庭感觉的调节也很有帮助。

(二)前庭—固有感觉的增强

对多动症、身体协调不良、触觉敏感或不足,甚至有自闭症或自闭倾向的儿童,前庭—固有感觉的加强,有助于其平衡感与重力感的发展,许多寓教于乐的游戏设计正符合需要。

1. 小滑板游戏

小滑板游戏主要适用于多动症、自闭症、触觉敏感、身体协调不良的儿童。

2. 大滑梯游戏

大滑梯游戏主要适用于身体协调不良的儿童。滑行时的前庭—固有感觉配合身体操作,对本体觉和身体形象的塑造帮助很大。

3. 平衡台

平衡台训练适用于比较多动或身体协调不良、自控力比较差的儿童。

4. 旋转浴盘游戏

旋转浴盘游戏主要适用于多动症、身体协调不良的儿童。

5. 网缆游戏

网缆游戏主要适用于多动症、身体协调不良、触觉敏感的儿童,可强化前庭刺激及全身肌肉的伸展和活动性。

6. 蹦床游戏

蹦床游戏主要适用于多动症、自闭症、触觉敏感、身体协调不良的儿童,可强化前庭刺激,抑制过敏的信息,矫治重力不安和运动企划不足的毛病。

7. 竖抱筒

竖抱筒主要适用于前庭协调不良、触觉敏感的孩子,可尝试高度收缩的肌肉运动,促进前庭—固有感觉体系的活化,并强化触觉体系。在摇晃中前庭可以获得大量刺激。

8. 横抱筒

横抱筒主要适用于多动症、触觉敏感、身体协调不良的孩子,可尝试高度收缩的肌肉运动,促进前庭—固有感觉体系的活化,并增加触觉刺激和本体觉刺激,在摇晃中可改善运动企划能力。

9. 大陀螺

大陀螺主要适用于多动症、自闭症、身体协调不良的孩子。

10. 太极平衡板

太极平衡板主要适用于多动症、自闭症、身体协调不良的孩子。

11. 平衡触觉板

平衡触觉板主要适用于触觉敏感、身体协调不良的孩子。

12. 平衡踩踏石

平衡踩踏石主要适用于身体协调不良的孩子,针对前庭平衡不足和本体觉不足,对手脚配合也有很大帮助。

13. 手摇旋转盘

手摇旋转盘主要适用于多动症、身体协调不良的孩子。

(三)重要的本体训项目

(1)趴地推球:主要使用的球类是篮球。主要适用于注意力不集中、身体协调不良的孩子,对前庭刺激较大。

(2)平衡踩踏车:主要适用于平衡感不足、本体觉不足的孩子,而且对于膝关节的灵活度也能进行锻炼。

(3)平衡圆:分为整圆、半圆、四分之一圆、S形圆(平放)、S形圆(立放)。主要适用于身体协调不良、多动症的孩子。主要训练孩子平衡、前庭、触觉、重力、专注力以及身体协调等。

(4)滑梯:主要适用于本体觉缺乏的孩子,对身体形象的塑造帮助很大,有助于维持高度的平衡感觉。

(5)独脚凳:主要适用于本体觉不足、身体协调不良的孩子。

(6)平衡木:主要适用于身体协调不良、多动症的孩子。

(四)综合项目训练

(1)脚步器:主要适用于身体协调不良、注意力不集中的孩子,让孩子建立数构空间概念。

(2)万象组合:主要适用于身体协调性不良,本体觉不佳,缺乏柔韧性、力量性的孩子。

四、感觉统合障碍与学习能力障碍

(一)儿童的学习能力障碍的表现

1. 数学能力障碍

数学能力障碍表现为做数学题时计算粗心,把加号看成减号,抄错数字,忘记进位,丢数字,对应用题理解力差,心算困难等。心理学家研究发现,孩子的感觉统合能力失调是造成数学学习障碍的重要原因。这个能力是大脑将感觉器官传入大脑的信息进行正确处理,再指挥行动,如果这个信息处理过程出现问题,那么行动一定会出差错,看到的、听到的与做到的是两码事。例如,孩子在做运算时,时常忘记进位和错位,就是因为视觉记忆受到下一步计算的干扰;孩子将数字抄错、遗漏或左右颠倒,是由于视觉记忆、视觉分辨能力与视觉次序性记忆能力发展不足造成的;在竖式计算中,将个位、十位、百位数排列不正,是因为视一动协调性出现了障碍,大脑对方向、位置和距离信息的处理出现了问题所造成的。

2. 阅读障碍

阅读障碍表现为读书时结结巴巴、丢字落字、错字错行,爱看动画不爱看字书等。造成阅读障碍的原因有:第一是视觉功能障碍,眼球振动不平衡,造成读书时跳字、串行等;听觉功能有障碍,造成读而不闻,读而不懂;另外如失语症、大脑麻痹、智力迟钝和运动失调等大脑神经功能障碍也会造成阅读困难。第二是情绪因素,例如胆小、自卑敏感的孩子,就不敢在课堂上读唐诗,结果越不练就越有障碍。所以,他们不能够轻松流畅地阅读。第三是教育方法问题,对于那些智力或能力低的孩子,如果家长和老师一味地逼着孩子练习阅读,而不是用科学的方法进行特殊训练,长时间不见成效,孩子就会产生很大的心理压力,对阅读更加有抵触情绪,甚至产生厌烦心理。而对于智力和能力高的孩子,如果仍然让他们重复简单的课文,他们也会变得敷衍了事。

3. 听课能力障碍

听课能力障碍表现为上课注意力不集中,上课时脑子反应慢,对教师说的话记不住或记不全,学得快忘得快,特别不怕晕或者特别怕晕,走路爱摔跟头,坐不住,爱做小动作,等等。造成听课能力障碍的原因有:胎位不正、早期前庭器官训练不足、平衡能力训练不足。

(二)感觉统合障碍与学习能力障碍

感觉统合能力的发展会影响孩子的学习能力,也就是说,学习能力的发展是以感觉统合能力的发展为基础的。感觉能力会使儿童接收刺激、传递信息、组织信息,并了解感觉信息的意义,最终形成一个适当的反应或行为。在各种环境里,这些反应对个体行动、动作和学习运动是非常重要的。因此,感觉统合能力发展直接或间接地会影响儿童在学习和活动上的表现。

感觉统合障碍是导致学习能力障碍的常见原因之一。个体与客观环境相互作用过程中,少不了信息的输入、储存和加工,在这一过程中,个体需要调动自己的各种感觉器官对不同的刺激做出相应的反应,并形成各种形式的感觉,如视觉、听觉、触觉、本体觉等。为了对外界的复杂刺激做出进一步的反应,个体需要在中枢神经系统的作用下对各种感觉进行有效的组织与统合,从而使个体形成对外部环境的完整的知觉,并与外部环境之间构成一种动态的平衡关系,以适应外在环境。

在日常生活中,有感觉统合障碍的儿童手眼协调性差,甚至不能很好地完成直线奔跑、跳绳等协调性动作;在学校学习中,他们用词贫乏或词不达意;阅读时,经常跳字、跳行;写字时,常搞混上下或左右结构,或者漏字、漏行。由于感觉统合方面的障碍,大大影响了正常的学习活动。此外,脑性麻痹和智力障碍的儿童也有感觉统合异常的现象。

（三）学习能力障碍训练

如果学习能力障碍儿童缺乏基本的学习能力，教师与父母就应该设法训练这些技能。一些特殊的教学方法，如形状知觉的发展、空间辨别、形状辨别、眼球控制和感觉—动作统合都很有效。

以发展心理学的观点来看，个体各项身心特性的发展是循序渐进的，早期的各项发展是否健全足以影响后期的发展状况。从神经心理学的论点来看，强调早期的动作学习是建立脑皮层细胞组合的一个重要统合阶段。感觉统合理论的提倡者认为，以视、听、触、运动等感官所组成的感觉与动作的发展，是较高水平概念学习的必要基础，如果这些基本的学习有缺陷，将会使整个学习速度变得缓慢，学习效果偏低。

部分研究也指出，感觉统合能力发展不成熟与学习能力障碍呈显著正相关。以写字为例，除了需要适当的视觉敏锐度外，还必须具有双手协调能力，因此视觉统合功能的发展是否完善，会影响写字的表现，而书写能力又是学校学习和人际沟通不可缺少的一项能力。儿童视觉统合能力的发展有缺陷，还可能会影响生活适应能力以及情绪的稳定性。

在13岁以前，通过强化的心理训练，学习能力障碍儿童也可以促进学习能力的发展。例如，感觉统合训练中的滑梯、平衡木、旋转圆筒、跳绳、拍球等活动都是有针对性的训练，可以训练儿童的感觉动作协调能力。让儿童照图形描绘，来训练儿童的空间知觉能力；演奏打击乐训练听觉协调能力；打乒乓球、羽毛球、放风筝等可以训练手眼协调能力。

拓展阅读："在产院婴儿室工作的护士……"

同 步 实 训

感觉统合的主要发展内容

1. 实训目的
加深学生对感觉统合理论的认识。

2. 实训安排
（1）学生选择前庭觉、本体觉、触觉中的一种，设计相应活动。
（2）分析并体会这些活动的操作性及作用。

3. 教师注意事项
（1）由可观察到的幼儿的真实表现进行分析。
（2）提供一些感觉统合游戏的简单案例，供学生讨论。
（3）参观感统训练机构、早教机构或提供其他相应学习资源。

4. 资源（时间）
2课时、参考书籍、案例、网页。

5. 评价标准

表 现 要 求	是否适用	已达要求	未达要求
小组活动中,外在表现(参与度、讨论发言积极程度)			
小组活动中,对理论的认识与把握的准确程度			
小组活动中,案例模拟的精准度			
小组活动中,活动设计的完整与适用程度			

知 识 结 构

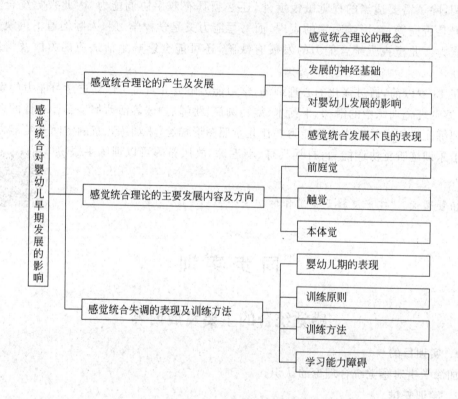

教学做一体化训练

一、重点名词

感觉统合　触觉　本体觉　前庭觉

二、课后讨论

1. 感觉统合前庭觉、触觉、本体觉的游戏内容。

2. 运用器械设计感觉统合活动。

三、课后自测

1. 感觉统合发展不良有什么表现？

2. 婴幼儿感觉统合失调的表现是什么？

3. 感觉统合失调与学习障碍有什么关系？

课 后 推 荐

图书：

王萍,高宏伟.家庭中的感觉统合训练[M].北京：清华大学出版社,2011.

期刊：

1. 刘建恒.感统训练融入儿童心理辅导教育模式及评价研究[D].长沙：中南大学,2008.

2. 彭幼清,袁芳兰.儿童感觉统合失调与家庭因素的影响及防治[J].护理学杂志,2004
(23).

模块十
婴幼儿保育

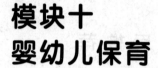学习目标

- 识记：早教中心环境的内涵、婴幼儿常见的身体疾病和心理问题的定义。
- 领会：早教中心环境创设的原则；婴幼儿日常作息制度的制定；喂养、睡眠、排泄、盥洗、着装等日常保育的要点；婴幼儿活动的保育。
- 理解：婴幼儿常见的身体疾病和心理问题的症状。
- 应用：能够根据症状判断婴幼儿常见的身体疾病和心理问题，并能阐明保育方法。

模块描述

本模块主要了解婴幼儿保育环境创设的重要性，掌握早教中心环境创设的原则；了解婴幼儿日常起居和活动保育的内容，熟悉婴幼儿日常起居和活动保育的重点，掌握保育的方法；了解婴幼儿常见的身体疾病和心理问题的症状、病因，掌握其防治方法和重点。

任务解析

根据婴幼儿保育工作的内容和职业教育学习规律，"婴幼儿保育"模块可以分解为以下任务。

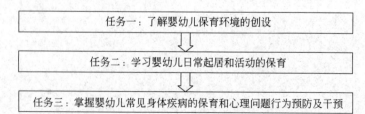

任务一：了解婴幼儿保育环境的创设

案例导入

小王在大学学的是英语专业，由于喜欢小孩且对早教行业感兴趣，她毕业后凭借出色的英语能力顺利地在某双语早教中心就职。工作一段时间后，她对这份工作非常满意。一天，她一上班，同事就告诉她，下午要一起重新布置中心的大器械活动区，小王非常困惑：这些器械放在那里好好的，为什么要重新布置呢？同事告诉她，中心的大器械活动区为了配合中心的早教课程，每两周就要进行重新布置。

案例思考

1. 这个案例体现出了环境在婴幼儿成长中有什么作用？
2. 早教中心应如何创设环境？

一、早教中心创设适宜环境的重要性

蒙台梭利曾说过，"在个人（精神的胚胎）和其环境之间存在着相互交换。婴幼儿被迫跟其所处的环境达成某种妥协，结果必然导致其个性的整合"。适宜的环境对于促进婴幼儿身心的健康成长起着重要的作用。因此，作为对婴幼儿进行早期教育的重要场所，早教中心的环境必须是适宜0～3岁婴幼儿的身心发展特点的，能够帮助早教活动的顺利展开、促使婴幼儿探索和了解世界。

二、早教中心环境的内涵

早教中心的环境包括硬件的环境和软件的环境。硬件的环境包括早教中心的房屋场地、各类教具、玩具等硬件设施。软件环境则包括早教中心的早教师、营销人员、行政人员、婴幼儿、家长等形成的人际关系网，以及为保证早教课程的顺利完成、早教中心良性运营而制定的各种规章制度。

三、早教中心环境创设的原则

1. 温馨、安全的装修

温馨的环境能给婴幼儿带来安全感，能激发婴幼儿探索未知世界的兴趣。因此，早教中心应该选择宽敞明亮、通风的场地，采用温馨、明快的色彩和装饰物，如采用黄色、蓝色等色彩，采用卡通人物、动物等装饰素材。此外早教中心的装修材料、硬件设施必须是环保的、安全的，装修材料应选用符合国家相关标准的，墙角、桌角应使用防撞条等。

2. 有意义的教具和玩具

早教中心的各项硬件设施对于完成婴幼儿早期启蒙具有辅助作用,因此早教中心必须具备一定的玩具和教具,如准备一些感统训练的器材、蒙氏教具、早期阅读材料、各类教玩具、潜能开发量表测评工具及材料等,此外还必须设置专项训练器材、各种保健用品、生活用品等。这些材料可以激发婴幼儿动手的欲望,进而促使婴幼儿和家长、早教师、其他婴幼儿之间产生人际互动,有利于婴幼儿的身心健康发展。

3. 良性互动的人际环境

早教中心是一个由婴幼儿、家长、早教中心工作人员构成的微型社会,三方的积极互动能提高早期教育的质量。因此,早教中心应营造温馨、平和的人际环境,激发良性的人际互动,为婴幼儿、家长、早教中心工作人员三者之间可以尽情地游戏、自由地交谈、愉快地交往提供便利。为此,早教中心的工作人员首先在待人接物方面要平和、温柔、亲切,对婴幼儿及其家长产生潜移默化的影响。其次,早教教师要善于观察,了解婴幼儿及其家长各自的特点和需求,增进与婴幼儿之间、家长之间的了解,促进与婴幼儿之间、家长之间的互动,进而完成早教任务,促使婴幼儿的身心健康成长。

拓展阅读:《早教中心环境创设新视角》

任务二:学习婴幼儿日常起居和活动的保育

案例导入

小王在早教中心已经工作了一段时间,领导安排她到早教中心的托班去锻炼一段时间,配合主班教师李老师完成托班幼儿的保育工作。小王非常高兴,因为她很喜欢托班的"小萝卜头"们。但是,第一天到托班工作,小王就手忙脚乱,应接不暇:一会儿安安要喝水了,一会儿丁丁要尿尿了,一会儿洛洛说热要脱衣服,一会儿又到了孩子们活动的时间了……下班的时候,小王由衷地对李老师说:"托班老师好忙啊。"李老师安慰她说:"没事,等你熟悉了孩子们的日常作息制度就好了。"

案例思考

1. 婴幼儿日常起居的保育工作有哪些?

2. 保育人员应该如何引导婴幼儿养成良好的生活习惯?

一、有规律地安排婴幼儿日常起居

为了满足婴幼儿健康成长的需要,从小培养婴幼儿良好的生活习惯,保育人员应立足婴幼儿的身心成长需要,合理地安排婴幼儿的日常起居,把一天中进食、睡眠、锻炼、游戏等时间固定下来形成日常作息制度。

日常作息制度的形成,不仅有利于婴幼儿形成良好的生活习惯,满足婴幼儿的各种生活、活动的需要,也有利于保育人员有条不紊地照顾婴幼儿,特别是当保育人员发生变动时,新接手的保育人员能迅速地了解婴幼儿的习惯和需求,提供更到位的保育工作。

婴幼儿作息制度的具体安排就是为婴幼儿制定一日作息表。用一日作息表安排好与婴幼儿的共处时间。在制定作息表时,要兼顾日常保育和学习活动两方面,并为这两方面的活动做好具体的时间安排。

如果保育人员需要离开,那就让接替的人先熟悉一下婴幼儿的作息表。如果平时能记录下婴幼儿的主要活动以及活动的具体时间,那么接替者就可以在相同的时间段里给婴幼儿做同样的事情了。

为婴幼儿制定的作息表要有一定的弹性,因为婴幼儿总是按各自不同的生物钟来生活的。尽量让婴幼儿保持与家庭成员一致的作息时间,这样也能避免在同一时间给所有的婴幼儿喂食、换尿布。当从一个活动换到另一个活动时,首先检查一下婴幼儿的尿布是否需要更换。另外,记录下每个婴幼儿更换尿布的时间,以供第二天参考。这个信息也可以帮助保育者更好地掌握更换尿布的时间。在换尿布之后洗手,将换尿布的地方清理干净,并形成规律,养成自然而然保持卫生的好习惯。当保育教师需要同时照料几个婴幼儿时,作息表的确是个好帮手。

如果机构里的一个活动室里有两位以上的早教教师,那就需要把婴幼儿分成相应的几个小组,每个小组各由一位保育教师负责。当然,这样做的目的并不是要保育教师之间放弃协作或者各自为政,而是为了更好地发挥他们的责任心,方便其照顾到小组里每个婴幼儿的需要。另外,由固定的早教人员照顾,婴幼儿也容易与其建立更亲密的关系;同时也有助于保育教师更多地了解每个婴儿的需要,从而制定出更合适的个性化作息表。

保育教师要利用日常保育时间,比如换尿布或喂食时间,给予婴幼儿特殊的关注。在这段时间内,可以和婴幼儿说说话、唱唱儿歌,引导其观看附近悬挂的图片及可移动的物体等。当然这样做的前提是,必须在制定规划时选择一些能和日常保育同步进行的活动。

制定日常作息制度要以婴幼儿为本,熟悉各年(月)龄婴幼儿的身心发展水平和发展需求,根据婴幼儿的具体年(月)龄进行不断、适当的调整,兼顾身心发展,劳逸结合,并根据婴幼儿生活环境的变化进行调整,如顺应季节的变化,调整户外活动的时间,冬季宜在上午10点至下午4点之间进行户外活动,而夏季宜在上午10点前下午4点后进行户外活动。

婴幼儿作息制度安排对婴幼儿发展的重要性的前提,就是它的科学合理性。也就是婴幼儿的日常如何安排,既不是父母主观臆断的,也不是纯粹为了方便保育教师的。

二、婴幼儿的日常起居保育

婴幼儿的日常生活保育包括婴幼儿的喂养、睡眠、排泄、清洁、着装等方面的保育。

(一)婴幼儿喂养

合理的营养与膳食能提供满足婴幼儿生长所需的各种营养元素,为婴幼儿的健康成长提供物质保障,而婴幼儿营养不良则会阻碍婴幼儿的成长发育,造成体重过低、抵抗力下降、生长发育停滞、智力低下等不良后果。因此,保育人员应根据各阶段婴幼儿生长的需要,合理制定喂养食谱,提供充分的营养,促进婴幼儿的成长发育。

1. 各阶段婴幼儿喂养

(1) 0～6个月的婴幼儿喂养

0～6个月的婴幼儿应尽量纯母乳喂养,这是因为母乳的营养生物效价高,易被婴儿吸收,有利于婴儿生长发育;母乳含有不可替代的免疫成分;母乳经济、方便、温度适宜,有利于婴幼儿心理健康。因此,除母亲感染HIV、患有严重疾病应停止哺乳外,一般都提倡母乳喂养。由于特殊原因不能用纯母乳喂养时,人工喂养宜首选婴儿配方食品喂养,并尽早抱婴儿到户外活动或适当补充维生素D,及时补充适量维生素K。人工喂养应按照配方奶说明的比例冲调,冲调奶粉的水应该是白开水,而不是矿泉水、纯净水或其他,冲调时先放水后放奶粉,水温以40～60℃为佳,两次喂奶中间需要喂食白开水。罐装奶粉开罐后应在1个月内食用,盒装奶粉开启后应在2周内食用,奶粉应存放在通风阴凉干燥处。补钙类产品不要与配方奶同时服用。不要频繁轮换不同品牌配方奶,如确有必要调换配方奶品牌,要采取渐进的方式。

(2) 6～12个月的婴幼儿喂养

6～12个月的婴幼儿,其生长发育仍处于高速发展的时期,母乳已不能满足全部的营养需要,消化系统较之前有较大改善,胃容量在增大,牙齿逐渐开始萌出,可以对泥糊状食物和细软食物进行初步咀嚼,其喂养重点是继续母乳喂养,合理添加辅食。

添加辅食的原则是循序渐进,逐步适应;辅食应在喂奶前添加,防止婴儿吃饱奶后不吃辅食;炎热的夏季或婴儿生病时,暂时延缓添加新辅食;辅食的种类以及添加量应结合婴儿的月龄、健康状况及营养需要而定,可增可减,灵活掌握。

一般4个月后开始添加蛋黄、米粉、奶糊、水果汁、蔬菜汁等;6个月后添加稀粥、烂面条、饼干、菜泥、土豆泥、水果泥;8个月开始添加碎菜、瘦肉末、鸡蛋羹、动物血、肝泥、鱼末、软饭、粥或压碎的芝麻、花生、核桃;1岁后应以软饭、粥、面条、包子、饺子、馄饨等为婴儿正餐,但每日仍应为婴儿提供一定量奶类食品。

(3) 1～3岁幼儿的喂养

1～3岁的幼儿,应继续给予母乳喂养或其他乳制品,逐步过渡到食物多样;保证幼儿足量饮水,少喝含糖高的饮料;选择营养丰富、易消化的食物;采用适宜的烹调方式,单独加工制作婴幼儿的膳食;合理安排零食,避免过瘦与肥胖,养成良好的饮食习惯;培养良好的进餐行为,饭前饭后避免剧烈活动。

2. 婴幼儿的进餐

婴幼儿的膳食要注意饮食多样化,注意色香味形;不要在进食过程中批评婴幼儿,以免影响餐桌氛围和进餐的情绪;适当参加婴幼儿的体育活动,加大消耗,使其产生饥饿感,激发食欲;进餐时保育人员应仔细观察,精心照顾婴幼儿,尽早教会婴幼儿自己动手吃,禁止边玩边吃、边看电视边吃,培养婴幼儿良好的饮食习惯和文明。

（二）婴幼儿睡眠保健

睡眠是大脑广泛处于抑制过程的一种生理状态,它能让婴幼儿神经系统得到最有效的休息,减少机体能量的消耗,为生长发育储备足够的能量和原料,同时有助于婴幼儿的脑发育和记忆力的增强。

婴幼儿睡眠存在个体差异,新生儿每日睡眠时间可达16～20小时,随着年龄增长,逐步缩短,睡眠时间和睡眠的质量同样重要。

保育人员应营造适宜婴幼儿睡眠的条件,帮助婴幼儿入眠并提高睡眠质量,如保持卧室空气清新、安静整洁;闭合窗帘、关闭灯光,避免过多的光源影响婴幼儿睡眠;室温保持在18～25℃,冷暖适宜,如果使用空调、取暖器等,可以在室内放置一盆水或使用空气加湿器,避免过度干燥给婴幼儿带来的不适;睡前排尿,并为婴幼儿清洁身体,换上宽松舒适、排汗透气的睡衣;睡前婴幼儿禁止剧烈运动,以免神经兴奋难以入睡。

保育人员应培养婴幼儿良好的睡眠习惯,根据婴幼儿的年龄安排睡眠的时间和次数,并使之形成习惯,养成婴幼儿良好的睡姿,如不趴睡、不蒙头睡、不含奶嘴睡、不咬被角袖口、不吮吸手指等。

（三）婴幼儿排泄训练

对婴幼儿进行排尿排便的排泄训练,不宜操之过急,应在婴幼儿大脑皮质和相应器官成熟后进行,保育人员应注意婴幼儿排尿排便前的动作表现,找到规律,适时地对婴幼儿进行指导训练,要有耐心,如果婴幼儿成功排便排尿,要给予肯定和表扬。

保育人员要引导婴幼儿注意排泄卫生,养成良好的排泄习惯:培养婴幼儿用语言表达大小便的习惯,鼓励和引导婴幼儿自己排尿排便,及时排尿、排便,不憋尿、不憋大便,排泄时要专心,不能同时吃东西、看电视、玩耍,便后学会自己用卫生纸擦拭,并冲洗厕所、净手。

排泄物可以反映婴幼儿的饮食和健康状况。因此,保育人员应注意观察婴幼儿的排泄物,尽早发现问题,及时干预,维护婴幼儿的健康。

（四）婴幼儿的盥洗

盥洗可以清洁婴幼儿的皮肤,避免细菌侵入,保证皮肤健康;促进血液循环,有利于新陈代谢;通过婴幼儿皮肤与水的接触,改善皮肤的触觉和对温度的感知能力,提高婴幼儿适应环境的能力;培养婴幼儿爱清洁、讲卫生的好习惯,提高婴幼儿的生活自理能力。

1. 婴幼儿日常盥洗的内容

（1）洗手

保育人员应培养婴幼儿自己洗手,训练婴幼儿按照卷衣袖—打开水龙头—浸湿手心手背手腕—擦肥皂—搓洗手心手背及手指—清水冲洗—毛巾擦干的顺序,洗手时双手向下,避免弄湿衣袖,冬季要涂抹护手霜。

（2）洗脸

先洗眼睛,从内眼角到外眼角,要换毛巾擦洗的部位,以防止眼睛感染,然后是额头、面部、耳朵前后、鼻子、口、脖子等部位。毛巾可换面，或对角折叠，每个角擦拭一个部位，应清洗1~2次，冬季应涂抹润肤油。

（3）刷牙

婴幼儿出牙后即可刷牙，最初可以由保育人员戴上手指牙刷为婴幼儿刷牙，待婴幼儿逐渐长大，可训练婴幼儿独立刷牙，按照漱口—挤牙膏（从牙膏底部开始挤）—牙膏沾湿—竖刷—由外而内—漱口—洗净牙刷—正确放置的顺序教婴幼儿学会刷牙。

（4）洗头

保育人员为婴幼儿洗头时，要以一只手的拇指和中指分别向前折双耳廓以堵住外耳道，以防止水渗入耳内，用另一手轻涂沐浴露，洗头、颈、耳后（皮脂腺分泌旺盛），洗后立即擦干，以防散热。

（5）沐浴

春秋季最好每天洗一次；夏季因天气炎热，每天可洗两次以上；寒冷的冬季如有条件，最好每天洗一次；若无条件最好也要每周洗一次，每天用温水擦浴。每次洗澡的时间宜在两次喂乳之间，避免婴幼儿喂奶前过度饥饿或奶后洗澡发生溢奶。对于睡眠不太好的婴幼儿可在晚上睡觉前洗，会使婴幼儿睡眠安稳。沐浴时避免对流风；室温宜为26~28℃，若为新生儿，则室温宜为27~29℃。如室温不够，可用电暖器或电热器增加温度；地板防止湿滑，可以放置一块耐水的踏垫；灯光不要太亮，光线要柔和。水温宜为35~40℃。先放冷水，然后再放热水调试，最好用水温表测温度，如不具备水温表可用大人肘部皮肤测试，以不烫为好。

沐浴前要准备相应的沐浴用品，首先准备椭圆形的塑料盆，0~6个月的婴幼儿可以使用定型浴盆，这种浴盆应用人体工学设计，能使婴幼儿非常舒适地躺在或坐在浴盆的理想位置，从而避免婴幼儿不小心滑入水中。此外要准备大浴巾一块，小毛巾两块（一块洗脸、一块洗臀部）；婴儿专用的洗发液、沐浴露、润肤露、护臀膏，夏季还要准备痱子粉；水温计1支；换洗衣服、尿布、75%酒精、消毒棉签。

沐浴时首先给婴幼儿脱衣服，去掉尿布，露出全身，裹上浴巾。大人用左臂和身体轻轻夹住婴幼儿，左手托住婴幼儿的头部，并用左手拇指、中指从耳后向前压住耳廓，使其反折，以盖住双耳孔，防止洗澡水流入耳内，清洗面部和头部。去掉浴巾，保育人员左手掌握住婴幼儿左手手臂，让婴幼儿头枕在左臂上；用清水打湿婴幼儿的上身，右手用洗脸的小毛巾蘸上少许沐浴露，让婴幼儿头微微后仰，然后清洗颈部、前胸、腋下、腹部、手臂上下、手掌。注意皮肤皱褶处的清洗，然后用清水将泡沫冲洗干净。用洗臀部的小毛巾蘸少许浴液清洗婴幼儿的腹股沟和会阴部，换右手托住婴幼儿的左手手臂，让婴幼儿趴在右手手臂上，洗背部、臀部、下肢、足部。用清水将婴幼儿的全身再冲洗一遍后，将婴幼儿抱出浴盆，用大浴巾将全身擦干，将婴幼儿放在铺有干净床单的床上或桌子上，盖上小被子，准备做浴后护理。

整个洗澡时间为5~10分钟，洗澡时间不宜过长，防止水温降低使婴幼儿着凉。同时要防烫伤，婴幼儿皮肤娇嫩，一旦烫伤会很严重，洗澡时水温最高不能高于41℃，并注意远离热源，如热水管、热水龙头、热水器及电暖气等。要防溺水，任何情况下都不能把婴幼儿单独放在浴盆中，一分钟都不可以，眼睛不能离开婴幼儿，即使有人叫门或来电话等都不要理睬。婴幼儿要远离电源,浴室内的电器、电插销、插座不能漏电,电线不要过于陈旧而漏铜丝,以免引起触电。

沐浴后可对婴幼儿进行一定的护理,在皮肤皱褶处、颈下、腋下、肘弯、腹股沟处涂润肤露(或油类),在干燥的冬季可全身涂抹,夏天出汗多时可涂爽身粉,有湿疹的婴幼儿在湿疹部位涂抹湿疹膏,给有痱子的婴幼儿敷痱子粉,然后给婴幼儿穿上衣服,防止着凉。可以用手轻轻地在婴幼儿的眼眶周围做按摩,有利于眼部肌肉的发育及泪囊管的通畅。如果婴幼儿平时眼屎比较多,可请医生开些眼药水,洗完澡后给婴幼儿点上一滴,防止眼结膜发炎。洗浴过程中严禁水流进婴幼儿的耳、鼻、口,检查耳孔有无分泌物,若有则轻轻用棉签清除,并请耳科医生做详细检查,鼻孔中若有鼻痂影响呼吸或吃奶时,可用棉签蘸温开水轻轻擦拭,待干痂变软后,轻轻按摩鼻翼两侧,鼻痂会自动排出。新生儿脐带 7～10 天会自然脱落,脱落前,要将脐带残端提起,用 75% 的酒精清理根部。脐带脱落后,会有少许黏液或血迹,也用 75% 的酒精涂抹消毒,直到干燥为止。脐带如处理不当,易引起脐炎。

2. 婴幼儿盥洗过程中的检查与指导

在盥洗前保育人员强调纪律要求、卫生要求及注意事项,并应分小组进行盥洗,对个别卷不上衣袖、不会洗手的婴幼儿应给予帮助,在盥洗结束后加以检查,对完成好的婴幼儿应进行表扬,对完成不佳的婴幼儿进行纠正指导和鼓励。保育人员应培养婴幼儿勤洗手、早晚刷牙、勤沐浴、勤换衣、勤剪指甲、勤剪发的卫生习惯。

(五)婴幼儿的着装保健

婴幼儿衣着选择的主要原则是保暖、美观、舒适、方便、安全,宜选用纯棉的面料,选择简洁、方便穿脱的款式,大小宽松适度、色彩明亮、欢快和醒目,充满童趣。上衣以圆领或翻领为佳,衣袖长度适当,相比拉链,前襟处为衣扣的更佳,衣扣应光滑无棱角,以免划破婴幼儿皮肤,少用装饰特别是抽绳、别针、塑料或金属的装饰,以免对婴幼儿造成意外伤害。裤子宜选用松紧的束腰裤或背带裤,裤腿的长短和宽窄适中,男婴前开口不应有拉链。婴幼儿最好穿大小适中、软硬适度、轻便舒适、透气性好、防滑的鞋子。

在婴幼儿上幼儿园前保育人员应训练婴幼儿掌握独立穿脱衣裤、鞋袜的方法,为入园做好准备,例如穿衣服时应先穿上衣,脱衣服时应先脱裤子、袜子等;要正确区分衣裤的正反前后,鞋袜的左右等。

三、婴幼儿日常活动的保育

活动特别是户外活动能促进婴幼儿的体格发育,增强体质,提高疾病抵抗力,也可以帮助婴幼儿开阔视野、探索世界、养成较好的性格,增进婴幼儿的人际交往,为婴幼儿社会性的进一步发展奠定基础。

保育人员应根据婴幼儿的发展现状设计相应的活动,如对 0～3 个月的婴幼儿可以进行抬头练习、转头练习、足蹬练习、翻身练习等大动作的练习和手部抓握的精细动作练习,而对 7～9 个月的婴幼儿则可进行爬行的大动作练习和捏取小物品、传递玩具的精细动作练习。在户外活动的时候,保育人员可以有意识地促进婴幼儿与其他婴幼儿的交往,如携带玩具、小零食等,让婴幼儿与其他小朋友分享、交换,鼓励婴幼儿主动迈出人际交往的第一步,使婴幼儿从小具有与人交流、沟通的意识和技巧。

无论是室内活动还是户外活动,在进行活动时保育人员要了解婴幼儿的发展现状、尊重婴幼儿的意志,不强迫、不急于求成,如不强迫婴幼儿进行力所不及的活动,不强迫内向的婴幼儿主动与人交流,而应耐心地逐步引导婴幼儿。婴幼儿进行活动时,保育人员应确保婴幼儿安全,在活动前仔细检查活动场地的安全性,如地面是否平整、是否有尖角、活动器械是否存在安全隐患,在活动过程中应时刻关注婴幼儿表现,当出现危险或困难时要及时予以干预和帮助,但也要避免过度保护、限制婴幼儿的正常活动。同时要根据天气、活动剧烈程度,及时为婴幼儿擦拭汗水、增减衣物,或在婴幼儿背部贴身放置吸汗巾,避免着凉感冒。此外,保育人员应及时给婴幼儿补充水分和食物,有意识地调节活动的时间、剧烈的程度,避免婴幼儿由于过度活动而疲劳甚至影响休息。

任务三:掌握婴幼儿常见身体疾病的保育和心理问题行为预防及干预

案例导入

小王今天发现平时很活泼的天天没精打采,大器械活动时连最喜欢的滑梯都没有玩。小王走过去问天天:"天天,你怎么啦?哪里不舒服吗?"天天说不清楚。李老师看到了,走过来摸了摸天天的额头,说:"天天发烧了。"李老师立即打电话让家长把天天接回去,并建议家长带天天去医院检查一下。下班的时候,李老师建议小王去了解一下婴幼儿常见疾病,以后在工作中会发挥作用的。

案例思考

1. 保育人员要怎么发现婴幼儿的疾病?
2. 常见的婴幼儿的身体疾病有哪些?
3. 除了身体疾病,婴幼儿的"心"也会生病吗?会生什么病?

一、婴幼儿常见的身体疾病的保育

(一)缺铁性贫血

缺铁性贫血是指由于体内储存铁消耗殆尽、不能满足正常红细胞生成的需要而发生的贫血,缺铁性贫血是婴幼儿最常见的疾病之一,特别是 2 岁以下的小儿更为多见,尤其是早产儿、双胎儿。一般缺铁性贫血的婴幼儿脸色蜡黄或显得苍白,尤其口唇发白,肤色差,指甲变形,而且不够活泼,身体抵抗力较弱,很容易患感冒、消化不良、腹泻等。患儿常有烦躁不安、精神不振、活动减少、食欲减退、皮肤苍白、指甲变形等表现;较大的宝宝还可能跟保育者说自己总是疲乏无力、头晕耳鸣、心慌气短,病情严重者还可出现肢体水肿、心力衰竭等症状。

小儿发生缺铁性贫血原因有:①体内储存铁不足。正常新生儿体内储存铁以及出生后红细胞破坏释放的铁一般只够出生后 4 个月的需要,早产儿或双胎新生儿体内储存铁少,因而更容易发生缺铁性贫血。②铁摄入量不足。婴儿处于生长发育的最旺盛时期,铁的需要量也相对较大,因人乳中含铁量不足,不能满足婴儿的需要,若 4 个月以后不及时添加含铁辅食,则易导致缺铁,牛奶中的铁吸收率比人奶低。因此,人工喂养的婴儿比母乳喂养的婴儿更容易发生缺铁性贫血。③铁的丢失过多。长期少量的出血(如钩虫病)、慢性腹泻等,会使铁的丢失增多或铁的吸收有障碍。因此,4 个月以后的婴儿易发生缺铁性贫血,需重点防治。

要预防婴幼儿的缺铁性贫血,必须选择富含铁的食物,同时还要考虑到铁的吸收和利用问题,如服硫酸亚铁、葡萄糖酸亚铁,配合维生素 C,可促进铁的吸收。一般动物性食品铁的吸收率较高,达 $10\% \sim 20\%$,而植物性食品铁的吸收率只有百分之几,可以让婴幼儿多食用铁含量高和吸收率强的食品,如动物肝脏、各种瘦肉、动物血液、蛋黄、黄豆及其制品等。

(二)维生素 D 缺乏性佝偻病

阳光照射不足、食物中摄取的维生素 D 不足、婴幼儿生长发育过快、疾病影响维生素 D 的吸收,都会导致婴幼儿体内维生素 D 不足,罹患维生素 D 缺乏性佝偻病,使婴幼儿烦躁不安,爱哭闹、睡不安、易惊醒、汗多,出现枕秃、肋骨下缘外翻、鸡胸、"O"形腿等症状,导致机体抵抗力低下,易并发肺炎、腹泻、贫血等其他疾病。保育人员应给患儿补充维生素 D,外出晒太阳,并配合进行饮食调养,多吃蛋黄、肝等含维生素 D 和钙比较丰富的食品,特别是单纯用乳类喂养的患儿,更要适当添加蛋黄、动物肝脏、鱼子和蔬菜等。

(三)上呼吸道感染

上呼吸道感染是婴幼儿常见的疾病,包括上部呼吸道的鼻、咽和喉部的呼吸道炎症,如急性扁桃体炎、急性咽炎、急性鼻咽炎都属于上呼吸道感染。上呼吸道感染一年四季都会发病,但以冬春季节交替时较多。轻度上呼吸道感染症状表现为低热、流涕、鼻塞、轻咳、打喷嚏、腹泻或轻度呕吐等,鼻黏膜充血水肿,分泌物增多,咽部稍红,颈部或颌下淋巴结可见轻度肿大,精神状态良好,自然病程在 3～7 天。重者体温高,常在 39℃ 以上,症状表现为精神较弱、头痛、阵咳、咽痛、呕吐、乏力、畏寒、食欲下降等,有明显的咽部充血,扁桃体红肿,颌下淋巴结肿大压痛。炎症还可波及中耳、鼻窦和气管,引起中耳炎、鼻窦炎和气管炎。

上呼吸道感染大多由病毒引起,少数为细菌或肺炎支原体引起。免疫功能低下、营养状况不良和环境脏乱差都会诱发本病。有先天性心脏病、营养不良、慢性腹泻、佝偻病及免疫功能低下的婴幼儿都容易发病。当天气突然变化或空气污染时,感冒患儿会明显增多。

预防上呼吸道感染,保育人员应注意天气变化,及时帮宝宝增减衣服,沙尘天气尽量不要外出;冬春交替、感冒流行时,应尽量少带婴幼儿去公共场所;尽量避免婴幼儿与感冒患儿一起玩耍,防止交叉感染。

如果婴幼儿罹患了上呼吸道感染,如有发热,首先可进行物理降温,如果体温持续不退,要立即去医院就诊。如有细菌感染,可选用适合的抗生素,但单纯的上呼吸道感染一般可不用抗生素。此外应保持室内空气新鲜,温湿度适宜,让患儿卧床休息,多饮温开水;患儿体温超过 38.5℃时给予物理降温,或按医嘱给予解热药,预防高热惊厥;患儿饮食要清淡,给高蛋白、高热量、高维生素的流质或半流质饮食;增加营养,加强体格锻炼;晚上睡觉时可将宝宝后背稍垫高,呈半卧位,以减少气管分泌物对咽部的刺激。

(四) 支气管炎

支气管炎是婴幼儿常见呼吸道疾病,患病率高,一年四季均可发生,冬春季节达高峰。大多数患儿先有上呼吸道感染症状,也可忽然出现频繁而较深的干咳,以后渐有支气管分泌物,在胸部可听到干、湿啰音,以中等水泡音为主,偶可限于一侧。婴幼儿不会咯痰,多经咽部吞下。症状轻者无明显病容,重者发热 38～39℃,偶达 40℃,一般 2～3 天即退。患儿感觉疲劳,影响睡眠、食欲,甚至发生呕吐、腹泻、腹痛等消化道症状。咳嗽一般延续7～10 天,有时迁延 2～3 周,或反复发作。

单纯性慢性支气管炎在宝宝中很少见,一般与慢性鼻窦炎、增殖体炎、原发性或继发性呼吸道纤毛功能异常等有关联。可继发于重症腺病毒性肺炎、麻疹肺炎、毛细支气管炎和肺炎支原体感染之后,也可由于长期吸入有害烟尘、削弱了呼吸道防御功能而发生。病毒与细菌可为本病的主要病原体。

大多数患儿病情较轻,以在家用药治疗和护理为主,保育人员应遵医嘱给患儿按时间用药并做好家庭护理,注意保暖,要随气温变化及时给患儿增减衣物,尤其是睡眠时要给患儿盖好被子,使体温保持在 36.5℃以上;给患儿多喂水。可用糖水或糖盐水补充,也可用米汤、蛋汤补给;少食多餐,给患儿进食清淡、营养充分均衡、易消化吸收的半流质或流质饮食,如稀饭、煮透的面条、鸡蛋羹、新鲜蔬菜、水果汁等;患儿咳嗽、咳痰时,表明支气管内分泌物增多,为促进分泌物顺利排出,可用雾化吸入剂帮助祛痰,每天 2～3 次,每次5～20 分钟。如果是婴幼儿,除拍背外,还应帮助翻身,每 1～2 小时 1 次,使患儿保持半卧位,有利痰液排出;患儿多为中低热,如果体温在 38.5℃以下,一般无须给予退热药,如果体温高,较大儿童可予物理降温,即用冷毛巾头部湿敷或用温水擦澡,但幼儿不宜采用此方法,必要时应用药物降温;保持患儿所处居室温暖、通风和采光良好,并且空气中要有一定湿度,防止过分干燥,如果家中有吸烟者最好戒烟或去室外吸烟,防止烟害对患儿的不利影响。

(五) 肺炎

肺炎是婴幼儿的常见病,在住院患儿中肺炎患儿数量高居首位,可以说肺炎是导致婴幼儿死亡的常见疾病之一。婴幼儿肺炎症状往往表现为鼻塞、咳嗽、发热、精神萎靡、呛奶、不哭、口吐细白泡沫,口周或肢端可见发绀,其他部位皮肤发灰或苍白。肺炎的发病可急可缓,一般多在上呼吸道感染数天后发病。最先见到的婴儿肺炎症状是发热或咳嗽,体温一般38～39℃,腺病毒性肺炎可持续高热1～2周。身体弱的小婴儿可不发热甚至体温低于正常,可有咳嗽、呛奶或奶汁从鼻中溢出。患儿普遍都有食欲不好、精神差或烦躁、睡眠不安等症状。重症患儿可出现鼻翼扇动、口周发绀等呼吸困难的症状,甚至出现呼吸衰竭和心力衰竭。患儿还可出现呕吐、腹胀、腹泻等消化系统症状。

重症肺炎多发于冬春寒冷季节及气候骤变时,华南有些地区反而在夏天发病较多,可能是由于居住拥挤、通风不良、空气污浊、致病性微生物较多引起的。

预防肺炎,保育人员应加强护理和锻炼,婴儿时期应注意营养,及时添加辅食,培养良好的饮食习惯,多晒太阳,防止佝偻病,保证营养均衡是预防重症肺炎的关键;婴幼儿尽可能避免接触呼吸道感染的病人。重症患儿必须住院治疗,轻症肺炎可以在家进行治疗和护理。

发热期间要给患儿清淡、易消化且富有营养的流质饮食,如米汤、菜汁、果汁、人乳、牛奶等,以保证每天必需的热量及水分,还在吃奶的婴儿要暂减奶量。同时要少量多次喂水,这样既可以清洁口腔,又可以补充身体水分的消耗。热退后,可加半流质饮食,但不宜加得过快。在恢复期要加强营养,但仍需吃清淡易消化的食物,不能过食油腻,对伴有消化道症状的患儿更应加倍注意。可通过用空心手掌轻拍患儿背部的方法,帮助婴幼儿将痰液排出。保持环境安静整洁、空气流通、温湿度适宜。

(六)便秘

罹患了便秘的患儿排便次数减少,粪便干燥、坚硬,有排便困难和肛门疼痛。有时粪便擦伤肠黏膜或肛门引起出血,使大便表面可带有少量血或黏液。患儿自觉腹胀及下腹部隐痛、肠鸣及排气多。长期便秘可继发痔疮或直肠脱垂。喂养史、近期用药史、排便习惯、心理因素等都会引起便秘。

治疗单纯性便秘的根本应为改善饮食内容,多补充水分和含纤维素多的食物,如谷物、蔬菜等,同时养成排便习惯,药物治疗只在必要时临时使用。人乳喂养婴儿较少发生便秘,如有便秘应及时添加辅食,如加菜水或新鲜橘汁、番茄汁等,也可加蜂蜜水,4个月以上加菜泥或煮熟的水果泥。人工喂养婴儿较易发生便秘,合理喂养可预防便秘,如将牛乳加糖增至8%,加喂果汁或菜泥、菜末、水果、粥类和谷类食物,如玉米粉、小米、麦片等制成的粥。幼儿可多吃粗粮食品,如红薯、胡萝卜及蔬菜,有条件者还可加琼脂果冻。此外,应训练婴幼儿养成按时排便的习惯,一般3个月以上婴儿即可开始训练,连续按时执行0.5～1个月即可养成习惯。

(七)胃肠炎

小儿胃肠炎是一种常见的消化道疾病。婴幼儿胃肠道功能比较差,对外界感染的抵抗力低,稍有不适就容易发病。急性胃肠炎如果引起的是轻型腹泻。一般状况良好,每天大便在10次以下,便为黄色或黄绿色,少量黏液或白色皂块,粪质不多,有时大便呈蛋花汤样。急性胃肠炎也可引起较重的腹泻,每天大便数次至数十次。大量水样便,少量黏液,患儿恶心呕吐,食欲低下,有时呕吐出咖啡样物。患儿如出现低血钾,可有腹胀,有全身中毒症状,如不规则低热或高热、烦躁不安,进而精神不振、意识蒙眬,甚至昏迷。

胃肠炎的致病原因主要有：①肠道内的感染由细菌和病毒造成，特别是致病性大肠埃希菌，是主要的致病菌。如果宝宝因病而大量不合理地使用抗生素，还会造成细菌对胃肠的侵犯。②上呼吸道的炎症、肺炎、肾炎、中耳炎等胃肠道以外的疾病，可由于发热和细菌毒素的吸收而使消化酶分泌减少、肠蠕动增加。③不合理地喂养婴幼儿，婴幼儿吃得过多、过少；或过早、过多吃淀粉类、脂肪类食物；突然改变食物、突然断奶等，都能引起婴幼儿拉肚子。④气候变化，如过冷使肠蠕动增加，过热使胃酸及消化酶减少分泌，也可以诱发急性胃肠炎。

小儿的急性胃肠炎是很容易预防的，只要保育人员了解发病原因，合理调节婴幼儿饮食，注意气候变化，防止感染，就可避免婴幼儿患此病。小儿胃肠炎的治疗主要是病因治疗和对症治疗，急性胃肠炎是由什么原因引起的，设法查出并及时消除病根。患儿出现什么症状，就设法消除这个对身体有害的症状。假如是由消化不良引起的，可以调整饮食并服用乳酶生、酵母片等；假如是由身体的其他疾病引起的，就积极治疗这个疾病；假如是不合理使用抗生素引起的，就需请教医生，使抗生素的使用合理化。孩子呕吐、腹泻失水过多，要及时补充水和电解质；发高烧时，采用物理或药物降温；缺钾补钾，缺钙补钙；有代谢性酸中毒或休克时，应及时送往医院急救。

（八）尿布疹

尿布疹是发生在包裹尿布部位的一种皮肤炎性病变，也称为婴儿红臀，表现为臀部与尿布接触区域的皮肤发红、发肿，甚至出现溃烂、溃疡及感染，稍有轻微的外力或摩擦便会引起损伤。婴儿尿布疹的症状可分为轻、中、重三个阶段。

轻度婴儿尿布疹症状：轻度的尿布疹也叫臀红，即在会阴部、肛门周围及臀部、大腿外侧，皮肤的血管充血、发红。

中度婴儿尿布疹症状：轻度尿布疹继续发展则出现渗出液，并逐渐增多，继而表皮脱落，形成浅表的溃疡，并可伴随红斑和丘疹。

重度婴儿尿布疹症状：中度尿布疹如果不及时治疗则发展为较深的溃疡，甚至压疮（褥疮）。皮疹可向外延及大腿内侧或腹壁等处。由于皮肤破损，细菌易繁殖而造成局部感染，严重时细菌从感染的局部侵入血液，引起败血症。

由于尿液中含有尿酸盐，粪便中含有多种刺激性物质，兜尿布后，不勤换尿布、臀部潮湿、尿布粗糙吸水性差会导致尿酸盐和刺激性物质刺激皮肤，加上新生儿皮肤娇嫩，就发生了红臀，诱发尿布疹。

预防尿布疹的要点是选用纯棉尿布，要勤更换尿布，尿布要洗涤干净。如果婴幼儿罹患了尿布疹，保育人员应勤换尿布，保持患儿臀部清洁干燥，污染的尿布要清洗干净并在阳光下暴晒消毒。如果有渗出液，可以局部涂抹达克宁粉，防止感染。

（九）湿疹

婴幼儿湿疹又称"奶癣"，是婴幼儿时期常见的一种皮肤病，最早可见于2～3个月的婴儿，2岁以后发生的概率会减小。婴幼儿湿疹大多发生在面颊、额部、眉间和头部，严重时躯干四肢也会出现。婴幼儿湿疹的病因较复杂，其发病与多种内外因素有关，有时很难明确具体的病因。患儿往往由消化道摄入食物性变应原如鱼、虾、牛羊肉、鸡蛋等致敏因素，使体内发生 I 型变态反应。婴幼儿湿疹的高度发病率主要是由于患儿皮肤角质层薄，毛细血管网丰富，以及内皮含水及氯化物较多，因而容易发生变态反应。此外，机械性摩擦如唾液和溢奶经常刺激，也是本病的诱因。护理不当如过多使用较强的碱性肥皂，过高营养，以及肠内异常发酵等也可引起本病。有些婴儿，尤其在新生儿时期，由于母体雌激素通过胎盘传给胎儿，以致新生儿皮脂增多，易致脂溢性湿疹。有些婴儿有遗传过敏素质（异位性素质），家族中也有异位性皮炎、鱼鳞病、哮喘或过敏性鼻炎等病史，患儿对食物过敏，血中 IgE 数值增高，嗜酸细胞增高。随着年龄增长，皮肤损害逐渐局限于四肢屈侧处（肘窝、腘窝），往往剧烈抓痒、反复不愈，直至儿童期甚至延续到成人期。某些外在因素如日光、紫外线、寒冷、湿热等物理因素，接触丝织品或人造纤维，外用药物以及皮肤细菌感染等，均可引起湿疹或加重其病情。

湿疹起病大多在婴儿出生后 1～3 个月，6 个月以后逐渐减轻，1～2 岁以后大多数患儿逐渐自愈。一部分患儿延至幼儿或儿童期，病情轻重不一。湿疹多见于头面部，如额部、双颊、头顶部，以后逐渐蔓延至颏、颈、肩、背、臀、四肢，甚至可以泛发全身。湿疹初起时为散发或群集的小红丘疹或红斑，逐渐增多，并可见小水疱，黄白色鳞屑及痂皮，可有渗出、糜烂及继发感染。患儿烦躁不安，夜间哭闹，影响睡眠，常到处瘙痒。由于湿疹的病变在表皮，愈后不留瘢痕。

湿疹按发病过程可以分为三期：①急性期起病急，皮肤表现为多数群集的小红丘疹及红斑，基底水肿，很快变成丘疱疹及小水疱，疱破后糜烂，有明显的黄色渗液或覆以黄白色浆液性痂，厚薄不一，逐渐向四周蔓延，外围可见散在小丘疹，也称卫星疹。面部皮肤可有潮红及肿胀。间擦部位如腋下、鼠蹊部、肛门周围等处可以受累并合并擦烂。如护理不当常有继发感染可泛发全身。此期病儿夜不能眠、烦躁不安，合并感染者可有低热。②亚急性期急性湿疹的渗出、红肿、结痂逐渐减轻，皮肤以小丘疹为主，时有白色鳞屑或残留少许丘疱疹及糜烂面。此时痒感稍见轻，可持续时间很长。可由急性期演变或治疗不当而来。③慢性期反复发作，多见于 1 岁以上的婴幼儿。皮疹为色素沉着，皮肤变粗稍厚，极少数可发生苔藓化。分布在四肢，尤其四窝处较多。若发生在掌跖或关节部位则发生皲裂而疼痛。如果治疗不当，或在一定诱因下，随时可以急性复发，自觉剧烈瘙痒。

湿疹按皮肤损害可分成三型：①脂溢型。3 个月以内的小婴儿，前额、颊部、眉间皮肤潮红，覆有黄色油腻的痂，头顶是厚厚的黄浆液性痂。颏下、后颈、腋及腹股沟可有擦烂、潮红及渗出，称为脂溢性湿疹。患儿一般在 6 个月后改善饮食时可以自愈。②渗出型。多见于 3～6 个月肥胖的婴儿，两颊可见对称性米粒大小红色丘疹，伴有小水疱及红斑连成片状，有破溃、渗出、结痂，特别痒，以致搔抓出带血迹的抓痕及鲜红色湿烂面。患儿如果治疗不及时，可泛发到全身，还可继发感染。③干燥型。多见于 6 个月至 1 岁的宝宝，患儿表现为面部、四肢、躯干外侧斑片状密集小丘疹，红肿，硬性糠皮样脱屑及鳞屑结痂，无渗出，又称为干性湿疹。湿疹的分型并不是那么绝对，以上的三种类型可以同时存在。

湿疹的治疗可以分全身治疗和局部治疗两方面。全身治疗方面，首先，要进行饮食管理，避免喂哺过量的食物以保持正常消化。如疑牛奶过敏，可较久煮沸，使其蛋白变性，可以减少致敏物。必要时可用羊奶或豆浆代替牛奶。如疑蛋白过敏，单给蛋黄，或由少量蛋白开始,逐渐加量。喂奶的母亲可暂停吃鸡蛋。其次,抗组织胺类药物如扑尔敏、非那更、苯海拉明、异丙嗪等单一或轮流内服有较好的止痒和抗过敏效果,并有不同程度的镇静作用。非镇静作用的抗组织胺药有息斯敏(片剂或口服液)、特非那丁。具有镇静作用的抗组织胺类药优于后者。再次,皮质类固醇激素无论口服还是静脉注射,都能很快控制症状,有明显的抗炎、止痒作用,但停药后易复发,不能根治,且长期使用后有依赖性和各种不良反应,故应酌情慎用。患儿泛发急性湿疹时如使用其他疗法效果不佳者,可短期口服强的松,病情好转再逐渐减量。最后,抗生素仅用于继发局部或淋巴结等感染、白细胞增高和体温增高的患儿。一般患儿采用青霉素肌注或红霉素、复方新诺明口服。

局部治疗原则上是按照病期分别治疗。急性期采用1%～4%硼酸溶液或1%～4%硼酸溶液加0.1%呋喃西林溶液湿敷,或外洗局部15分钟左右之后,外涂雷佛诺尔氧化锌软膏或1%氯霉素氧化锌油。如无明显感染也可外用40%氧化锌油或15%氧化锌软膏。应用湿敷2～3天即可。亚急性期用1%～4%硼酸溶液外洗,然后外用炉甘石洗剂或炉甘石呋喃西林洗剂止痒、消炎。外涂维生素 B6 软膏及 SCL 膏(磺松糊剂),或中药祛湿油。慢性期外用1/2或1/3氟轻松或丙酸倍氯美松软膏加糠馏油软膏或普连膏,或尿素软膏,然后用薄塑料膜覆盖,绷带包扎,每隔1～2日封包1次,待皮肤恢复原状。至多每周洗浴1～2次,必要时外涂氟轻松软膏、皮炎平。对慢性局限性肥厚性小片损害可采用醋酸泼尼松或复方醋酸地塞米松混悬液做皮损处的皮内分点注射,每周1次,共2～3次。不宜长期使用,以免发生皮肤萎缩。

(十) 痱子

痱子又称汗疹、热痱,多发生于暑热夏季大汗之后,是因汗腺周围发生炎症而致的皮肤病。一般痱子发生在出汗多的部位,如颈部、额部、胸部、背部等,如果受到感染,就会变成痱毒。痱子是由汗孔阻塞引起的,多发生于颈、胸背、肘窝、腘窝等部位,婴幼儿可发生于头部、前额等处。初起时皮肤发红,然后出现针头大小的红色丘疹或丘疱疹,密集成片,其中有丘疹呈脓性。生了痱子后剧痒、疼痛,有时还会有一阵阵热辣的灼痛表现。

炎热的夏天,人体为了适应炎热的气候,皮肤的汗腺分泌大量的汗液,以散发热量。特别是婴儿新陈代谢旺盛,极易出汗,汗毛孔受汗液的刺激,娇嫩、角化层薄的婴儿皮肤更易受损害,抵抗力降低,致使汗毛孔发炎,妨碍了汗的排泄和蒸发,于是在皮肤上发生了密集的红色粟粒疹,即小米粒样的红疙瘩,这就是痱子。

预防痱子首先要保持婴幼儿皮肤的清洁和干燥。勤洗澡,热天可每天洗2～3次澡,洗时最好不用肥皂,以免刺激皮肤,一定要用温水,可在洗澡水中放小苏打3～5克以止痒,洗完擦干,可涂一点痱子粉,最好选择含有适量薄荷的痱子粉。注意痱子粉不可多涂,因为它可以在出汗后堵塞毛孔。

其次还要掌握好婴幼儿活动的时间和活动量,夏季早晚气候凉爽,可在凉爽的地方玩,户外活动时间可长些,中午气候炎热时,在室内做些活动量小的游戏,以减少出汗,室内空气要流通。刚入睡时,婴儿汗多,可用温毛巾给婴儿擦汗。婴儿的衣服要合身、舒适、凉爽,选用棉制品,便于其活动和汗液的蒸发。枕套、枕巾要保持干净,头发不宜过长。不要忘记给婴儿补充水分,多喝凉开水和菜汤,多吃西瓜和蔬菜,以帮助降温,但不宜多喝冷饮,不宜直吹电扇。

如果婴幼儿已经长出了痱子,在洗澡后,保育人员可为患儿在局部涂抗生素软膏,严禁用手挤压,婴儿的指甲要剪短,以免抓破皮肤引起感染。如果痱毒严重,或出现发热、全身不适,应立刻上医院治疗。

此外,室内要通风,尽量降低室温,保持凉爽及干燥;勤给患儿洗澡,洗澡时要用温水,不要用热水,凉水也不好,禁用带刺激性的碱性肥皂,而且洗后要立即擦干;涂痱子粉或爽身粉;婴儿要注意勤喂水和勤翻身,大一点的孩子不要在烈日下玩耍;剪短指甲,防止搔抓,一旦有脓点出现,应先用 75％乙醇(酒精)棉棒擦破,再涂以甲紫(龙胆紫),以防感染扩散。

(十一)中耳炎

中耳炎是累及中耳(包括咽鼓管、鼓室、鼓窦及乳突气房)全部或部分结构的炎性病变,绝大多数为非特异性炎症。与成人相比,婴幼儿的咽鼓管位置呈水平状,且较宽、直、短,故婴幼儿患上呼吸道感染时,鼻咽部的细菌或病毒容易通过咽鼓管侵及中耳,引起急性化脓性中耳炎。此外,给婴幼儿洗澡、洗头时,因婴幼儿不合作导致污水流入耳朵内发生感染;给婴幼儿喂奶过急或奶嘴上的孔较大,使流入口内奶太快或太多,婴幼儿来不及吞咽而引起呛咳,使乳汁进入中耳发生感染;保育者给婴幼儿挖耳朵,不小心刺伤了耳内的皮肤黏膜而引起感染。

婴幼儿急性中耳炎的症状:急性中耳炎的早期,先是咽鼓管黏膜水肿和鼓室内渗出液体,这时患儿耳内有堵塞感,听力减退,并感到自己讲话声震耳内,很响。继而鼓室黏膜进行性充血,逐渐耳痛,并不断加重。患儿常日夜哭闹、睡眠不安,用手不断揉摸患耳和转动头部,拒吃奶,伴有高热。病变继续发展,鼓室内化脓,耳痛更甚,呈跳痛。婴幼儿可出现恶心、呕吐等急性胃肠炎症状,甚至发生抽搐。鼓室充满脓液,鼓膜红肿并向外隆起,最后破裂流脓,此时耳痛、发热逐渐消退。患儿一般在 7～10 天内痊愈,鼓膜充血逐步消退,穿孔愈合,听力可恢复正常。如患儿平时体质较弱、营养不良,或细菌毒素较强而又未进行及时的治疗,会引起急性乳突炎或颅内并发症,或会变成慢性化脓性中耳炎。

预防婴幼儿中耳炎,必须做好婴幼儿的冬季防寒,积极预防感冒,避免病菌感染。婴幼儿患中耳炎往往也与喂奶姿势不正确有关。有的妈妈或保姆在喂乳时让婴儿平卧喂奶,或人工喂养时喂奶过多、过急,使婴儿来不及吞咽而呛咳,均会使乳汁逆流入鼻咽部,从咽鼓管进入中耳而致急性中耳炎。因此,预防中耳炎,需注意喂乳姿势,应该抱起婴幼儿来喂乳,人工喂奶时不要太多、太急。平时要注意婴幼儿的口腔卫生,婴幼儿感冒后鼻腔分泌物较多时,不要捏住两侧鼻孔擤鼻涕,正确的方法是压住一侧鼻孔擤鼻涕,然后换另外一侧。但当婴幼儿鼻塞特别厉害时最好不要擤鼻涕,以防鼻涕和细菌经咽鼓管进入中耳,引致急性中耳炎。

中耳炎主要治疗方案是选择有效的抗生素药物,常用青霉素、红霉素、阿奇霉素、头孢菌素等,要求剂量足够、疗程至少 1 周以上。此外,还有耳朵局部的处理措施,如清洗、引流脓液、耳用抗生素药物滴剂和少量耳用粉剂等。

特别要注意的是,现在还有不少保育者用偏方治中耳炎,也就是将某些中药或药片磨成粉吹进耳朵里,这是很危险的。如果药末堵塞鼓膜的穿孔处,内耳鼓室内的脓液引流不畅,长期刺激、腐蚀鼓膜,可使炎症向周围组织扩散。耳内渗出的积液如果留存达 3 个月,患儿就可能丧失部分听力。因此,不论是急、慢性中耳炎,都应带婴幼儿积极治疗,不可拖延。

(十二) 过敏性鼻炎

过敏性鼻炎又称变态反应性鼻炎,是由于花粉、螨虫、真菌、动物皮毛、室尘、羽毛等致敏原进人体内后,引起机体产生的变态(过敏)反应。特别是冬季气候寒冷且雨水较少,加之许多家庭使用空调、地毯,门窗经常关闭,通风换气不够,还有不少人养猫狗等宠物,致敏原无处不在。婴幼儿正处在生长发育期,免疫机制还不完善,抵抗力相对较低,所以极易患上过敏性鼻炎。

过敏性鼻炎发病时出现鼻痒、连续打喷嚏、流大量水样性清涕,有时还会伴有眼结膜、上腭部甚至外耳道的奇痒等症状,这是过敏性鼻炎的主要临床特征。由于患儿经常因鼻痒而搓揉,所以可见患儿的鼻梁部位皮肤出现横纹,鼻翼肥大。而且,过敏症状通常早、晚加重,日间及运动后好转。由于鼻黏膜肿胀,患儿常有鼻塞和嗅觉减退的现象。全身症状通常不明显,但如果并发鼻窦炎,则可有发热、面颊胀痛、乏力和纳呆等症状。本病的后期,患儿常可发展成对多种抗原与刺激过敏而呈终年易鼻塞、流涕的状态。

过敏性鼻炎如果治疗不当容易反复发作,还会因嗅觉减退、睡眠不良导致食欲减退,对患儿的生长发育造成极大的影响。另外,如不及时治疗,还有可能出现鼻窦炎、中耳炎、鼻息肉、支气管哮喘等并发症。

预防过敏性鼻炎的发生,首先要搞清楚孩子对什么东西过敏,然后远离过敏源。如果是对毛皮或尘螨等过敏,应把地毯、羽绒被、羽绒枕头等统统撤掉。常用吸尘器清洁环境,而不要用扫帚扫地,卧室的门窗要经常打开,保持空气清新。如果是对化学气体过敏,则对居家环境的装潢布置就要特别注意,应尽量使用绿色环保的装潢材料。如果是感冒后诱发的过敏性鼻炎,则要特别注意预防感冒。要让孩子经常接触新鲜空气和阳光,参加各种运动锻炼身体,以增强机体的抗病能力,同时使鼻黏膜和皮肤的血管能够迅速适应外界冷热的变化。

过敏性鼻炎的治疗可使用抗敏类药物,如色苷酸盐或类固醇药物的喷鼻剂可较快、有效地减轻鼻炎症状,但停药后易复发。

(十三) 龋齿

龋齿是牙齿骨组织逐渐被破坏而造成的一种疾病。一方面,儿童容易发生龋齿主要是因为口腔不洁;另一方面,儿童营养状况不好,牙齿缺乏钙质,牙齿结构疏松,也容易被乳酸侵蚀形成龋齿。龋齿初期,患儿没有什么感觉,也不会引起保育者的注意,仅在牙面沟窝或齿缝间有褐色、黑色斑点或小窝。当龋蚀进一步发展,侵蚀了牙本质,接近牙髓组织,牙髓神经丰富,患儿吃冷、热、酸、甜食物时就会感到疼痛。由于乳牙的牙髓腔较大,牙外层的骨组织较薄,龋蚀容易穿通髓腔,发生牙髓炎。这时,剧烈的牙疼会妨碍婴幼儿进食,影响其摄取足够的营养。龋齿继续发展可形成龋洞,其最终结果是牙齿丧失功能。另外,龋齿还可继发牙髓炎和颌骨炎症,继续发展可致关节炎、心内膜炎、慢性肾炎等。患儿因不敢咬硬的东西,会造成恒牙、颌骨发育差。而且乳牙过早缺失,可引起恒牙错位萌出或埋伏阻生,形成牙列拥挤、畸形等。如果单侧乳牙龋坏,偏侧咀嚼,还会造成面部的发育不对称。

在龋齿的防治方面,目前国际上公认的最佳辅助治疗方法是含氟牙膏刷牙法。用浓度不超过 0.4％ 的氟化钠牙膏每天早、晚各刷 1 次。在早教中心则推荐使用 0.2％ 中性氟化钠水溶液漱口,每周或每 2 周 1 次,含漱 1 分钟,不得吞咽。此外,在日常生活方面,应按时添加辅食,多给婴幼儿吃粗糙、质硬和含纤维素较多的食物;教育孩子少吃零食(尤其是糖果),睡前绝对禁止吃东西;让孩子养成早晚刷牙、饭后漱口的好习惯,特别是睡前刷牙更加重要,较小的婴儿可由保育者用柔软的毛巾或绒布擦洗牙齿,以保持口腔清洁,3 岁以上的儿童即可练习刷牙,选择合适的牙刷和牙膏,要竖刷不要横刷,即上牙向下刷,下牙往上刷,里里外外都要刷到;常规服用维生素 D 和钙制剂;保育者应定期查看婴幼儿的牙齿,有条件的家庭最好半年带孩子去检查 1 次。

(十四) 手足口病

手足口病是由肠道病毒引起的传染病,多发生于 5 岁以下的婴幼儿,可引起发热和手、足、口腔等部位的皮疹、溃疡,个别患者可引起心肌炎、肺水肿、无菌性脑膜脑炎等并发症。

手足口病的传染源是患者和隐性感染者。流行期间,患者是主要传染源。患者在发病 1～2 周自咽部排出病毒,3～5 周从粪便中排出病毒,疱疹液中含大量病毒,破溃时病毒即溢出。带毒者和轻型散发病例是流行间歇和流行期的主要传染源。手足口病主要是通过人群间的密切接触进行传播的。患者咽喉分泌物及唾液中的病毒可通过空气飞沫传播。唾液、疱疹液、粪便污染的手、毛巾、手绢、牙杯、玩具、食具、奶具以及床上用品、内衣等通过日常接触传播,也可经口传播。接触被病毒污染的水源,也可经口感染,并常造成流行。门诊交叉感染和口腔器械消毒不严也可造成传播。

此病潜伏期 3～5 天,有低热、全身不适、腹痛等前驱症。1～2 天内口腔、咽、软腭、颊黏膜、舌、齿龈出现疼痛性粟粒至绿豆大小水疱,周围绕以红晕,破溃成小溃疡,由于疼痛,常流涎和拒食。同时手足也出现皮疹,在手足的背侧面和手指(趾)背侧缘、甲周围、掌跖部,出现数目不定的水疱,除手足口外,也可见于臀部及肛门附近,偶可见于躯干及四肢,数天后干涸、消退,皮疹无瘙痒、无疼痛感。个别儿童可出现泛发性丘疹、水疱,伴发无菌性脑膜炎、脑炎、心肌炎等。一般经过良好护理,全病程约 5～10 天,多数可自愈,预后良好。

目前此病没有较有效的治疗方法,治疗原则主要是对症处理为主,可以采取以下措施缓解:服用抗病毒的药物;保持局部清洁,避免细菌的继发感染;口腔因有糜烂,婴幼儿吃东西困难时,可给予易消化的流质,饭后漱口;局部可以涂金霉素鱼肝油,以减轻疼痛和促使糜烂面早日愈合;可以口服 B 族维生素,如维生素 B2 等;若伴有发热时,可以用一些清热解毒的中药。

在预防方面,幼托机构要做好晨间体检,发现疑似病人,及时隔离治疗;被污染的日用品及食具等应消毒,患儿粪便及排泄物用 3％ 漂白粉澄清液浸泡,衣物置阳光下暴晒,室内保持通风换气;流行时,做好环境、食品卫生和个人卫生;饭前便后要洗手,预防病从口入；保育者尽量少让婴幼儿到拥挤的公共场所，减少被感染的机会；注意婴幼儿的营养、休息，避免日光暴晒，防止过度疲劳，降低机体抵抗力；医院加强预诊，设立专门诊疗室，严防交叉感染。

（十五）小儿急疹

小儿急疹也叫烧疹或玫瑰疹，是由病毒感染而引起的突发性皮疹，一年四季都可以发生，尤以春秋两季较为普遍。常见于 6 个月～1 岁左右的婴幼儿。病原体为人类疱疹病毒 6 型，无症状的成人患者是本病的传染源，经呼吸道飞沫传播。

小儿急疹有两个阶段。在 5～15 天的潜伏期后，首先出现如下症状：体温达到 39～40℃，但婴幼儿状态良好；有时出现高热惊厥，但有些婴幼儿还会出现咳嗽、颈部淋巴结肿胀、耳痛等症状。发病后 4 天左右进入第二阶段，这时的症状有：体温迅速恢复正常；出现细小、清晰的粉红色斑点状皮疹，多分布在头部和躯干部，可持续 4 天左右。健康的婴幼儿很少出现并发症，但免疫功能低下的婴幼儿可能发生肝炎或肺炎等并发症。虽然发热可达 39～41℃，但患儿精神尚好，可逗乐，与其他高热患儿不同。患儿咽部有充血、颈周围淋巴结普遍肿大，尤以枕骨下及颈后淋巴结为明显，无压痛，热退后数周方消退。热退时颈及躯干很快出现遍及全身的红色小型的斑丘疹，疹直径 2～3 毫米，压之褪色，出疹后 1～2 天即退，不留任何色斑。

婴幼儿急疹是由病毒引起的，通常是由呼吸道带出的唾沫传播的一种急性传染病，所以是会传染的。如果婴幼儿与患儿密切接触、体内缺乏免疫力，就完全有可能被传染。因此，婴幼儿急疹预防的关键，在于不要与患幼儿急疹的婴幼儿接触。同时，应提倡和鼓励婴幼儿增加运动，提高自身的免疫力，才能从根本上防患于未然。

对患儿的护理，首先要让患儿休息，婴幼儿热退了以后，出疹子前后，尽量不要让婴幼儿受风，但要室内保持空气通畅，被子不能盖得太厚太多；要保持皮肤的清洁卫生，经常给婴幼儿擦去身上的汗渍，以免着凉；给婴幼儿多喝些开水或果汁，适当补充维生素 C 和 B 族维生素，以利出汗和排尿，促进毒物排出，防止脱水；吃流质或半流质饮食；体温超过 39℃时，可用温水或 50％乙醇（酒精）为婴幼儿擦身，防止婴幼儿因高热引起抽风。

由于婴幼儿急疹是病毒感染引起的，属自限性疾病，治疗不需要使用抗生素，只要加强护理，适当给予对症治疗，几天后就会自己好转。如果婴幼儿高热不退、精神差，出现惊厥、频繁呕吐、脱水等表现时，保育者要及时带婴幼儿到医院就诊，以免造成神经系统、循环系统功能损害。

（十六）流感

流行性感冒简称流感，是由流行性感冒病毒引起的急性呼吸道传染病，传染性强、传染迅速、发病急。常有高热、头痛、全身酸痛、疲乏无力等明显的中毒症状和呼吸道炎症的表现。

流行性感冒病毒有甲、乙、丙三型。每一型中又包括多种亚型，其中甲型流感病毒变异性最大，而且连续不断，10～15 年即发生较大变异，出现新的亚型。因为人群对新的亚型没有免疫力，所以，甲型多引起大流行。

流感比较典型的症状有高热、头痛、咳嗽、全身酸痛、疲倦无力、咽痛等,这些症状普通感冒也出现,但普通感冒很少会出现全身症状,像周身酸痛等。流感发热比普通感冒要高,一般以高热为主,所谓高热指的是38.5～39℃甚至到40℃,婴幼儿流感发热普遍比较高,一般来讲,婴幼儿越小发热越高,高热可以导致婴幼儿脱水、惊厥等。婴幼儿流感有时还会出现胃肠症状,比如恶心、呕吐、拉肚子(腹泻)等,这些症状在成人流感中比较少见。

保育者需要注意的是,婴幼儿流感转成肺炎的速度比较快,而且也比较隐蔽,尤其是在婴幼儿中,不易察觉。除了肺炎之外,婴幼儿流感还可引起其他许多并发症,比如心肌炎、中耳炎、支气管炎、脑膜炎等。

预防流感最有效的办法是提高机体的抵抗力和对流感病毒的免疫力,预防接种流感活疫苗或减毒活疫苗。另外,也可从衣食住行各方面着手,将流感病毒拒之门外:注意防寒保暖,及时添衣,防止受凉;搞好室内外环境卫生,经常开窗换气,保持空气清新;积极参加体育锻炼,增强体质,提高身体抵抗力;流行季节出门要戴口罩,尽可能少去公共场所。从外面回到家中或办公室,首先应洗手,用流水冲洗,减少手传播病毒的机会。

对患儿应使其充分休息,得了流感的患儿应充分休息,避免到公共场所,减少传播机会;患儿的居室应阳光充足,经常通风换气,保持空气新鲜;让患儿多饮白开水,促进体内毒素的排出,并多吃清淡、易消化、有营养的半流质或流质饮食。

（十七）流脑（流行性脑脊髓膜炎）

流行性脑脊髓膜炎简称流脑,是由脑膜炎双球菌引起的化脓性脑膜炎。临床表现为发热、头痛、呕吐、皮肤黏膜瘀点、瘀斑及颈项强直等脑膜刺激征。此病传染源是带菌者和患者。患者从潜伏期末开始至发病10天内具有传染性。病原菌存在于患者或带菌者的鼻咽分泌物中,借咳嗽、喷嚏、说话等由飞沫直接从空气中传播,因其在体外生活力极弱,故通过日常用品间接传播的机会极少。密切接触,如同睡、怀抱、喂乳、接吻等都能对婴幼儿传播。

此病潜伏期一般在2～3天,开始很像上呼吸道感染症状,随之出现高烧、恶心、头痛、呕吐、面容呆痴、缺乏表情、面色灰白。发病数小时后,全身迅速出现出血性皮疹,为本病的特征,出血点大小不等,由淡红色发展成紫色瘀斑,分布于全身各处,出血疹可融合成片,中间可发生坏死,病人可出现休克或频繁抽风;病情较重者若不及时抢救治疗,就会出现生命危险。若延误治疗也可造成后遗症,如视神经炎、各种神经瘫痪、硬脑膜下积液,甚至脑积水等。

预防流脑从以下几方面着手:养成良好的个人卫生习惯,加强体育锻炼,增强抵抗力,做好防护,接种流脑疫苗可减少感染的机会,或减轻流脑症状。

当确诊为流脑时,应把患儿尽早隔离起来,有条件的可单人一个房间,尽量减少探望,护理者应戴口罩,病室内空气要保持流通、新鲜,还要保持安静,避免高声和强光刺激。对重型流脑患者,护理时应首先注意面色和皮肤的变化。如果皮肤色泽正常、面色红润,提示毛细血管舒缩正常;如果出现苍白和紫色,皮肤由温暖干燥变为湿冷,提示即将出现休克;如果面色转红、出汗停止、四肢转暖,说明病情好转。休克型流脑患者在有大片出血点或瘀斑时,护理得当,可避免继发感染甚至败血症及死亡的发生。在出血点或瘀斑还未破溃之前不必处理。但要注意保护患儿皮肤的清洁,避免大小便浸泡,需要勤洗勤换衣裤。

瘀斑破溃后,须用1%甲紫涂抹,使皮肤保持干燥。患儿所用尿布及衣裤要柔软干净,最好煮沸消毒。患儿每次大小便后,臀部都需用温开水洗净,再用1%甲紫涂抹破溃处。在护理好皮肤的同时,还要观察病情的进展情况。观察的方法是在某个部位皮肤的一定范围内标好记号,注意出血点的个数。如果短期内出血点迅速增加或大片融合,提示休克加重;反之无明显变化或逐渐消退,说明病情开始趋向稳定或好转。

二、婴幼儿常见的心理问题行为的预防和干预

(一) 偏食

偏食是指婴幼儿不喜欢或不吃某一种食物或某一些食物,是一种不良的进食行为。偏食在儿童中很常见,在城市儿童中约占25%,在农村儿童中约占10%。对于偏食,既无特效药,也没必要过于焦虑而强制婴幼儿食用不吃的食物,保育人员只要付出足够的耐心和时间,通过日常生活加以影响即可。婴幼儿的饮食口味往往具有家庭的"烙印",这是因为从采购到烹调,以至经常在餐桌上出现的菜肴,还包括家长对饭菜表现出的喜恶,言语上的、表情上的、动作上的,都会对婴幼儿产生影响。因此,保育人员特别是家长可以通过丰富餐桌食物品种、改变食物花样、营造温馨轻松的进餐氛围来促进婴幼儿的食欲,纠正偏食。

(二) 屏气发作

屏气发作俗称"大憋气",是婴幼儿时期常见的发作性神经官能症,发病率达46%,多在2岁以内发作,3~4岁以后发作次数逐渐减少,常于5~6岁停止发作。每当婴儿受到物理因素(如疼痛)或刺激后(如恐惧、发怒或受到挫折)即哭叫,于过度换气之后接着是屏气,呼吸暂停,口唇发紫,四肢强直,严重者可以暂时意识丧失及四肢肌肉阵挛性抽动。屏气全过程约1分钟;然后全身肌肉放松,出现呼吸,大部分小儿神志转清,也有立即入睡的。屏气发作的原因除与情绪因素有关外,尚与机体缺铁有关;发病的小儿中有相当一部分的病例同时有缺铁性贫血。发作次数不定,严重者每天数次(只要有刺激因素即可诱发)。本病一般不需药物治疗,家长不必惊慌失措,患儿发作可自行恢复。若屏气发作时间过长,会造成脑部缺氧,可以掐人中、印堂、合谷等穴位,使其尽快恢复。对频繁发作的患儿,可在医生的指导下,用阿托品治疗。平时保育人员要避免过分溺爱婴幼儿,注意生活环境的安排,解除引起精神紧张和冲突的因素,尽量避免突然意外的刺激。

(三) 分离性焦虑

分离性焦虑是指6岁以下的婴幼儿在与家人,尤其是母亲分离时,出现的极度焦虑反应。男女儿童均可得病,与患儿的个性弱点和对母亲的过分依恋有关。分离性焦虑的婴幼儿当与所依恋的亲人(尤其是母亲)分离时,深感不安,出现过分焦虑情绪。许多患儿甚至常常无根据地担忧或害怕亲人可能会离开自己,发生危险或意外,或遭到伤害,担心自己会大祸临头,或被拐骗等,因此不愿意离开亲人。当预料即将与亲人分离时,马上会出现过度的哭叫和吵闹,或出现淡漠、退缩。如果勉强或者强迫送他去托儿所或幼儿园,患

儿常哭闹、挣扎不安,不与其他小朋友玩耍,甚至不吃不睡(一般超过 2 周以上)。部分患儿还会出现恶心、呕吐、头痛、腹痛等症状。病程可持续几个月,甚至几年。

儿童分离性焦虑的防治要培养孩子的自理生活能力;扩大孩子的接触面,要让孩子尽量多接触家庭以外的小朋友和大人,拥有多个伙伴;培养孩子与陌生人打招呼的习惯,以克服孩子在陌生环境里的恐惧感;保育人员在治疗过程中要共同参与,调整家庭教养方式,改善家庭气氛和环境;对于个别有严重焦虑症状、影响饮食和睡眠、躯体症状明显的患儿,可考虑使用抗焦虑药物进行治疗,以二氮革类药物疗效较好、不良反应较少,但一定要在有经验的儿童心理医生的指导下服用。

(四)恐惧

恐惧是因为婴幼儿无法将现实和想象分开,将一些想象中的可怕场景如噩梦等误认为现实而产生惊惧。一般来说,婴幼儿恐惧的对象可以是某些具体的事物,如毛绒玩具等,也可以是某些抽象的概念。要矫治恐惧,可以与婴幼儿一起谈害怕的事物;避免利用婴幼儿的恐惧使他顺从;采用角色扮演等方法让婴幼儿表达恐惧;用阅读等手段解决恐惧产生的根源;不要强迫婴幼儿去面对恐惧;用事实等去解释恐惧的原因。

(五)言语发育延迟

言语发育延迟是指婴幼儿不能在预期发育年龄达到应有的言语发育阶段,一般认为 18 个月不会讲单词,30 个月不会讲短句者均属于言语发育延迟。还有一些已获得语言能力的孩子,因为精神因素的影响,在某些特定场合保持沉默不语,如在学校里不讲话,但在家里讲话,这种心理问题多在 3～5 岁时起病。言语发育延迟的婴幼儿喜欢用手势来表达自己,如想外出就用手指屋外。

言语发育延迟产生的原因多种多样,有器质性因素,如耳聋、脑性瘫痪、精神发育迟滞或婴儿孤独症等;有心理社会因素,例如隔绝、孤独引起的。在婴幼儿言语发育的关键时期缺乏社交接触,缺乏与成人的言语交流,也就缺乏了训练的机会,这种情况常见于亲子关系冷漠的家庭;还有一种是性格因素,如那些性情文静、内向的婴幼儿通常说话较迟。

防治言语发育延迟,首先要为婴幼儿提供适当的语言环境,特别是对患儿,保育人员和教师要有耐心,循序渐进地引导孩子练习讲话,有计划、有步骤地进行言语训练,如由器质性因素引起的言语发育迟滞,应尽早查清病因,由专科医生进行治疗。

(六)口吃

口吃俗称"结巴""磕巴",是一种言语障碍,表现为言语频繁地与正常流利的人在频率和强度上不同,且非自愿的重复(语音、音节、单词或短语)、停顿、拖长等。它也包括言语前的反常犹豫或停顿(被口吃者称为"语塞")和某些语音的拖长(通常为元音)。口吃的许多表现不能被他人观察到;这包括对特定音素(通常为辅音)、字和词的恐惧,对特定情景的恐惧、焦虑、紧张、害羞和言语中"失控"的感觉。它牵涉到遗传、神经生理发育、家庭和社会等诸多方面,是非常复杂的语言失调症。

患儿常常表现为:在每一百个音节中有三个或三个以上的口吃性不流畅(如"这—

这一这");说话时面部、颈部肌肉紧张,气息憋闷或者语音和说话带有意想不到的声调上升或者延长;婴幼儿在表达过程中,由于语流受阻而产生点头、眨眼、拍腿、跺脚等伴随动作;婴幼儿表现出逃避反应,或者表现出明显的不愿表达的意愿,看起来非常沮丧。

口吃的矫正,虽然还处在探索阶段,但是也诞生了许多有一定效果的矫正方法,其中影响力比较大的是发音法、呼吸法、森田疗法、突破法。发音法就是要在每句话的开始轻柔地发音,改变口吃者首字发音经常很急很重的特点。说话的速度要降到很慢的程度,一开始时一分钟60~100字,而人们平时说话的速度要达到每分钟200字。这样有两个效果,一是慢速让人心态平静;二是有一种节奏感。这两点都能有效地减少口吃。口吃者在朗诵和唱歌的时候不口吃,就是因为有一种稳定的节奏感在里面。呼吸法提倡腹式呼吸法。由于深呼吸能使肌肉获得适当的运动和协调,能松弛与缓和身体各部位和颜面肌肉的紧张状态,能逐渐消除伴随运动。深呼吸能影响人的情绪,能使激动的情感得以缓和以至平息。突破法就是指把口吃患者组织在一起或单独到人群密集的地方去演讲、唱歌,逐步克服说话的恐惧心理。森田疗法是治疗精神病症的方法,核心思想是"顺其自然,为所当为"。放弃口吃的治疗,接受口吃,做自己应该做的事情。这种思想类似于不治而愈,能有效地缓解口吃患者的心理压力。

(七)吮吸手指

在婴幼儿时期,吮吸手指是一种很常见的不良行为,到2~3岁以后,这种现象大大减少,但是有一部分婴幼儿在饥饿、寂寞无聊、焦虑不安、疼痛或身体不大舒服的时候,仍然会吮吸手指。如果偶然发现这种行为,或持续时间不长,属于正常现象,随着年龄的增长会逐渐消失。但如果随着年龄的增长,婴幼儿依然吮吸手指玩乐,说明他出现了行为上的偏移。如果这种不良行为得不到及时纠正,那么,这种不良行为就会固定下来,而形成顽固性的习惯。

吮吸手指有一系列的不良影响,在吮吸过程中,如果刚好遇到恒齿生长,因为吮吸手指时所用力的方向,会让牙齿朝着不正确的方向生长,进而影响牙齿的排列、咬合,容易引发口腔问题;脸的外观会随着咬合不正确而变形,婴幼儿也许会因此被嘲笑,从而产生自卑等不好的情绪;因牙齿排列不整齐,讲话会漏风或咬字不清,造成讲话不清;由于施力方向不当,嘴巴的上、下颌可能会因此变形;可能会把病菌带入嘴巴,婴幼儿容易得感冒或肠胃炎。

对于已养成吮吸手指的不良卫生习惯的婴幼儿,应弄清楚造成这一不良习惯的原因,如果属于喂养方法不当,首先应纠正错误的喂养方法,克服不良的哺喂习惯。要培养婴幼儿有规律地进食习惯,做到定时定量,饥饱有节。家长要耐心、冷静地纠正儿童吮吸手指行为。对于这类患儿切忌采用简单粗暴的教育方法,不要嘲笑、恐吓、打骂、训斥,更不要使用捆绑双臂或戴指套等强制性的方法。因为这样做,不仅毫无效果,并且会使婴幼儿感到痛苦、压抑、情绪紧张不安,甚至产生自卑、孤独等情况,而且一有机会,婴幼儿就会更想吮吸手指,而使吮吸手指的不良行为顽固化。最好的方法是了解婴幼儿的需求是否得到满足,除了满足婴幼儿的生理需要(如饥渴、冷热、睡眠)外,要丰富婴幼儿的生活,给婴幼儿一些有趣味的玩具,让他们有更多的机会玩乐;还应该提供有利条件,让婴幼儿多到户外活动,和小伙伴们一起玩,使婴幼儿生活充实、生气勃勃,分散对固有习惯的注意,保持愉快活泼的生活情绪,使婴幼儿得到心理上的满足。当婴幼儿吮吸手指时,应以严厉的目光注视婴幼儿,并以坚定的口气说:"不行!"同时分散婴幼儿的注意力,当吮吸手指行为有所减少,就要及时鼓励和表扬,并要向婴幼儿说明,只要能减少这种行为,控制这种行为,他就会得到奖励,采用这种"正强化"治疗,可有明显的效果。

拓展阅读:《浅谈婴幼儿的心理护理》

同 步 实 训

婴幼儿一日作息安排

1. 实训目的

加深学生对婴幼儿保育的认识。

2. 实训安排

(1) 学生就婴幼儿一日作息设计作息制度。

(2) 分析并体会日常起居各项内容的安排及其原因。

3. 教师注意事项

(1) 由育婴师考证的具体考题导入对婴幼儿作息制度的学习。

(2) 提供一些简单案例,供学生讨论。

4. 资源(时间)

1课时、参考书籍、案例、网页。

5. 评价标准

表 现 要 求	是否适用	已达要求	未达要求
外在表现(参与度、讨论发言积极程度)			
作息制度制作的完成与合理程度			

知 识 结 构

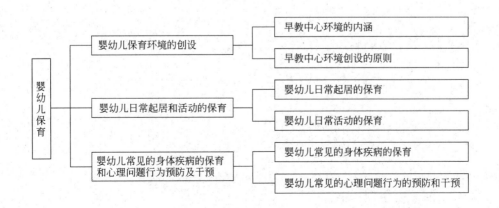

教学做一体化训练

一、重点名词

早教中心环境　婴幼儿常见的身体疾病　婴幼儿常见的心理问题行为

二、课后讨论

1. 如何创设早教中心的环境？
2. 如何合理安排婴幼儿的日常起居活动？
3. 如何判定婴幼儿罹患何种身体疾病？
4. 如何对婴幼儿常见的疾病进行保育？
5. 如何预防和干预婴幼儿常见的心理问题行为？

三、课后自测

上网搜索育婴师考证中关于婴幼儿保育的理论、实操的模拟题和真题，进行练习、试做。

课 后 推 荐

图书：

1. 金扣干，文春玉.0～3岁婴幼儿保育[M].上海：复旦大学出版社，2012.
2. 藤森平司.守护型婴幼儿保育[M].孔晓霞，译.北京：当代中国出版社，2013.
3. 珍妮特·冈萨雷斯·米纳，黛安娜·温德尔·埃尔.婴幼儿及其照料者[M].张和颐，张萌，译.北京：商务印书馆，2016.
4. 王波.婴幼儿保育基础教程[M].北京：中国物资出版社，2016.

模块十一
婴幼儿活动的组织和实施

学习目标

- 识记：睡眠困难、食物不耐受、归属感。
- 领会：婴幼儿可以在日常生活中进行的学习；户外体育运动的种类和方法；国内外教育理念概述。
- 理解：理解孩子每个阶段应该通过生活学习、运动学习的技能；家长应该掌握哪些科学的教育理念来引领孩子成长。
- 应用：教师通过学习可以掌握各种帮助孩子学习自理的方法，并且传达给家长。

模块描述

本模块主要了解儿童每个年龄可以在生活中学习的各种能力，并且知道每种能力对儿童的重大意义；家长需要掌握更多的养育技巧和方法，帮助儿童更好地成长。

任务解析

根据早期教育职业工作活动顺序和职业教育学习规律，"婴幼儿活动的组织和实施"模块可以分解为以下任务。

> 任务一：学习安排婴幼儿日常生活活动

> 任务二：学习安排婴幼儿教育及游戏活动

任务一：学习安排婴幼儿日常生活活动

案例导入

3 岁的多多上幼儿园之后出现了很多状况，每天入园时都会哭闹得很厉害，在入园后出现不吃不喝、不午睡等一系列生理现象，和小朋友的玩耍也经常因争抢而出现不愉快，另外多多还有着爱磨蹭的小毛病，家长想了很多方法，也解决不了这些问题。

幼儿园的教师和家长沟通后发现，从小多多吃饭都是姥姥追着喂饭，不喂就不吃，若做的饭菜不合口就要求重新做，到了幼儿园没人喂，孩子不会自己吃饭，出现严重的挑食情况，甚至拒绝进食；另外，由于孩子入园前没有养成自己入睡的习惯，所以多多在幼儿园期间出现入睡困难；加之老人身体不好，不愿意带孩子出去，所以多多极少有跟小朋友交往的机会，偶尔与同龄人发生摩擦，老人都会袒护多多，使多多唯我独尊。

案例思考

1. 多多为什么会在进入幼儿园后遇到这么多困难？

2. 婴幼儿在 0～3 岁期间有哪些应该学习的能力，这些能力要如何养成？如果已经有了不良的习惯，如何为婴幼儿进行纠错？

"有数据显示，我国 0～5 岁儿童中，20.87% 存在睡眠问题，常见的表现为入睡困难、夜醒、打鼾、睡眠不足等。"专家指出，睡眠问题会对宝宝产生多种不良影响，导致宝宝出现生长发育相对迟缓，免疫力、注意力、记忆力、组织能力、创造力和运动技能等多系统功能受损，并出现行为和情绪方面的问题。

另据专家透露，如果早期睡眠不好，宝宝在婴幼儿期以后的儿童期产生睡眠问题的概率比早期睡眠好的宝宝要多 3～6 倍。除此之外，儿童期睡眠不足是儿童乃至成人肥胖以及Ⅱ型糖尿病、心血管等慢性疾病发生的重要危险因素之一。

可见婴幼儿的睡眠关系着孩子的发育与健康，如何让孩子拥有一个好的睡眠？可以从以下几个方面入手培养孩子一个良好的睡眠习惯。

一、独立睡眠

（一）良好睡眠的重要性

1. 入睡时间

很多家长认为孩子早睡晚睡没关系，时间够长就行。但研究证明，每天晚上 10 点到凌晨 2 点是宝宝分泌生长激素最重要的阶段，这 4 个小时分泌的激素是全天分泌总量的 3/4，关乎孩子的身体、大脑及免疫系统的发育，而生长激素要进入深睡（入睡到深睡至少 40 分钟）才开始分泌，所以最好晚上 9 点睡着。每晚 0～12 岁的孩子应该保证高质量睡眠至少 10 小时。

2．夜间睡眠

夜间高质量的睡眠可以帮助孩子身体和大脑都有更好的发育,所以应该重视夜间孩子的睡眠质量。世界卫生组织鼓励母乳到 2 岁,母乳对婴儿来说不仅是极佳的食物也是获得免疫力很重要的方式,然而很多母乳妈妈都有婴儿无数次夜奶的困扰,这些妈妈普遍的反映是,孩子醒来一定要吃,但是吃几口就睡了,其实,母乳不是夜奶的问题根源,而是入睡方式导致的问题。

3．错误的入睡方式

（1）哺乳喂睡。很多母乳宝宝在晚上经常出现在吃最后一顿奶的时候直接入睡,这种入睡方式导致婴儿获得的信息是入睡必须有吸吮的刺激,如果没有吸吮刺激婴儿会无法入睡。这样的情况形成模式后就会出现:需要吸吮刺激的婴儿每次醒来时,都需要再有吸吮刺激才能入睡,这就变成了无数次夜奶。

（2）抱着或背着摇晃。为了让婴儿快速入睡,很多父母都是摇晃着婴儿入睡,长此以往,婴儿得到的信息是必须在摇晃的刺激下才能入睡,所以当家长想要训练宝宝独自入睡的时候就会极其困难。

（二）良好睡眠的前提

1．保证白天充分的运动

白天充分的运动消耗是保障睡眠至关重要的一环,消耗不够的孩子体内积蓄大量剩余能量,就会出现孩子哭闹或者迟睡等情况。

2．睡觉前至少 1 小时保持平静活动

晚上睡觉前至少 1 小时内不要出现剧烈、兴奋运动,建议可以进行阅读、听音乐等安静活动。

3．白天不要过度睡眠

午睡对于小月龄的孩子是非常必要的,但是如果白天睡眠过度,会直接影响晚上的睡眠,针对午睡要注意以下几点:①午觉不能太晚(16 点以后不要再安排午睡);②午睡时如果宝宝已经出现睡醒迹象时,顺其自然让孩子醒来,不要继续拍睡。

（三）入睡流程

洗澡＋抚触:晚上洗个温水澡,可以帮助宝宝干净清爽。

（1）8 点洗澡、抚触、喝奶、喝点水漱漱口;母乳妈妈不要着急用喂奶方法哄孩子睡觉,否则会养成不喂不睡的习惯,更不要因为孩子睡眠习惯不好而断送了母乳。应该让孩子在醒着的状态吃完奶,然后喝一口清水,以清醒的状态躺在小床上准备入睡。

（2）8 点半让宝宝躺在自己的小床上,父母陪在宝宝身边,尽量不进行身体接触,听音乐、讲故事,宝宝可能会出现一些情绪反应,只要不哭闹就不进行人为干预,直到宝宝入睡。

（3）若半夜宝宝醒来,发出一些信号时,可以先不予理睬,观察孩子是否能够自己继续入睡,如果情况没有得到缓解,父母需要检查宝宝是否需要小便并将问题解决,将其放

回原处,再自行入睡。

(四) 分床

1. 让孩子独睡是真爱

分床是孩子必经的一个过程,最佳独睡时间是从孩子出生开始,最晚 2 周岁就要完成分床。独睡标志着孩子开始学习独立。选择从出生就开始独睡,是因为从出生就独睡的孩子一般不会产生分床时产生的焦虑不安,更容易睡眠质量高。

如何进行分床,以保证孩子能够有效地进行高质量的睡眠?下面是分床的一些步骤实施办法。

(1) 提前给孩子准备自己的睡眠空间,购买孩子喜欢的床具、陪伴入睡的玩偶、夜灯(夜灯一定要在入睡后关闭)等。

(2) 白天午睡时即可安排孩子开始在自己的小床入睡。

(3) 在 2 岁生日时,以庆祝的方式鼓励孩子第一次睡自己的小床,为了避免产生分床时的焦虑,家长可以在身边陪伴到孩子入睡。

(4) 4 岁是最佳的分房时间,此举可以提供给孩子更多的自我空间。步骤跟分床相似,但可以逐步过渡到与父母道晚安后,自己入睡。

2. 特殊情况特殊对待

万事万物都不能千篇一律,不同的孩子因其养成的生活习惯不同,在分床的问题上,也需要有一些特殊的处理方式。

(1) 如果孩子已经养成必须哄睡或者奶睡的习惯,分床睡较困难,我们建议家长只要温柔而坚定,局面就一定可以改善。建议针对这样的情况,在孩子入睡前给予充分的陪伴,更多抚触、拥抱,然后放在小床上,大人陪在旁边。如果孩子出现情绪反应,大人可先轻抚孩子的身体,而不抱起来,如果孩子哭闹的情绪加剧,可将孩子轻轻抱起来,走动一下,当孩子比较平静了,再轻轻放下,直到孩子自己在床上睡着。刚开始改善的阶段,孩子会出现一些情况,甚至有的孩子要很晚才能入睡,建议家长不必着急,可以用 1~2 周的时间先养成孩子独自入睡的习惯,然后再调整时间。

(2) 孩子出现入睡晚,原因在"时差",需要进行调整。如果孩子已经习惯晚睡,要求孩子在短时间内调整为早睡是比较困难的。建议家长可以从早上唤醒开始做一些改变:每天提前 15 分钟叫醒孩子,但注意叫醒方式要柔和,比如打开音乐、大人正常的说话、轻抚孩子的身体,让孩子慢慢醒来。以消除孩子对于早唤醒的不适感。

(3) 如果孩子已经出现睡眠焦虑,请父母先淡定。若孩子出现对睡眠的焦虑情绪,甚至是恐惧,建议家长在睡前多拥抱、多抚触、固定睡前仪式,并且一旦完成仪式就不要再聊天了,否则孩子会出现精神亢奋,更加难以入睡。可以选择轻拍等形式。如果孩子没有困意,也不必勉强孩子,而是以一种放松和陪伴的状态,慢慢帮助孩子消除对睡眠的恐惧。

3. 睡眠的小贴士

前文说过,有效的运动可以帮助孩子睡眠。那么什么样的运动合适呢?专家建议 12 岁以下的幼儿和儿童每天需要至少 4 小时的大肌肉运动,包括奔跑、骑车、游泳、爬山等。

如果宝宝已经养成了不好的睡眠习惯,父母要给孩子一段适当的过渡时间,切忌太过

强硬,导致孩子产生恐惧心理,家长应积极寻找针对孩子的有效的睡眠方式,避免每天重复痛苦的催眠及夜间哄睡过程。

前文我们提到,睡眠是一项关于孩子身心健康的要事,因为孩子的自身情况各有特点,在实际的操作中,我们建议家长在保证孩子安全感的前提下,要温柔而坚定地将相关的细节落实到位,为孩子培养一个良好的睡眠习惯。

大多数家长认为不一定要和孩子分床而睡,认为不会存在问题,孩子到了一定的年龄,分床就自然而然解决了。下面我们就从不同的角度来细数大人与孩子同床而存在的隐患和问题。

从生理角度看,孩子与大人在一起睡,由于夜间同呼吸,共"夺氧",而成人的肺活量要比孩子大得多,因此,大量的氧气就被大人夺去了。相反,大人呼出的二氧化碳等废气却被孩子"回收"了。再如孩子睡在父母中间,或被妈妈搂在怀里睡觉,那就更糟糕了。孩子头部整夜处于供氧不足且二氧化碳弥留的小环境里,这样便会出现睡眠不宁、哭闹不止,日久还会使脑组织的新陈代谢受到影响,对孩子的健康发育极为不利。

从心理上讲,孩子与父母在一起睡觉将影响孩子独立人格的形成,对孩子某些良好品质,例如勇敢、不怕困难、不依赖他人等的确立,造成一种无形的障碍。儿童独立生活能力的培养对其适应社会有着重要的意义,一旦错过关键时机,再想挽救就非常困难了。有些刚入大学的孩子,难以独立适应大学的生活,终日紧张焦虑、自卑,从而影响学习,最终导致辍学。究其原因,主要是家教中严重缺乏培养独立生活能力这一环所致。

另外,一定不要搂着孩子睡觉,容易把寄生在大人口腔里的病菌传染给孩子。而且,大人呼出的二氧化碳会被孩子吸进去,影响孩子健康。如果大人平时有吸烟、喝酒的习惯,对孩子更有影响,且不利于孩子成长。

总之,让能自己料理自己的孩子与父母亲同室同床睡觉,有百害而无一利。在调整阶段,父母要讲究科学方法,掌握好"循序渐进"的策略。根据孩子的心理,采取能让孩子接受的方式逐步改变他们的行为。第一步,妈妈在陪孩子睡觉时应适当拉开距离;第二步,为孩子准备一张紧靠妈妈床的小床;第三步,将孩子的床放在稍远一些,但妈妈仍能看到的地方;第四步,将孩子的小床放得更远一些,或者放在独立的房间中。在整个调整过程中,父母一定不能着急和烦躁,因为每个孩子的调整期都不尽相同。短的只有几个月,长的可达一年,父母要多通过前面讲到的一系列的方式鼓励他们,帮助孩子克服恐惧和依赖的心理。如果实在无法分床睡,只要孩子没有自己起夜的时候,也最好是等他睡实后把他抱回自己的房间,记得要给予鼓励,这样久而久之,孩子就习惯于独立睡觉了。

二、独自吃饭

俗话说:"民以食为天。"对于大部分中国家长来说,孩子吃饭是天大的事。我们注意到很多时候,与带孩子的家庭一起吃饭,这样往往不绝于耳:宝宝再吃点儿吧,别含着,咽下去,宝宝吃点儿这个,再吃一口吧,甚至家长做出各种奇葩的行为"引诱"孩子进食。很多家长都把孩子的体重身高的问题怪罪在孩子吃饭上。但事实是什么呢?孩子在吃饭中遇到的问题,如何来解决呢?

我们来分析一下孩子为什么不吃饭,总体来说,会有以下几个原因。

(1)孩子运动不够,没有消耗就没有饥饿感;

(2)孩子吃零食热量高、占胃,导致没有食欲;

(3)大人衡量孩子是否吃饱的标准不是孩子的需求,而是他们心中的秤;

(4)孩子一直被喂饭,没有自己吃饭的成就感和乐趣;

(5)不可忽视、力量巨大的遗传及生理因素,孩子身高矮、体型瘦、胃口小、吃得少但吸收好。

饮食习惯受遗传因素所影响,如果家长自己就挑食、偏食、饭量小,小时候喂养困难,孩子也可能会出现相同的情况,对于这类的孩子,家长一定要宽容,因为这是基因的力量而不是孩子的错误。如果父母身材瘦或矮,孩子很有可能怎么吃都还是瘦小,所以千万不要纠结于身高和体重,尤其孩子早长晚长也是遗传决定的,不必非要人为去抗衡。

那么,除了先天的因素之外,还有什么是我们可以后天干预或者影响孩子饮食习惯的做法呢?

(1)加大白天的运动量。运动可以增强人体的代谢功能,不运动就不饿这是大人也会出现的情况,所以白天不要总处在室内,培养孩子的运动习惯,多晒太阳,多跑动,多做器械类的大运动(平地走路和器械运动的效果差异很大)。建议可以选择以下运动:跑、跳绳、踢球、骑车、爬山、滑雪等。

(2)坚决杜绝零食。所有非自然的零食都是不仅无益健康,而且会严重影响饮食的,所以两顿饭之间要坚决杜绝零食,尤其薯片、饼干、蛋糕、巧克力之类的,即使是水果酸奶也要限量。要知道宝宝的肠胃还没有发育成熟,对于食量的控制要格外注意。

(3)自己的饭自己吃。吃饭是人生存的一个最基本的需求,如果从小被追着吃饭,以后孩子就会更大概率地出现厌学、不上进、拖拉、容易沉迷于游戏、电视。或许你觉得有些危言耸听,那我们先来看看下面的例子。

小A(女生)是我的一个朋友,办公室抽屉装满了零食,饭量一个人顶我们三个。每天就是吃、吃、吃!体重据说180斤,体重一直控制不住。一天我实在忍不住问小A:你从小就这么爱吃吗?她说听她妈妈说从小奶奶就怕她吃不饱,每次都喂很多,很多时候都是等她都吐了才停止喂。就这样她越吃越多,可是吃再多似乎都不饱,结果就是越来越胖,最后就现在这个样子了。

小A是典型的喂饭导致的内部感知力迟钝,因为从小就是被喂养长大,他们从来不需要自己感知饱了而指挥手和嘴巴停止进食。其实在婴幼儿期间,让宝宝自己感知饥饿、饱胀是非常重要的感知发展。但喂饭就是这个感知能力发展的最大杀手。如果小A奶奶和妈妈知道了当年喂饭的严重后果,时间倒流,他们一定不会再拼命喂饭。

所以从孩子长出8颗牙能够咀嚼固体食物开始,就尽可能让孩子自己吃饭,让他知道吃饭是他自己的事情;无论是手抓还是勺舀,只要能弄进嘴里就好,孩子只有自己通过努力满足肚子的需求,以后才会知道有了需求要努力。在西方国家,没有人喂孩子吃饭,往往在吃饭的时候大人根本不看孩子,而孩子就必须对自己的肚子负责。

其实,很多家长根本没有意识到,喂饭是对孩子彻头彻尾的伤害。因为喂饭容易使宝宝失去耐心,不喜欢沟通,变得烦躁不安。从小就失去了宝贵的耐心,长大后,这种性格就会成为短板。

（4）尊重孩子。大人也有偶尔不想吃饭的时候，胃口受天气、情绪、身体情况等因素的影响。所以不必过于严格的定时定量，在孩子能够形成好的饮食习惯并能够独立吃饭之前，不要强迫孩子进食，为了多吃一口，让孩子对进食产生抵触甚至产生生理排斥，就得不偿失了。吃饭固然重要，但是为了达到一个所谓的量而让孩子痛恨吃饭的做法不可取，而且饮食不是越多越好，尤其不要总是让孩子处于过度饱胀的状态，积食的孩子更容易生病。

（5）饮食要多变化，注意是否有食物不耐受。再好吃的东西天天吃也不再爱吃了，尤其孩子是不会因为有营养而强迫自己吃的，所以家长在给孩子做饭时要动脑筋，种类要多，营养要均衡，比如红色的馒头、绿色的米饭、太阳花型的胡萝卜等，还要注意每餐少量多次，吃完了再添。还有，增加新辅食的时候每天只加一种，并且观察孩子是否有肠胃不适或者过敏反应。

（6）创造愉快的就餐气氛，不要一直催促孩子用餐。如果一个人做事的时候，每次都收到一个负面反馈，大都不会有良性的反应。试想一个孩子每次吃饭都被批评被吼，谁还爱吃饭？家长如果想让孩子们愉快地进食，不妨营造一个轻松的用餐环境。孩子的餐量、用餐习惯、对食物的选择都让孩子自己处理。

我们先要解决的不是吃多少的问题，而是让他对吃饭感兴趣。孩子自己用餐初期的量少是有可能的，但是让他首先要知道吃饭是自己的事情，而且是活着所需最根本的条件，这个观念非常重要。家长可以和孩子快乐地"抢食"，增加孩子对食物的好奇，孩子就更会对吃有热情，慢慢地进食习惯也会得到调整。

（7）让宝宝参与做饭更能引发食欲。稍微大些的宝宝，家长可以带着一起做饭，剥蒜、择菜、切菜、做披萨、烤饼干、摆碗筷等，孩子参与的事情也更愿意享受成果。如今的家长都非常注重"尊重"孩子，很多事情都会征求孩子的意见，但他们忽略了，在孩子不想吃的时候，用尽手段让孩子吃，也是一种不尊重，即便你用的是哄、喂、看电子产品等看似柔和的手段。在不需要的时候一定要给予，也是不尊重。

在上述方法的同时，我们也切勿忘记孩子们关于"吃"的关键期，抓住关键期是培养孩子良好习惯的关键，下面我们以时间轴的方式来展示孩子们的相关节点。

1. 萌芽期：10 个月

宝宝 10 个月后，开始对餐具表现出浓厚的兴趣。

10 个月以上的宝宝总想自己动手，喜欢摆弄餐具，而且每次喂饭都喜欢来抢夺大人手中的餐具，这正是训练宝宝自己进餐的好时机。对食物的自主选择和自己进餐，是宝宝早期个性形成的一个标志，而且对锻炼协调能力和自立性很有帮助。

2. 黄金期：12～18 个月

孩子满周岁后，就是让孩子自食其饭的实际诱导期，而其中 12～18 个月又可视为"黄金诱导期"；因为在这段时间里，孩子的手眼协调能力迅速发展，若给予适当的诱导，会有事半功倍的成效。

宝宝 12～15 个月，爱上手抓饭并尝试用匙进餐。

（1）宝宝爱上手抓饭。1 岁宝宝吃饭时往往喜欢用手抓，许多家长都会竭力纠正这样

"没规矩"的动作。但是,1岁宝宝手抓食物的过程对他们来说就是一种愉悦体验。宝宝学"吃饭"实质上也是一种兴趣的培养,这和看书、玩耍没有什么两样,因为用手拿、用手抓,就可以掌握食物的形状和特性。要知道,其实根本就没有孩子不喜欢吃的食物,只是在于接触次数的频繁与否,而只有这样反复"亲手"接触,他们对食物才会越来越熟悉,将来就不太可能挑食。

(2)尝试用汤匙进餐。1岁左右,宝宝会喜欢跟成人一起上桌吃饭,不能因为怕他"捣乱"而剥夺了他的权利,可以用一个小碟盛上适合他吃的各种饭菜,让他尽情地用手或用勺喂自己,即使吃得一塌糊涂也无所谓。

(3)孩子讨厌束缚。1岁左右的宝宝最不能容忍的就是妈妈一边将其双手紧束,一边一勺一勺地喂他。这对宝宝生活能力的培养和自尊心的建立有极大的危害,宝宝会出现反抗或拒食。

3. 宝宝1岁半至2岁,适应并熟练用匙或叉进食

(1)控制能力及协调能力更好了。18个月时,宝宝的控制能力更好,想吃时能比较容易地把食物放进嘴里,并且当他把食物弄得满屋都是时似乎更滑稽。虽然偶尔吃东西时会倾斜汤勺而将食物洒出,但是他还是能够用勺子盛满食物并协调地放进嘴里。

(2)宝宝握汤匙的进程。孩子独立用餐的能力,是随着双手和口腔功能发展而逐步增强的。握餐具的方法也是从用手掌握、用手指握、最后发展到像大人一样用3根手指握。送食物入口的动作也是从平行着送进口中、以45°送进口中,最后发展到45°以下的角度。

(3)能独立吃完部分食物。随着宝宝动手能力的加强,可以试着让宝宝独立吃完一部分食物。例如,在碗里饭菜所剩不多时,让宝宝自己吃掉剩余的食物,如果宝宝能够独立完成,就予以积极鼓励,这会让宝宝产生一种成就感,也有助于自信心的培养。

4. 巩固期:2~3岁

(1)吃饭时更会折腾了。2岁的宝宝应该已经能自己进餐了,但如果要求他与全家人一起坐着好好吃饭,几乎是不可能的。他一定会不停地折腾,妈妈一烦,干脆自己喂吧,这也是许多宝宝直到上幼儿园才被"逼"着学会自己吃饭的原因之一。

(2)有时会不肯自己吃饭。等宝宝会自己吃饭以后,有时也会不肯自己吃,这时不要过分迁就他,告诉他吃饭是他自己的事,让别人喂食并不好。使他树立自立光荣的意识和观念。这样到宝宝上幼儿园后,就不用担心宝宝自己吃饭的问题了。

在这个较长的时间中,因为每个孩子的身体情况、情智发展的进度不同,所以可能会有一些提前或者滞后,家长们一定不要太焦虑。而是充分地给孩子锻炼的机会和时间,不要因为孩子一次做不好,或者将食物洒出就责怪孩子,或者"回归"到喂食的状态里。

若想小儿安,三分饥和寒,现在的大人就是把吃多少看太重了,不仅让孩子肠胃有负担,心理更有负担,如果不再把吃多少作为一个问题,生活会变得轻松很多。生活每天都在过,饭每天都吃三顿,让日子变轻松吧,让吃饭时面带笑容吧。当饭量不再重要,一切都可以变得很平静。

吃饭这事看似是小事,但其实关系着孩子很多方面功能的建立和完善。

1岁多的宝宝已有了自主进食的渴望,家长应从主导转变成辅助,鼓励和协助宝宝进食,让宝宝感到进食的快乐,和大人一起享受食物的美味。如果这时家长仍然给宝宝喂食,势必给宝宝带来不同程度的危害。

1. 生理影响

(1)导致咀嚼功能不足,影响消化吸收。孩子进食过快,不能充分咀嚼食物,不仅会增加宝宝的胃肠道负担,影响牙齿的正常发育、脸部肌肉的锻炼,甚至对孩子未来的面容都有一定程度的影响。

(2)影响动作平衡和手眼协调能力的建立。自主进食需要手、嘴、眼的相互协调配合,家长喂食将使孩子失去动作平衡和手眼协调能力训练的好机会。

(3)影响对食欲的控制,孩子更易超重。喂食过量可能将孩子的胃撑大,造成小儿肥胖。

2. 心理影响

(1)使孩子注意力不集中,失去吃饭的乐趣。喂食时孩子容易不专心,会东张西望、离开吃饭位置跑来跑去、玩玩具、看电视等,而家长催促和逼迫也会给孩子带来不同程度的心理压力,使孩子感到吃饭是一种负担,一种强迫性的任务,易诱发厌食或挑食。

(2)使孩子缺乏自我服务能力和独立性。孩子认为吃饭并不是自己的事情,而是会让家长开心的事情,不吃饭是可以拿来要挟家长的事,这种不正常行为将导致孩子认知上的错误,也容易养成依赖、懒惰、生活能力低下、无责任心、害怕困难等坏习惯。

(3)延续到生活学习上,遏制孩子的自主发展。习惯于“喂食”的孩子,将来也会事事依赖家长,例如让爸妈帮忙做错题集、做作业、整理书本课桌、做各种补习规划等,家长们满足了自己的呵护需求,却扼杀了孩子天生的学习探究才能。长此以往,孩子本身的应有功能将逐步退化。

任务二:学习安排婴幼儿教育及游戏活动

案例导入

某早教中心正在开展《小蝌蚪找妈妈》美术涂色活动,开开是速度最慢的一个,因为他总是喜欢左顾右盼观望他人涂色,自己却磨磨蹭蹭不愿意动手。在老师的指导和督促下,开开勉强开始涂色。待老师离开身边后,他又恢复到懒散、心不在焉的状态。活动结束,其他幼儿均完成作品时,而开开几乎还是原始状态。老师问开开是不是不喜欢画画,开开先是默不作声,把头使劲往衣服里面缩,老师耐心引导询问了几遍后,开开才开始通过点头和摇头来示意,当老师问及“你喜欢干什么?”时,开开很兴奋地凑到老师耳根前说“吃饭”,而且声音较为响亮。

案例思考

1. 案例中开开的表现是什么问题?原因何在?

2. 应如何引导开开改变目前的状态?

一、幼儿归属感的建立

鲁道夫·德雷克斯在《孩子：挑战》谈道：孩子是社会的产物,他(她)最强烈的心理动机就是希望有归属感。孩子是否有安全感基于他(她)有没有归属感,这是他(她)的基本需求。他(她)所做的每一件事都是为了获得自己的定位。

新生儿出生后,不知道自己是谁,也不知道身边的人都是谁,他们需要不断地在生活中学习,谁是每天跟他(她)在一起最多的人,就是他(她)最依恋的人,孩子需要不断地在这个人,或这几个人身上去验证归属感。

现在让我们走近婴儿的世界,看一下婴儿是以何种方式来试探和建立安全感的。

(1)当婴儿哭泣时,他(她)会观察是否有人马上回应,或者有人马上出现抑或有声音呼应。

(2)婴儿不断地观察,他(她)最爱的人是否满足他(她)的需求。这个需求的对象有可能是妈妈,也有可能是奶奶,当婴儿得不到满足时就会哭闹,若哭闹之后获得满足,便会不断陷入恶性循环……

(3)有两个宝宝的家庭经常会出现这样的情况——大宝宝在弟弟妹妹出现之后,会出现一些反常的举动,例如尿裤子、要求吃奶瓶、学婴儿哭、打弟弟妹妹……

(4)当妈妈抱或夸奖其他孩子的时候,孩子会出现生气的情绪。

建立孩子归属感的重要性如下所述。

所有人的首要愿望都是感觉到归属感和自我价值感。每个人都在寻求得到归属和自我价值的方式。如果你的孩子认为自己没有人爱或没有归属,他们通常就会尝试用一些方法来赢回别人的爱,或者会为了扳平而伤害别人。有时候,孩子们会喜欢放弃,因为他们认为自己不可能把事情做好并得到归属。当孩子觉得自己没有人爱或者不重要的时候,他们所做的事情往往是以错误的方式寻求归属感和自我价值感。我们称为"四个错误行为目的",包括：①寻求过度关注；②寻求权力；③报复；④认为自己能力不够(放弃)。

既然孩子的归属感如此重要,但在日常生活行为中,有很多父母以"爱""严厉"等名义所做出的行为,实则在破坏着孩子的归属感。我们为大家归纳出以下一些行为,这些养育人的行为在不同程度上破坏着孩子的归属感。

(1)你再不乖妈妈就生气了、不要你了、就走了!(利用孩子对母亲的依恋威胁孩子是很不理智的)

(2)你看,妈妈要弟弟不要你了!(戏弄孩子造成对妈妈的不信任,同时也容易造成孩子对弟妹产生负面情绪)

(3)在孩子犯错误的时候对孩子吼叫、打骂。[让孩子更加质疑父母是否真的爱他(她)]

(4)"你真是无可救药了!""这样不是好孩子。"(轻易地为孩子贴上不好的标签,让孩子感受不到鼓励)

(5)妈妈在孩子不注意的时候偷偷溜走。(让孩子担心妈妈会随时消失)

（6）过度陪伴。（有些妈妈以为给孩子安全感就要每分每秒都在孩子身边，甚至孩子午睡也要陪睡，目的是让孩子睁眼就看到有人在身边，而这种行为让孩子学习到的却是一个不良反应，即随时他们都在，在我有需要的时候必须出现，只有身边有人才是安全的）

（7）陪伴匮乏。（年轻的父母把孩子丢给老人或保姆，甚至经常把孩子丢在家里不管，孩子思念父母也没机会见面，长此以往，孩子会认为爸妈不爱自己）

我们知道了上述错误的行为，那么作为养育人，我们该如何有效地培养孩子的安全感呢？研究发现以下行为的建立可以有效地建立孩子的安全感。

（1）爱的回应：当孩子发出了需要的信号，养育人要及时给予回应——微笑地应答和互动，视情况解决生理需求，适度满足其他需求。

（2）爱的表达：多拥抱、亲吻孩子，多对孩子微笑，多跟孩子交流和沟通，让孩子知道爸爸妈妈永远都是爱自己的，即使自己犯了错误。

（3）适度的陪伴与独处：在孩子有需求的时候回应或者陪伴，在自己有事情而孩子又没有特殊需求的时候，允许孩子在安全范围内短时间独处，培养孩子可以自己进行游戏、阅读等。

（4）即使孩子出现了不良行为，父母仍要和善而坚定地对待——用和善的态度跟孩子说话，坚定地告诉孩子应该遵守的规则、可以做出的良好行为等。

（5）就事论事：每一个错误行为的背后都是孩子用了错误的方法来追求他的归属感，父母要给孩子更多的机会来练习好的行为。要记住，事情有对错，孩子无好坏！父母要更多地关注在解决问题上而不是来讨论孩子的好坏，以免走入教育误区。

归属感是人安全感的基础，并且孩子从出生就开始了随时随地地学习，希望父母们一定随时关注孩子的信号，孩子每个行为背后都有其目的和原因，去解开那个原因自然就解决了问题，不要因为小问题而伤害孩子的归属感。一定要让孩子心里装满来自父母的爱。

如果孩子得不到相关的归属感，那么会导致一系列的问题，比如磨蹭。

情景再现：宝宝起床也不算晚，可就是做什么事都慢吞吞的。本身早上的时间就非常紧，要上班要上幼儿园，可经常是唠叨来唠叨去，说多了一点用都没有，反而变成习惯了。通常洗个脸都要十几分钟，催促几遍都没有用。父母大喊大叫，却收效甚微。

磨蹭成为时间的杀手，很多孩子身上都存在着这样的问题，磨蹭虽然只是一种不良的习惯，但它带来的结果往往很麻烦。因为孩子拖延时间而导致的上学迟到、睡眠不足、被批评、伤及自尊等问题都是不得不面对的，所以家长们需要解决这类的问题。找到解决之道之前，不妨来探求一下孩子磨蹭的原因。

孩子出现磨蹭时大多是这样想的：

（1）"这些事情我还不熟练！"如果宝宝年纪尚小，自理能力刚刚开始发展，所做很多事情已经在"力所能及"的范围内了，但是还不是很熟练，这时候宝宝就会显得比较磨蹭。另外，这个阶段宝宝的神经肌肉的活动还不协调，所以做事的时候要非常缓慢才能做得好，把持得住。

（2）"动作快一点有什么好啊？"没有时间紧迫感是宝宝做事磨蹭的另一个重要原因。因为孩子并不知道如果他把一件事件尽快做完之后会有什么更好的结果，他只是在延续着从前的习惯而已,他不认为自己慢有什么不好的。

(3)这些事他(她)很抗拒!有些宝宝在入园第一年的时候开始出现磨蹭的情况。其实这也是孩子的一种小心思——不想去幼儿园。因为不想去幼儿园,孩子就可能通过磨蹭来达到不去幼儿园的目的。这同样也适用于孩子不愿意做的其他事,例如被强迫去的兴趣班、要带孩子去打针或是逼迫孩子学习等。

(4)以前这些都是妈妈帮我的!在育儿过程中,有些父母常常感到与其让他自己来做事情,比如吃饭、洗脚,还不如成人喂他吃、帮他洗来得快些,而且更省心、更省事,但这种包办代替恰恰剥夺了孩子锻炼的机会,并且,孩子也会因此惰性越来越强,没有自理的愿望,对自己没有责任心。

(5)我天生就是慢性子……有些孩子天生就是慢性子,他们的神经类型往往属于相对安静而缓慢型,这是孩子一生都不能改变的先天气质,父母对于孩子的气质只能接受并因势利导;有的孩子天生大气,较为成熟,三思而后行,做事的过程中想法很多,所以也会因慎重仔细而动作缓慢,这样的效率反倒会非常高。对此,家长需要仔细分辨判断后再对孩子的慢性子进行调理。

针对以上原因,我们如何来帮助孩子纠正这个问题呢?

首先,要纠正的一个观念——克服磨蹭,并不是我们做些什么能够让孩子快一点儿,而最重要的是帮助孩子学习——自我管理。所谓自我管理,就是指个体对自己本身,对自己的目标、思想、心理和行为等表现进行的管理,自己把自己组织起来,自己管理自己,自己约束自己,自己激励自己,自己管理自己的事务,最终实现自我奋斗目标的一个过程。

作为家长都希望我们的孩子必备这样的"本领",因为他关系着孩子未来一生的生活质量。

父母帮助孩子培养良好的自我管理能力,需要有方法,但通常我们采用的方法是唠叨、物质奖励、哄骗、吓唬、替代、包办,甚至惩罚等方式来促使孩子做我们现在想让他做的事情,孩子则可能表现为磨蹭、散漫、无精打采、发脾气,甚至讲条件等。

从心理学的角度,自我管理又称为自我控制。利用个人内在力量改变行为的策略,普遍运用在减少不良行为与增加好行为的方面。自我管理注重的是一个人的自我教导及约束的力量,即行为的制约是透过内控的力量(自己),而非传统的外控力量(教师、家长)。

如何培养孩子自我管理能力?可以先从日常生活中的小事开始做起,在孩子3岁具备基本的理解和沟通能力的时候,与孩子一起制作日常管理表,用孩子喜欢的方式帮助孩子学习自我管理。

以下是一些在具体实施中需要注意的事项。

(1)培养基本的自理能力。自我管理能力中,孩子需要具备基本的自理能力,父母需要给孩子机会去练习和学会自己的事情自己做,比如独立穿衣、吃饭、洗脸刷牙,独立完成作业、看书、入睡等。3岁可以独自完成全部基本自理。

(2)寻找沟通机会,建立良好连接。寻找孩子情绪良好、喜欢和父母交流的时机,展开讨论。同时父母的情绪也要保持良好,接纳和理解孩子的状态,不控制,做到认真地倾听。

(3)制订计划,小步走原则,让孩子自己做主。最初与孩子制订计划时,要遵循小步走的原则。计划的步骤不要太多,内容要是孩子通常都会做,能力能够达到的。家长需要与孩子一起讨论计划的内容。例如,在上幼儿园前要做的事情有哪些? 起床、铺床、穿衣服、洗脸、刷牙等,然后计划花多少时间,让孩子模拟实操,并对过程进行拍照,将照片按照流程粘贴在大纸上,或者画出孩子喜欢的卡通画,将其贴在明显处,以激励孩子按计划进行。

相对大一些的孩子,可以制订更详细的计划。例如,每天的日常事件都有哪些? 晚上放学后到睡觉前都要发生哪些事情? 自己完成作业都要做哪些事情等。家长可以和孩子一起制订,让孩子来安排他自己的活动内容。此举能够很好地调动孩子的内在动力,让孩子感受到价值感和成就感。

(4) 只提醒不唠叨。作为父母,每天早上起床不再催促孩子做事,而是学会用平和的语气进行提问: 你要不要去看看日常惯例表上下面该干什么了?

(5) 适时的赞美。发现孩子的进步,哪怕是一点点的进步,也要告诉孩子。切忌生硬、笼统地进行表扬,要让孩子知道他做得好的具体行为有哪些,例如,晚上就准备好了第二天穿的衣服,所以在早上就迅速地穿好了衣服,你做得真好,你是怎么想到这个好方法的?

赞美具体的行为可以帮助孩子提取他的好的行为,增加孩子的自信心和成就感。

(6) 认同、理解和接纳,让孩子学会承担自然后果。孩子的学习方式是螺旋式上升的,有的时候确实会出现退步的状况,这个时候需要父母的理解和接纳,因为即便是成年人也不能够做到十全十美,这个退步将会是下一次进步的动力,理解孩子有的时候可能真的是忘记了,甚至只是单纯的不想做,我们需要倾听和认同孩子: 这个事情确实很难,你之前做得很好,是怎么做到的啊? 你是不是忘记了,妈妈有的时候也会忘记,如果你忘记了,你希望妈妈怎么提醒你?

如果孩子真的不想做,父母要做的就是适时地提醒和耐心地等待,这也是孩子学习的过程,例如,不按时出门,会迟到;不好好吃饭会饿;等等。当孩子用行为体验到了这些自然后果,才能够真正地明白,如果我不想要饿的感觉,我得好好吃饭,如果我想按时到校,那我要按时出门。这要比父母讲道理体会得更加深刻。

让孩子学会自我管理需要有方法,最初孩子有了基本的生活自理能力,就开启了孩子对自我的认知和管理,逐渐孩子会把这个方法内化成自己的管理模式,也就是我们常说的好习惯,他甚至会延展到未来孩子的工作、生活,甚至下一代的教育中。因此,日常管理表不但可以应对孩子的磨蹭,更是开启孩子自我管理能力的工具。

在整个的过程,家长需要给予孩子充分的尊重和空间,让孩子学习自我管理。这将是关乎孩子一生的一项重要本领。

解决孩子磨蹭问题时的操作重点如下。

1. 尊重

沟通及执行时,父母的提问是最重要的,一定是开放性问题,而不是预设答案的问题。

提问一:

早上起床后是不是应该先刷牙啊?

错。(预设了答案)

提问二：

早上起床后都有什么事情要做啊？……然后呢？……然后呢？……

正确。（开放性）

2. 给孩子决定权

当孩子说出来的内容和流程与我们预期不符的时候，一定要接纳，此时自我管理第一重要，之后可以就流程再进行校正。

3. 执行时只提醒，不唠叨

提示语一：

都几点了，你是不是该去刷牙了？

错。（唠叨的前奏）

提示语二：

你需不需要去看看惯例表，该做什么了？

正确。（仅仅提醒）

提示语三：

（什么都不说，仅用手指指指惯例表）

提示物：闹钟。

4. 方式多样化

画画：可以让孩子自己画，也可以爸妈来画。

拍照：可以把活动内容拍照贴在日程表上。

另外，我们把经常出现磨蹭的两处生活情景，提供一些有效的解决方案，具体如下。

1. 搞定"起床气"

（1）充足睡眠是关键。

孩子的夜间睡眠时间一定要达到 10 小时，自然醒才意味着孩子睡够了，所以用早晨需要起床的时间倒推回去，就是孩子应该入睡的时间。大脑分泌促进婴幼儿大脑发育的生长激素需要深度睡眠，晚间 10 点至凌晨 2 点是分泌高峰，因此孩子一定要在晚上 9 点入睡。

（2）叫醒方式要愉悦。"起床气"因素之一是孩子的身体没有真正醒过来。从大脑醒来到身体醒来，需要 5～10 分钟，所以不要最后时刻才叫醒孩子，建议提前至少 10 分钟让孩子慢慢醒来，并且躺一会儿，等身体真正"醒"了再起来。

（3）制定"日常惯例表"。每天的晨起斗争无限循环着，归根结底是孩子自发性不强，家长不妨同孩子一起制订一个"日常惯例表"，将每日生活中较固定的事情按照时间进行规划。

孩子参与了制订的过程，并且意见被采纳，才会让孩子有更强的执行意识。惯例表的内容可包括晨起、刷牙洗脸、早餐、出门、返家、晚饭、洗澡、上床、入睡等项目。根据孩子年龄段不同及学业不同可能还需增加弹琴、写作业、运动时间。

"惯例表"的制订要征求孩子的意见，如果是大人的一言堂，会出现孩子主动性差的情况，而且孩子会出现被工具控制的感觉。如果孩子的意见出离正常状态，比如他说刷牙需要半小时,大人不要立刻否定,而是可以说,那我们问问爸爸的意见?或者说,我们刷一次牙计时看看?惯例表不要求一次性到位,经过几天的实践可以再协商进行调整。当孩子不配合的时候可以说,你去看看你的惯例表上,我们现在该干什么了?

需要提醒家长的是:一定要有耐心,孩子受年龄、身体各种方面的影响,上学不是生理本能,而是需要意志力和控制力的,小孩子不可能有如同大人般的自我管理能力,他们需要在成长过程中慢慢发展。

小贴士

神器之一:各式闹钟 N 个,不同的事件使用不同的铃声,让孩子听到铃声就行动。

神器之二:各种不同情绪的音乐,舒缓的叫醒、轻松的醒来、有节奏感的穿衣服、快速热烈的刷牙洗脸、轻快的吃饭……

神器之三:小年龄段的孩子可以用故事来串联所有的环节,比如孩子喜欢的小松鼠伸懒腰啦、小松鼠磕坚果呢……

2. 搞定作业痛

作业是学龄孩子和家长必须要面对的一个问题,家长可以本着开放和尊重的心态,跟孩子一起协商放学到晚上的全部工作。

(1)孩子放学先疯跑:骑车、踢球、大体能活动,至少 40 分钟。

(2)分解任务:每个任务约定一个完成时间,每个任务完成后允许孩子休息一个时间段,至少 10 分钟,孩子可以自己选择做什么。

(3)放手:家长不要催促、不要检查。

(4)孩子自己收拾文具、书包,家长不代替、不指责。

(5)即使孩子没有做完作业,到睡觉时间也要睡觉,跟老师沟通好,要求孩子找时间补齐作业,并且以后按时完成作业;或者一定要坚持要求孩子写完作业再睡觉,周末找时间再补充睡眠。

3. 生活中的小细节

出门慢:提前告知出门时间,一切都自己做,一切以时间节点为导向。

吃饭慢:提前告知吃饭时间,自己吃,让孩子自己选择吃多少,吃什么,不强迫、不诱导,如果孩子在玩,可以等 5 分钟,如果不肯就餐,则大人吃饭,吃完就收走,到下一顿才给孩子饭吃。

不爱做的事情就磨蹭(洗澡刷牙洗脸):不爱做当然磨蹭,家长要理解,然后耐心讲解,让孩子知道为什么要做,严格执行。

家长管理越严格,孩子越容易出现逆反、拖拉现象,所以试试给予充分的尊重,给孩子选择权,放手让孩子自己管理自己。家长一定可以看到长大了的孩子。

二、儿童独立性的培养

孩子一出生,就开始走上了寻求独立的旅程。尽管刚出生的宝宝还没有意识到自己是个独立的个体,他们通常把自己和母亲看成一体。但随着婴儿的生理和心理的发育,大到 6～7 个月时,他们慢慢明白自己是独立于母亲之外的个体。

独立性是指遇事有主见,有成就动机,不依赖他人就能独立处理事情,积极主动地完成各项实际工作的心理品质,它伴随勇敢、自信、认真、专注、责任感和不怕困难的精神。我们应该抓住独立性培养的关键期。2岁左右是孩子独立性发展最快的一个阶段,出现了最初的自我概念,以第一人称"我"称呼自己,开始出现"给我""我要""我会""我自己"等自我独立性意向。也许昨天还是妈妈怀里的小宝宝,事事要依靠妈妈,今天突然间要独立,什么都要"自己来"!明明自己做不好,还不让别人帮忙,如果父母仍像以前那样,孩子有时就会发脾气。不了解孩子的父母也许会说:"这孩子变得不听话了!"其实这是幼儿成长过程中必不可少的一步,也是孩子可喜的进步。成人应该抓住这个孩子要独立的敏感期,掌握必要的教育策略与要点,让孩子的独立要求得到满足,避免过度依赖的形成或抵触"反抗"的出现。

幼教专家指出,生存教育的根本在于培养独立性,包括独立意识和独立能力,重点培养自理生活能力。独立性的培养必须从小抓起。

在寻求独立的过程中,孩子开始什么事都想尝试尝试。2岁开始,孩子的模仿能力极强,他们常常希望在生活中自己能像成人一样独立做自己的事。在生活中,父母有时因为惧怕自己没有尽到责任,有时因为惧怕孩子犯错,他们在任何方面都试图做到尽善尽美。其实在生活中,父母不妨给孩子提供一些机会,让孩子参与家庭琐事,把他们融入成人世界的生活活动中。通过培养孩子,训练孩子做力所能及的事而来培养他们的独立性。

孩子在0~2岁时,随着幼儿运动技能和认知技能的发展,他们越来越多地希望自己的事情自己做。和父母一起念书时,他们要自己翻书。做游戏时,自己决定喜欢的游戏,自己把玩具从玩具箱中拿出来等。家长们也会觉得自己的孩子越来越有主意,越来越爱自己决定一些事情,相较之前的"乖孩子",他们变得不太容易管理了。

在这个阶段,父母可以和幼儿一起做一些适合他们能力的活动,这样他们就不会因为太难而放弃,也不会因为太简单而觉得无聊。父母还可以让幼儿参与日常生活中的事情来培养他们的自理能力。比如,让宝宝帮忙把垃圾扔进垃圾箱,给孩子换尿布之前,让他们把尿布拿过来等一系列他们力所能及的事情。

学龄前儿童陶醉于他们新发现的独立性。他们会很高兴地为自己做出决定:是和朋友们在游戏室一起玩沙子,还是在角落里搭积木?他们还喜欢为自己挑选要穿的衣服,要吃的饭和菜……能够选择,特别是学会做出正确的选择是幼儿自然成长的一部分。而拥有能为自己做决定也给幼儿带来一些令人兴奋的感觉——自己和成人一样强大。这个年龄段的幼儿在寻求独立时,常常以说"不""我不要"等这些否定的词语来表达自己的意愿。因此,面对孩子经常性地说"不",父母既不要愤怒,也不要过于迁就,要知道这是孩子成长发展过程中必经的一个路程。

这个年龄段孩子的个性发展和自我归属感日益成熟。他们开始真正把自己看成独立于父母和其他成年人之外的个体。这个阶段的孩子往往开始发展和寻求自己特别的兴趣和爱好,比如,自己喜爱衣服的风格、特别的好朋友、珍爱的物品,并能用语言清晰地表达出他们的思想等。

对于这个年龄段的孩子来说,培养独立性的关键是让孩子学会控制自己冲动的感受,也就是自我控制的能力。他们开始明白如果用力击打玩具,玩具很可能会被打坏,因此不能乱扔玩具。如果在川流不息的大街上跑,可能会撞上行人或车辆,因此,在大街上走路时要小心。学会控制自己的冲动是走向独立的一个重要方面。

此外,随着孩子独立性的增加,他们更渴望为自己的事情做主,也尝到了为自己做主的好处。因此,对于父母的决定,他们可能会测试父母的极限,看看自己是不是可以打破父母的规则。面对这种情形,父母不要气馁,要明白这是孩子成长过程中的一个步骤和阶段。只要我们明确和孩子好好沟通,让孩子明白父母为什么要这么做的理由和父母对他们的期待。那么孩子就能够学会在可行的范围之内,探索他们的独立。

家长要树立现代教育观,应根据孩子的年龄特点从以下几方面进行培养。

(1)放手让孩子做力所能及的事。孩子的独立性是在实践中逐步培养起来的。从2岁开始,随着他们身体的发育,大小肌肉群的逐渐成熟,心理能力的不断提高,婴儿已可以在家长的帮助下,逐渐学会自己吃饭、自己穿衣、自己睡觉、自己收拾玩具等良好习惯,逐渐树立独立意识。

在这个过程中,家长要认识到,年幼的孩子总是在反反复复中感受着劳动的乐趣,独立做事的快乐。从不会做到逐渐学会做,从做得不像样到做得像样,这是必然的规律,也是必经的过程,从中孩子也获得了自身的发展。正因如此,家长就应放手让孩子锻炼,不要怕他们做不好,也不能求全责备,更不能包办代替。对于孩子独立去做的事,只要他们付出了努力,无论结果怎样都要给予认可和赞许,使孩子产生信心。"我行"这种自我感觉很重要,它是孩子独立性得以发展的动力。孩子自己做事常常做不好甚至失败,在这种情况下,家长应鼓励孩子再去做,绝不能动辄就说"我说你不行吧,就会逞能",更不要见孩子做不好就伸手代劳甚至对孩子横加指责。当他们执意去做那些难度较大的事时,家长应予以鼓励并给予帮助。这样会提高他们的积极性,增强他们的自信心,增加他们锻炼的机会,养成独立的行为。

(2)培养孩子初步独立思考的能力。我国著名儿童教育家陈鹤琴先生说过:"凡是儿童自己能够想的,应当让他自己想。"遵循这样的原则教育孩子,就能培养其独立思考的能力。

幼儿具有好奇好问的天性,对待他们所提出的问题,家长应启发他们自己动脑筋去想、去寻求答案。陈鹤琴先生在提出上述原则时曾举过一个实例。有一天,一个孩子问他:"竹管里有空气吗?"陈先生没有直接回答,而是拿了一根两头有节的竹管,放在水盆中,在竹管上钻了一个洞,孩子见一个个小泡儿从洞中冒出,便纷纷说道:"空气!空气!"这样,他们自己得出了答案,显得格外兴奋。

有的家长很注意丰富孩子的知识,也常常耐心地回答他们提出的问题,但往往忽略培养他们独立思考问题的能力。例如,有的家长给孩子讲故事,一页页地讲,一本本地讲,孩子只是静静地听。其实,给孩子讲故事,家长也应适当提出问题让他们参与,培养孩子独立思考问题的能力。

(3)创造机会,培养孩子自己拿主意做决定的能力。我国传统的家教中十分注意培养孩子"听话""顺从",却不注意倾听孩子的意见。小到生活上的事,大到孩子的发展方向,一概由父母决定,孩子缺少自己做决定的机会,这就不能培养他们的抉择能力。然而,自我选择能力也是独立性很重要的一个方面。

现在,随着家教观念的更新,有一些具有现代家教观、教子有方的家长,不仅注意从小培养孩子独立生活和独立思考的能力,也注意创造机会,培养孩子自己做选择和自己处理问题的能力。在此仅举一个小小的实例:一个假日,公园里一位父亲带着他大约 4 岁的儿子,在走到三条路交叉的路口时,他弯下腰问儿子:"你说,咱们走哪条路? 到哪儿去玩?"孩子认真思索了一会儿说:"咱们走这条路吧,去看小猴。"父亲随着儿子,向他所选择的方向走去……首先,他很尊重孩子,体现出父子间一种平等的关系。同时,他又是个教育的有心人,能抓住机会从小培养孩子自我抉择的能力。这看似家教中的一件小事,却反映了他培养孩子具有现代人素质的教育观念。

(4) 培养孩子克服困难的精神。家长在培养孩子独立性时,往往同时需要培养孩子克服困难的精神和毅力。对于幼儿来说,自己穿脱衣服、整理和收拾玩具等,是需要他们付出很大努力、克服一定困难的。因此,家长的作用就是对孩子们做出的努力给予充分的肯定,并鼓励和要求他们克服困难,特别是对那些依赖性较强的孩子,家长更要坚持要求。

在家庭中培养孩子独立做事时,最关键的是家长自己要战胜自我。我们常见有的家长一见孩子碰到困难,不是鼓励他去克服困难,而是立即代劳。还有的家长明知应要求孩子克服困难,坚持自己去做事,但只要孩子一哭一闹,立刻"心软"而"妥协",依顺孩子,从而前功尽弃。因此,为了孩子的未来,家长应下决心温柔而坚定地坚持原则,培养孩子克服困难的精神和毅力。

未来是属于孩子的,孩子未来的路要靠他们自己去走,未来的生活要靠他们自己去创造。这一切都不是父母所能代替的,深爱孩子的父母让孩子从小学着自己走路吧!

三、尊重孩子的成长规律

很多家长都觉得自己非常得尊重孩子,很多时候会和孩子们商量,听取孩子们自己的意见。但他们却往往忽略了真正对孩子的尊重——尊重孩子的成长规律。

他们可能因为下述这些事情而焦虑过——

别人家孩子都会走路了,自己家的还在爬;

别人家孩子都胖乎乎的,自己家的却太瘦;

别人家孩子都会说话了,自己家的还不说;

别人家孩子成绩那么好,自己家的就傻玩……

耶鲁大学终身教授格赛尔先生说:"教养婴幼儿应以儿童为中心。"格塞尔认为,婴儿带着一个天然进度表降临人世。婴儿尽管知识尚未开化,但对于其内在需要,对于要做什么或不做什么都非常"聪明",父母(养育者)应追随儿童,从儿童本身得到启示,而不应强迫儿童接受自己的意愿或规定的模式,如体重、身高、爬行、走路等成长指标。

如果了解了孩子成长的决定因素有哪些,或许可以让一些焦虑的养育人消除他们心中的疑虑。

孩子的成长的决定性因素来自两大因素:遗传和环境。

遗传决定了很多内在因素,比如长相、身高、个性等,所以家长需要知道自己的孩子本来的样子就是他(她)最好的样子。就好比既然没有办法让茄子长成辣椒,所以还是养成苗壮的茄子吧！

1. 性格、身高、体重

（1）遗传因素非常强大，尊重先天的特征；

（2）不要强迫孩子吃过多的东西；

（3）不要追求内向的孩子变成外向小孩儿。

2. 行为特征及个性

（1）活动水平：指孩子在活动中身体的活动量。

（2）节律性：指孩子生理活动（饮食起居）的规律性。

（3）趋避性：即接受或躲避的特性，指孩子对新刺激的最初反应特点。

（4）适应性：指孩子对新环境、新刺激适应过程的快慢。

（5）情绪本质：孩子平时主要的情绪表现。

（6）注意分散度：孩子的注意力是否容易从正在进行的活动中转移。

（7）反应强度：孩子情绪反应的强弱。

（8）坚持性：孩子"专心"的时间长短。

（9）反应阈限：孩子生理性感知和社会性感知的敏感性。（通俗来说，指身心两方面的敏感程度）

孩子没有办法自己选择自己是一个什么样类型的人，出生带来的特质让他们有了属于自己的行为方式，没有绝对的优点和缺点，每一项都是属于他们的特点。

家长需要接纳孩子，认识到他（她）就是最美好的他（她）自己，在尊重的基础上只能给予他们积极的影响，让他们学习如何更好地适应未来的社会。

上述分别从饮食、睡眠、归属感、磨蹭、成长规律等几大方面介绍了处理婴幼儿时期孩子的管理方式。总体来说，家长要尊重孩子的成长规律和他们与生俱来的专属于他们的特质，先接纳，再优化，温柔而坚定地坚持教养的原则，为孩子美好的一生奠定下一个良好的根基。

四、婴幼儿游戏活动

陈鹤琴先生说过："小宝宝生来是好动的，是以游戏为生命的。"对于儿童来说，游戏是他们生活中最基本、最喜欢的活动，在他们的成长中，游戏起着非常重要的作用。游戏可以促进儿童感知力、观察能力的发展，还可以促进儿童记忆力、想象力和创造力的发展。

（一）感觉游戏

游戏的第一阶段涉及感官，在这一阶段，儿童触摸、品尝、闻嗅、倾听和观察周围环境中的物体。儿童主要是通过利用感觉的探索来了解环境的，所有的儿童（甚至成年人）都会从事感觉游戏。感觉游戏是通过提供各种刺激感官的材料，以及允许在环境中对材料进行感官组织的体验而得以发展。

1. 舀小球

这个游戏的目的是培养儿童手眼协调的能力。拿来一盘颜色不同的小球、一个小勺子、一个小碗。成人和宝宝一起做这个动作，把小球从盘子里舀起，同时要和宝宝说话，来调动宝宝的积极性，如"一起把小球舀起来"等。成人帮宝宝一起把舀起的小球放在容器上，说："宝宝，要把小球放在容器的中央，这样小球就不会掉下去了。"然后让宝宝自己动手做，用手握着勺子来舀盘子里的小球，并提醒宝宝握住勺子，保持小球不掉下来。

2. 颜色对一对

这个游戏的目的是培养儿童进行颜色识别的能力。用一些大小、形状相同，颜色不同的积木进行游戏。成人先拿出一块红色积木，要求儿童从剩下的积木中找出跟成人手中一样的积木，并鼓励孩子说出"红色积木"。再对剩下的其他颜色的积木进行配对。

3. 帮小动物找家

这个游戏的目的是发展儿童观察匹配的能力。拿来贴有小动物的木质屋形玩具，摆在桌子上，把窗户上贴的不同的小动物取下来，让宝宝来帮小动物找自己的家。成人先和宝宝一起来帮小动物找家，先给小鸭子找家，让宝宝在房子中找到贴有小鸭子的房子；如拿着小狗，让宝宝在桌子上找到小狗的家，并指出来哪个是小狗的家，然后让宝宝自己把小狗放到家里；也可以把小狗放到熊猫的家里，把熊猫放在兔子的家里，再让宝宝分别帮不同的小动物找到自己的家，并把小动物放回自己的家。帮小动物找好家后，成人来说小动物的名字，让宝宝来指出相应动物的家，看小动物是否都在自己的家里。

4. 轻声细语

这个游戏的目的是培养儿童的听觉。刚出生的宝宝就有听觉，尤其是对母亲的声音更为敏感。在宝宝醒的时候，将宝宝轻轻地抱起来，跟他面对面，温柔地、亲切地、细声地跟他讲话，内容可以十分广泛，说父母对他的爱、父母对他健康的关心，大家对他的喜欢、他给父母带来的喜悦等内容，在跟孩子对话时，动作要轻柔，话语要亲切，脸上充满幸福，眼神充满关爱。

（二）玩水的游戏

水对于幼儿有着莫大的吸引力，他们喜欢这种让人感觉舒适和愉悦的东西。水的游戏应该被认为是一种必备的活动，不仅因为其具有吸引力，而且因为其他很多价值，这类游戏儿童可以在室内，在戏水桌上，或者放在桌子上的塑料盆里进行，天气温暖时，也可以在室外进行。玩水时可以让儿童使用喷水瓶、漏斗、软管及喷壶等，可以让儿童洗布娃娃，布娃娃的衣服或者是盘子，可以建议儿童加入皂液来制造泡泡，可以使用吸管来吸，或者使用各种制造泡泡的工具，儿童喜爱水带来的感官刺激，也了解了水的性质，比如体积、浮力以及蒸发。他们将在给植物浇水和给动物喂水时认识了水的重要性，在进行喷洒活动中将接触数学方面的概念。

1. 浇花游戏

家长准备一个小喷壶，带着宝宝一起到户外给花草浇水。浇水的过程中，可以让宝宝感受水的作用，感受浇灌的快乐。

2. 倒水游戏

为宝宝准备两个塑料小碗、一个托盘、一小块海绵，其中一个碗里装有半碗水，家长示范将水从一个碗里倒入另一个碗里,如果水洒出来,口中可以说:"水洒了,我用海绵擦干净。"可以重复多次。除了用塑料小碗之外,在宝宝对倒水的动作掌握熟练之后,还可以替换为玻璃水杯、瓷碗等,但这些务必要有成人在旁边观察,以免打坏后的碎片伤到宝宝。

3. 吹泡泡游戏

这个游戏很多成人都非常熟悉,这里不做过多讲述。

4. 小船飘起来了

家长为宝宝准备一盆水,一些不同质地的积木,引导宝宝将积木放进水里,观察物体在水里的沉浮状态,感受水的浮力。

(三)积木游戏

在儿童早期教育的教室里,可以看到积木的用途最为广泛,是最受儿童喜爱的教具之一。积木有各种各样的形状和大小,可以由多种材质制成,可以单独使用。也可以同其他教具配合使用,可以有无限多种玩法。

当儿童在积木游戏中起立、弯腰、伸展、伸手、转身及操作和平衡各种类型的积木时,将使大肌肉动作和小肌肉动作都得到运用。而且积木可以促进儿童概念的学习,大和小、长和短、上方和下方是他们学习匹配异同以及分类的一种自然载体,使数量、加减、重量及平衡等许多数学和科学概念得到应用,使许多与形状、大小和样式相关的词汇和形象记忆得以扩展。积木能引发儿童的创造性解决问题能力的发展和角色扮演游戏。鼓励儿童合作玩耍积木能带给儿童满足感、成就感和自我价值感。

1. 搭高高

为儿童提供不同造型的积木,成人引导他们将积木"搭高高",感知不同造型的积木需要组成平面才能搭高高。

2. 盖房子

为儿童提供不同造型房子的图片,让他们观察盖房子需要的积木的形状和数量,根据图片的要求进行盖房子。

3. 投掷游戏

选择盖子上有不同形状(圆形、三角形、正方形等)孔的积木桶,引导儿童按照盖子上不同形状,将相应形体的积木投掷进去,培养儿童的观察力和一一对应的能力。

(四)户外游戏

无拘无束的大肌肉运动最有可能发生与户外游戏的时候。这时不再像通常室内所要求的。儿童可以不必控制自己的声音和活动的剧烈程度。他们可以自由地奔跑、跳跃、爬行、攀爬、悬吊、摇摆和喊叫。在室外的游戏场地应该提供一系列有趣的多用途器材。户外场地和儿童待在室外的时间应该是儿童早期教育项目中的有机组成部分。

1. 小青蛙跳荷叶

这个游戏是学习双脚跳和有一定距离的跳。可准备充当荷叶的道具,小的玩具,篮子

1个。

成人把荷叶一张一张铺开放在地上,并把小玩具零星放在旁边作为害虫,对宝宝说:"春天来了,池塘里也长出一些害虫,我们变成小青蛙去抓害虫吧?"然后和宝宝一起在荷叶上跳来跳去抓害虫。

2. 钻洞洞

这个游戏是尝试用自己的身体做各种动作,发展身体的韧性。

为儿童准备小球1个。成人和宝宝一起说:"小手小手拍拍,小脚小脚跳跳,小腰小腰扭扭,膝盖蹲一蹲,脑袋点一点,请我的身体动起来。"鼓励宝宝用手臂和身体做洞洞,每次做出不一样的洞洞,能让成人手中的小球穿过。成人尝试用身体做大洞洞,能够让宝宝从这个洞洞中穿过。每次尽量利用身体的不同部位变出洞,变出的洞洞大小要让小球或宝宝可以钻进去。

3. 揪尾巴

揪尾巴这个游戏的目的是发展儿童腿部的力量,提高跑的速度。需要准备3根长50~60厘米的彩色纸带或者专门的尾巴游戏松紧帆布带,即"尾巴"。成人和宝宝各自把"尾巴"系在腰部,跑一定距离后,宝宝跑去揪爸爸妈妈塞在裤腰后面的尾巴。等宝宝跑开一定距离后,爸爸妈妈再跑去揪宝宝后面的尾巴。

4. 直线运动

这个游戏的目的是发展儿童的平衡协调能力。在地上用胶布贴成一直线,让宝宝双脚前后相接,先用左脚跟接右脚尖,再用右脚跟接左脚尖,交互前进。让宝宝双手摊平,以保持身体的平衡,也可以用脚尖着地前进。此外,前进的路线可以出现直角转弯、斜角前进或圆弧形前进。

拓展阅读:《给孩子的第一本性格养成书》

同步实训

婴幼儿活动的组织和实施

1. 实训目的

加深学生对婴幼儿活动的组织和实施的认识。

2. 实训安排

(1) 学生分组到早教中心观察托班婴幼儿一日活动。

(2) 分析并体会婴幼儿活动的组织和实施的安排及其原因。

(3) 设计婴幼儿一日活动。

3. 教师注意事项

(1) 由育婴师考证的具体考题导入对婴幼儿作息制度的学习。

(2) 提供一些简单案例,供学生讨论。

4．资源（时间）

4 课时、参考书籍、案例、网页。

5．评价标准

表 现 要 求	是否适用	已达要求	未达要求
外在表现（参与度、讨论发言积极程度）			
作息制度制作的完成与合理程度			

知 识 结 构

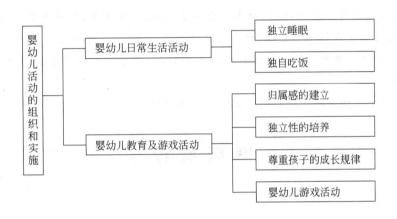

教学做一体化训练

一、重点名词

睡眠困难　食物不耐受　归属感

二、课后讨论

1. 如何帮助孩子克服睡眠困难？

2. 怎样培养孩子良好的吃饭习惯？

3. 家长应该掌握哪些科学的教育理念来引领孩子成长？

三、课后自测

案例：某男孩，3 周岁，有严重的自闭症。在幼儿园一整天的活动中，他几乎从不开口说话，课堂上，从不主动举手发言，即使老师提问他，并对问题答案给予许多明显的语言和动作提示，他也一声不吭。课间他很少离开自己的座位到外面玩，从不参与其他小朋友的游戏活动，手脚协作能力很差，跳绳从未成功跳过一下。一些小朋友悄悄对笔者说："老师，他是'哑巴'，从来不说话的。"如果试探地问其他小朋友："你们请他一起来玩游戏，好吗?"小朋友说:"以前我们请过他一起玩游戏,但是他每次都不理人,现在我们都不喜欢跟他玩了。"

老师友好地尝试跟他接近,主动跟他一起玩,逗他说话,小男孩并没有怕生的表现,没有排斥表现,甚至有时抬头对笔者笑,但从来不与笔者说话。班里的老师说,这位小男孩有语言障碍,说话模糊不清,刚进幼儿园时,不但不说话,也不听老师的指令,不会用语言表达自己的要求和愿望,憋尿憋急了,也只是发出哼哼的响声,而不会用言语表达出来,经过长期的努力,现在小男孩可以按老师的指令行动了,有时候在老师的耐心教导下,还可以说几个单词,但很少成句。通过家访,得知小男孩的父母至今仍两地分居,父亲是个生意人,母亲当过教师,家庭经济条件相当优越。小男孩2岁前由祖父母抚养,2岁后跟在父亲身边,一直到上幼儿园才由母亲带养。小男孩的母亲对心理学有一定的研究,对儿子的自闭症很着急和忧虑,曾尝试过许多矫正的办法,但收效都不大。男孩的父亲则认为,儿子的自闭症是遗传于妻子,他认为妻子也不爱说话,非常文静,有点孤僻。在教育观念上,父亲认为对孩子应该从小管教,理由是现今社会风气腐化,道德败坏,青少年犯罪越来越严重,从小严加管教可以防止孩子以后误入歧途,而母亲却认为孩子有行为障碍,应宽容地对待孩子。

请分析一下上述案例中存在的问题及相关的解决办法。

课 后 推 荐

图书:

1. 刘焱.儿童游戏通论[M].北京:北京师范大学出版社,2008.

2. 邱学青.学前儿童游戏[M].南京:江苏教育出版社,2008.

3. 袁爱玲.幼儿园教育环境创设[M].北京:高等教育出版社,2010.

4. 虞永平.学前课程与幸福童年[M].北京:教育科学出版社,2012.

5. 李季湄,冯晓霞.《3～6岁儿童学习与发展指南》解读[M].北京:人民教育出版社,2013.

6. 雪·安·赫什.早期儿童课程——综合多元智力、发展性合理训练与游戏[M].王虹俤,刘瑜,等译.上海:华东师范大学出版社,2007.

电影:

1. 幼儿园,张以庆,中国,2003.

2. 看上去很美,张元,中国,2006.

3. 浅蓝深蓝,袁卫东,中国,2006.

4. 小人国,张同道,中国,2009.

5. 再见我们的幼儿园,水田伸生,日本,2011.

6. 阳光宝贝,Thomas Balmès,法国,2010.

网站：

1．中国学前教育研究会：http：//www. cnsece. com/.

2．学前教育网：http：//www. predu. net/.

3．上海学前教育网：http：//www. age06. com/age06. web/.

4．经济合作与发展组织（教育）：http：//www. oecd. org/education/.

5．美国幼儿教育协会：http：//www. naeyc. org/.

模块十二
面向家长的早期教育指导

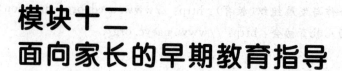

学习目标

- 识记：大脑发育、身体平衡感、辅食。
- 领会：了解孩子每个不同年龄段的发育特点以及家长应该如何积极创造良好的成长环境。
- 理解：如何指导家长根据不同的年龄给予孩子适当的训练。
- 应用：帮助家长掌握各种培养婴幼儿的方法和技能。

模块描述

本模块主要了解对0～3岁婴幼儿家长的建议和指导，掌握对0～3岁婴幼儿家长的建议和指导的内容和方法，真正达到家园共育。

任务解析

根据早期教育职业工作活动顺序和职业教育学习规律，"面向家长的早期教育指导"模块可以分解为以下任务。

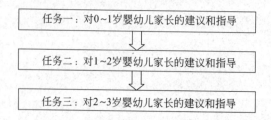

任务一：对0～1岁婴幼儿家长的建议和指导

任务二：对1～2岁婴幼儿家长的建议和指导

任务三：对2～3岁婴幼儿家长的建议和指导

科学证明：婴儿出生之后的头三年是一生中大脑发育最重要的阶段,到 3 岁时已经发育完成成人的 50%～60%,要想未来孩子更成功,这三年尤为重要。

以下为美国耶鲁大学格赛尔学院创办人格赛尔先生主张。

(一)教养孩子应以孩子为中心

格塞尔认为,婴儿带着一个天然进度表降临人世。婴儿尽管知识尚未开化,但对于其内在需要,对于要做什么或不做什么都非常"聪明",父母(养育者)应追随儿童,从儿童本身得到启示,而不应强迫儿童接受自己的意愿或规定的模式。

婴儿的体重、身高、性格、能力发展(爬行、走路、说话早晚)都与遗传有一定关系,不是靠大人的意愿轻易改变的,硬塞饭、逼打招呼都是不尊重孩子的。因此,家长首先要接纳自己孩子身上的一切特点,这些特点没有好坏之分,都是属于他(她)独到的特征。家长一定要全心全意接纳孩子一切特征。

(二)教养者应掌握儿童成熟的知识

格塞尔认为,父母还应掌握一些有关儿童发展倾向和顺序(即成熟)的理论知识,因为这些知识有助于父母了解儿童的身心特点,从而在某些特定时期具有耐心。

做父母是世界上最难的事情,因为养育的是活生生的、有思想、有行为能力的小生命,所以家长要好好学习,一分付出十分收获。

然而,婴儿从出生到 3 岁,他们的世界发生着什么样的变化,我们又该如何帮助他们呢?

任务一：对 0～1 岁婴幼儿家长的建议和指导

案例导入

宝宝年龄：1 岁 4 个月。

喝奶情况：11 个月断母乳后奶粉喂养。

辅食情况：

1. 上午辅食能吃 12 个馄饨,或者大半个馒头,或者大半碗粥,或者大半碗面条。午餐和晚餐大半碗面或者大半碗饭。配菜是青菜、肉饼或鱼虾。

2. 有时会给一些大人的菜。

3. 原来不肯坐餐椅,用"饥饿疗法"纠正现在可以在餐椅里吃东西了。但遇到不喜欢吃的东西还要玩玩具或看电视才肯吃。

4. 只爱吃鸡蛋、鱼虾,不喜欢吃粥、饭、面,特别是粥。

5. 5～11 个月体重没有增加,11 个月断奶,断奶后重了 2 斤,但又过去半年还是不长体重,只长高了。

▶ 案例思考

如何给予 1 岁的孩子正确的生活指导？

新生儿从出生到 1 岁的阶段，是飞快成长的一年，每个月都可以看到宝宝的变化。我们在此列出每个月宝宝的发育指标，为家长提供参考。

一、新生儿生长的生理和发育指标

1 月生理指标：满月时，男婴体重 3.09～6.33 千克，身长 48.7～61.2 厘米；女婴体重 2.98～6.05 千克，身长 47.9～59.9 厘米。

1 月发育指标：满月时，俯卧抬头，下巴离床 3 秒；能注视眼前活动的物体；啼哭时听到声音会安静；除哭以外能发出叫声；双手能紧握笔杆；会张嘴模仿说话。

2 月生理指标：满 2 个月时，男婴体重 3.94～7.97 千克，身长 52.2～65.7 厘米；女婴体重 3.72～7.46 千克，身长 51.1～64.1 厘米。

2 月发育指标：逗引时会微笑；眼睛能够跟着物体在水平方向移动；能够转头寻找声源；俯卧时能抬头片刻，自由地转动头部；手指能自己展开合拢，能在胸前玩，会吸吮拇指。

3 月生理指标：满 3 个月时，男婴体重 4.69～9.37 千克，身长 55.3～69.0 厘米；女婴体重 4.40～8.71 厘米，身长 54.2～67.5 厘米。

3 月发育指标：俯卧时，能抬起半胸，用肘支撑上身；头部能够挺直；眼看双手、手能互握，会抓衣服，抓头发和脸；眼睛能随物体转 180°；见人会笑；会出声答话，尖叫，会发长元音。

4 月生理指标：满 4 个月时，男婴体重 5.25～10.39 千克，身长 57.9～71.7 厘米；女婴体重 4.93～9.66 千克，身长 56.7～70.0 厘米。

4 月发育指标：俯卧时宝宝上身完全抬起，与床垂直；腿能抬高踢去衣被及踢吊起的玩具；视线灵活，能从一个物体转移到另外一个物体；开始咿呀学语，用声音回答大人的逗引；喜欢吃辅食。

5 月生理指标：满 5 个月的男婴体重 5.66～11.15 千克，身长 59.9～73.9 厘米；女婴体重 5.33～10.38 千克，身长 58.6～72.1 厘米。

5 月发育指标：能够认识妈妈以及亲近的人，并与他们应答；大部分孩子能够从仰卧翻身变成俯卧；可靠着坐垫坐一会儿，坐着时能直腰；大人扶着能站立；能拿东西往嘴里放；会发出辅音一两个。

6 月生理指标：满 6 个月时，男婴体重 5.97～11.72 千克，身长 61.4～75.8 厘米；女婴体重 5.64～10.93 千克，身长 60.1～74.0 厘米；出牙两颗。

6 月发育指标：手可玩脚，能吃脚趾；头、躯干、下肢完全伸平；两手各拿一个玩具能拿稳；能听声音看目的物两种；会发两三个辅音；在大人背儿歌时会做出一种熟知的动作；照镜子时会笑，用手摸镜中人；会自己拿饼干吃，会咀嚼。

7 月生理指标：满 7 个月时，男婴体重 6.24～12.20 千克，身长 62.7～77.4 厘米；女婴体重 5.90～11.40 千克，身长 61.3～75.6 厘米；出牙 2～4 颗。

7月发育指标：会坐，在大人的帮助下会爬；手能拿起玩具放到口中；会表示喜欢和不喜欢；能够理解简单的词义，懂得大人用语言和表情表示的表扬和批评；记住离别一星期的熟人3～4人；会用声音和动作表示要大小便。

8月生理指标：满8个月时，男婴体重6.46～12.60千克，身长63.9～78.9厘米；女婴体重6.13～11.80千克，身长62.5～77.3厘米；出牙2～4颗。

8月发育指标：能够扶着栏杆站起来；可以坐得很好；会两手对敲玩具；会捏响玩具；会把玩具给指定的人；展开双手要大人抱；用手指抓东西吃；会用1～2种动作表示语言。

9月生理指标：满9个月时，男婴体重6.67～12.99千克，身长65.2～80.5厘米；女婴体重6.34～12.18千克，身长63.7～78.9厘米；出牙2～4颗。

9月发育指标：扶物站立，双脚横向跨步；拇指和食指能捏起细小的东西；能听懂自己的名字；能用简单语言回答问题；会随着音乐有节奏地摇晃；认识五官；会做3～4种表示语言的动作；知道大人谈论自己，懂得害羞；会配合穿衣。

10月生理指标：满10个月时，男婴体重6.86～13.34千克，身长66.4～82.1厘米；女婴体重6.53～12.52千克，身长64.9～80.5厘米；出牙4～6颗。

10月发育指标：会叫妈妈、爸爸；认识常见的人和物；能够独自站立片刻；能迅速爬行；大人牵着手会走；喜欢被表扬；主动地用动作表示语言；主动亲近小朋友。

11月生理指标：满11个月时，男婴体重7.04～13.68千克，身长67.5～83.6厘米；女婴体重6.71～12.85千克，身长66.1～82.0厘米；出牙4～6颗。

11月发育指标：大人牵一只手就能走；能准确理解简单词语的意思；会叫奶奶、姑、姨等；会指出身体的一些部位；会竖起手指表示自己1岁；不愿意母亲抱别人；有初步的自我意识。

12月生理指标：满12个月时，男婴体重7.21～14.00千克，身长68.6～85.0厘米；女婴体重6.87～13.15千克，身长67.2～83.4厘米；出牙6～8颗。

12月发育指标：不必扶，自己站稳能独走几步；认识身体部位3～4处；认识动物3种；会随儿歌做表演动作；能完成大人提出的简单要求；不做成人不喜欢或禁止的事；开始对小朋友感兴趣，愿意与小朋友接近、游戏。

二、新生儿的运动变化

在这最初的一年的时间里，新生儿的运动也是有着变化的。

婴儿在出生的前几周内都会向上举着双臂，所有健康的婴儿都是这种姿势。此时婴儿刚刚脱离母体，大部分的时间还在安睡的状态。

婴儿长到3个月时，父母注意到婴儿在浴盆中会做蛙式的游泳动作。儿童发展权威专家确认了这些动作，此种鱼类的姿势，大概维持2～4月。

这个阶段，婴儿发现了自己的手，并开始有目的地移动手臂，也能够紧握或松开自己的手，此时婴儿的"自我"正在学习如何控制与使用手臂，并很快就能够抓住东西。

到4个月大时，婴儿开始出现动能欲望，他（她）开始想要自由移动，伸展向更大的空间。

7个月左右时,婴儿的头已经控制良好,手臂也已有了一定的支撑力,此时的宝宝更像一个爬行动物。这个阶段,空间与自由对孩子尤其重要,婴儿对于可以自由活动这个新的发现有着明显的喜悦。然而,这个阶段,不了解孩子发展需要的成人们往往会把孩子放于学步车,这会严重妨碍孩子强烈的意志力活动,对于孩子的身体和心灵发展都是严重的打击。

8个多月时,婴儿的四肢已经可以挺立起来,他已经可以控制自己的头和四肢,他的双手和双腿也已经可以协调配合,开始真正的爬行。充分的爬行活动对于孩子的感统发展和智力、意志的发展都是必要的。但还是有许多家长怕孩子爬得太脏、太累,怕孩子有危险,或是想让孩子早点学习站立和行走,而忽略了如此重要的一个环节。

这个阶段孩子自己能够移动的空间大了许多,他探索世界的领域也增加了很多,家长一定要关注孩子的安全,要在保障安全的前提下,充分给予孩子活动的自由。

之前的过程结束后,孩子会迎来真正的行走期。能够直立行走,孩子们就成了冒险家。随着活动范围的增加,家长会发现孩子们越来越"淘气",但正是通过这个环节,孩子才能得以学习和探索。家长只要把安全措施做好,防止误吞事件的发生,积极地鼓励孩子直立行走和探索新事物。

三、新生儿到1岁发展特征

(一)原始反射

人类出生即被触发的机制,是婴儿的感官受到刺激时产生无意识运动,可以帮助婴儿生存及发展,婴儿需要大量的运动来帮助大脑发育,成功从无意识运动发展出有意识运动;丰富的感官和运动刺激帮助婴儿大脑得到应有的训练,成功地发展有意识行为。

(1)出生5天开始练习俯卧,新生儿的颈部还没有太大的力量,所以每次俯卧的时候孩子会吃力地抬头,并且头部也是摇摇晃晃的;

(2)出生开始抚触,最好持续到6岁;

(3)更多运动(从被动体操到主动运动)。

(二)运动发展

1. 0~6个月

宝宝出生后尽可能早地对他进行身体按摩。按摩没有定规,顺其自然,用自己和宝宝都感觉舒服的方式进行就好。注意动作尽量轻柔,给宝宝翻身时要特别注意支撑宝宝的头部。俯卧对于强健婴儿的头、颈和肩部肌肉,克服原始反射,有着至关重要的作用。

2. 2~6个月

这个阶段应鼓励宝宝多滚动,任意地左右翻滚,可以在斜坡上翻滚,如在一头垫起来的床垫上,也可在毯子上滚来滚去。另外,可以点压或者弯曲宝宝的脚,引起原始反射。足部的反射对日后学步很重要。触碰和抚摸宝宝的肌肤非常有利于宝宝认识自己的身体。抵制原始反射是一个长期过程,这期间应重视宝宝颈部和背部的强化。

3. 3~6个月

这个阶段的宝宝已经开始在地上到处蠕动了,有些甚至已经学会倒着爬,很快就将学会匍匐前进。这也标志着宝宝下一个发育阶段的开始。家长可以给宝宝做一些引体向上的活动,这样可以强化宝宝的颈部、背部和肩部肌肉,并注意给予宝宝的颈部足够支撑,动作要柔和,防止头部下仰,让宝宝躺在成人的腿上,再缓缓拉起到坐姿。

随着宝宝大脑的发育,会形成很多新的技能。在这个阶段,加强运动的持续时间和频率成为运动的关键。

在5~6个月,平衡反射的训练是本阶段的一个重点。家长可以让宝宝面朝上躺在一个大充气球上,抓住他的大腿,然后轻轻地把球往前方和两侧倾斜,在平衡反射的作用下,宝宝会不自觉地收紧腹部肌肉。这个运动也可以以俯趴的姿势做。在这一阶段,婴儿学习协调地移动四肢穿过空间。运动的时候,宝宝也同时发展了视觉、听觉、触觉、味觉、肌肉张力、学会控制、支撑自己的头部。头部控制对于向前移动是非常必要的,可以抑制原始反射及发展肌肉张力。在这个阶段,有些宝宝可以像鳄鱼一样匍匐往前爬了。

4. 6~10个月

这个阶段,大多宝宝已经学会匍匐爬行、手膝爬行、扶物行走。匍匐爬行和手膝爬行对于建立重要的大脑通路很有帮助。大部分婴儿在扶物行走前要经历5个月的匍匐前进、手膝爬行,最后才是独立行走。但这个时间段的长短因个体不同,有长有短。扶物行走不是真正的独立行走,但两者在几个月内有可能轮流出现。

家长必须注意,当宝宝一旦学会自行四处移动了,就要保证家中的环境的安全性,并且拒绝学步车。学步车不仅危险,还会阻碍宝宝自然的爬行,从而剥夺宝宝自然发展运动能力的权力。

5. 10~12个月

这个阶段,宝宝开始进入身体双侧对称性协调阶段,就是身体两侧做相同的动作。此时,宝宝做事时也逐渐产生了预见性,然而预测精准的时间放开手中的东西仍旧很难,因此要鼓励宝宝而不要强迫其学习任何新技能。这个年龄的宝宝在到处移动过程中所做的任何运动,都会对他们产生视觉刺激。

随着宝宝运动能力的加强,他(她)会在生活中有更多的体验,视觉认知发展来自感觉刺激。

注:如无特殊需要,不要总把孩子抱在身上,给孩子充分的自己学习认知自己的身体和自我训练的机会。运动不够的孩子更容易出现入睡困难(睡前哭闹)、不爱吃饭等困难。

(三)语言发展

(1)出生3个月开始咿咿呀呀,大人可以与孩子进行呼应;

(2)7个月左右开始尝试发音"baba""mama"。

注:出生到11个月是语言学习最重要的输入阶段,不要以为孩子不会说就听不懂,大人一定要爱讲话,让孩子的大脑有更多的语言输入,才能有充分的储备。

(四)心理发展

(1)所有需求都用哭声表达。

(2)5个月开始学习控制大人,5~6个月开始认识最亲近的人。

（3）10～11个月开始因语言未全面发展而经常用尖叫、拍桌子、扔东西表达意愿或发泄情绪。

注：婴儿需要陪伴但也需要短时间的独处，当婴儿想要控制大人时，大人应该掌握原则，不能无原则地满足。

四、养育建议

（1）6个月内母乳喂养，婴儿无法消化和吸收任何其他食物，添加辅食从米粉开始，10个月左右，如果有蒸土豆之类的软食物，直接给孩子拿着啃，婴儿开始学习自己喂饱自己。

（2）婴幼儿泌尿系统在2岁才能完成发育，所以不建议提前把便、把尿。

（3）1岁之内不吃盐、蛋清，2岁内不吃蜂蜜，慎重吃海鲜类、坚果等，避免过敏。

注：建议出生即让孩子独自睡婴儿床，婴儿床可以和大人床紧挨着，但孩子应该整晚都睡在自己的床上。

任务二：对1~2岁婴幼儿家长的建议和指导

案例导入

朵朵妈发现朵朵懂得将小饼干放在嘴里吃的时候，就开始有意识地培养孩子的自理能力。例如，将奶瓶放在朵朵手里，让她自己抱着喝，将小勺子放在孩子手里让孩子自己进食。但是朵朵并不是乖乖地进食，当奶瓶在自己怀里的时候，喝了两口就会去玩奶嘴，小勺子都是拿在手中挥舞的。朵朵妈妈很困惑，不知道该怎么办。

案例思考

请思考，父母应怎样引导朵朵自己吃饭呢？

从1～2岁，婴幼儿体重和各项生理指标都进入了一个比较快速的发展阶段。我们将会逐月对这一阶段的婴幼儿的发育特点做出陈述。

一、1~2岁婴幼儿的生长发育和能力指标

1. 1岁1个月

1）发育指标

男宝宝体重7.9～12.3千克；身长72.1～81.8厘米。

女宝宝体重7.2～11.8千克；身长70.0～80.5厘米。

牙齿：大多数宝宝长出6～8颗乳牙。

2）能力发育

（1）宝宝能够站起来，同时向前走两三步。

（2）会用手掌握笔,并能够简单涂鸦。

（3）开始表现出要独立的意识,有些事情要自己完成。

2. 1 岁 2 个月

1）发育指标

男宝宝体重 8.1～12.6 千克；身长 73.1～83.0 厘米。

女宝宝体重 7.4～12.1 千克；身长 71.0～81.7 厘米。

牙齿：大多数宝宝长出 6～8 颗乳牙。

2）能力发育

（1）宝宝能够独立迈小步,走稳一段路程。

（2）喜欢向下扔小物品或小玩具玩。

（3）能够听大人的话指出自己认识的东西。

（4）当宝宝开心的时候,会尽情拥抱宝宝喜欢的人。

3. 1 岁 3 个月

1）发育指标

男宝宝体重 8.3～12.8 千克；身长 74.1～84.2 厘米。

女宝宝体重 7.6～12.4 千克；身长 72.0～83.0 厘米。

牙齿：大多数宝宝长出 6～12 颗乳牙。

2）能力发育

（1）宝宝能够自己蹲下。

（2）宝宝能够将小物品放入杯里,再倒出来。

（3）宝宝开始萌发语言,但不能准确表达自己的意思。

（4）宝宝白天不太愿意睡觉,更愿意用这段时间玩耍。

4. 1 岁 4 个月

1）发育指标

男宝宝体重 8.4～13.1 千克；身长 75.0～85.4 厘米。

女宝宝体重 7.7～12.6 千克；身长 73.0～84.2 厘米。

牙齿：大多数宝宝长出 6～8 颗乳牙。

2）能力发育

（1）宝宝能倒退着走。

（2）能够模仿大人的一些动作。

（3）能听懂大人说话的意思。

（4）宝宝想要物品时,能伸手去拿。

5. 1 岁 5 个月

1）发育指标

男宝宝体重 8.6～13.4 千克；身长 76.0～86.5 厘米。

女宝宝体重 7.9～12.9 千克；身长 74.0～85.4 厘米。

牙齿：大多数宝宝长出 8～12 颗乳牙。

2）能力发育

（1）宝宝会上台阶，或能绕过小的水坑、沙堆等小障碍物。

（2）宝宝喜欢反复做一件，例如反复往小瓶里倒水或反复将积木推倒重搭等。

（3）当宝宝听到别人叫自己的名字时能用语言应答。

（4）有危险的自我保护意识。

6. 1 岁 6 个月

1）发育指标

男宝宝体重 8.8～13.7 千克；身长 76.9～87.7 厘米。

女宝宝体重 8.1～13.2 千克；身长 74.9～86.5 厘米。

牙齿：大多数宝宝长出 12 颗乳牙。

2）能力发育

（1）能够模仿大人跟着节拍做简单的动作。

（2）能用小绳拉着娃娃或玩具小汽车来回走。

（3）能模仿大人说话，比如，大人说："洗洗手，要吃饭了!"宝宝会模仿说"吃饭了"。

7. 1 岁 7 个月

1）发育指标

男宝宝体重 8.9～13.9 千克；身长 77.7～88.8 厘米。

女宝宝体重 8.2～13.5 千克；身长 75.8～87.6 厘米。

牙齿：大多数宝宝长出 16 颗乳牙。

2）能力发育

（1）宝宝开始出现精细动作。

（2）宝宝能看着图说出一些认识的动物、物品名称。

（3）宝宝看见其他小朋友坐在自己妈妈腿上时，会不高兴。

8. 1 岁 8 个月

1）发育指标

男宝宝体重 9.1～14.2 千克；身长 78.6～89.8 厘米。

女宝宝体重 8.4～13.7 千克；身长 76.7～88.7 厘米。

牙齿：大多数宝宝长出 16 颗乳牙。

2）能力发育

（1）宝宝开始能踮着脚尖走路，但还不太稳。

（2）能用笔画圈圈，但很乱。

（3）会使用非名词性的词语，如"拿""掉了""不对"等。

（4）宝宝得到新玩具或穿上新衣服时，会表现出得意的样子。

9. 1 岁 9 个月

1）发育指标

男宝宝体重 9.2～14.5 千克；身长 79.4～90.9 厘米。

女宝宝体重 8.6～14.0 千克；身长 77.5～89.8 厘米。

牙齿：大多数宝宝长出 16 颗乳牙。

2）能力发育

（1）能够自己从椅子、台阶等稍高处跳下来。

（2）宝宝开始能做简单的扔球、接球游戏。

（3）会回答简单的问话，例如：妈妈问"爸爸上哪去了"？ 会回答"上班"。

（4）对其他小朋友感兴趣，能表现出亲近的样子。

10. 1 岁 10 个月

1）发育指标

男宝宝体重 9.4～14.7 千克；身长 80.2～91.9 厘米。

女宝宝体重 8.7～14.3 千克；身长 78.4～90.8 厘米。

牙齿：大多数宝宝长出 6～8 颗乳牙。

2）能力发育

（1）能够自己扶着栏杆上楼梯。

（2）进入语言爆发期，会说的话突然增多，两个字的词说得更多。如"沙发""电视"等。

（3）宝宝喜欢独自做一些事情，独立意识出现。

11. 1 岁 11 个月

1）发育指标

男宝宝体重 9.5～15.0 千克；身长 81.0～92.9 厘米。

女宝宝体重 8.9～14.6 千克；身长 79.2～91.9 厘米。

牙齿：大多数宝宝长出 18 颗乳牙。

2）能力发育

（1）能够自己跑，且在过程中不会跌到。

（2）开始喜欢用语言表达自己的意愿，肢体语言逐渐减少。

（3）有一定的忍耐性，比如可以坐在餐桌前等妈妈拿吃的东西。

12. 2 岁

1）发育指标

男宝宝体重 9.7～15.3 千克；身长 81.7～93.9 厘米。

女宝宝体重 9.0～14.8 千克；身长 80.0～92.9 厘米。

牙齿：大多数宝宝长出 6～8 颗乳牙。

2）能力发育

（1）能双腿蹦，蹦时可以离开地面。

（2）能用手捻书页，一页页地翻书。

（3）宝宝喜欢问问题，例如：问"这是什么？""那是什么？"。

（4）喜欢跟在比自己年龄大的小朋友一起玩。

二、1~2岁发展特征

（一）运动发展

1. 独立行走（1 岁 6 个月）

宝宝的这个阶段是双侧协调阶段，这时的大脑两半球还在做着相同的工作。这个阶段，运动能力远比语言发展重要得多。家长无须过分强调宝宝在多大的时候学会走路，因为宝宝在俯卧、匍匐、手膝爬行、扶物行走阶段所受的感官刺激比行走的早晚要重要得多，行走只是前面几个阶段练习累积的结果。

这一时期，随着宝宝平衡能力的提高，宝宝可以完成屈膝颤动和跑动等动作，大运动及精细运动的协调技能也在提高。宝宝能够独立行走以后，家长就该尽量多陪着他走动，先是慢一些，在平地上走，接下来可以鼓励宝宝上下斜坡，直到奔跑。

（1）基础的运动（12～15 个月）：允许宝宝在适当的家具上攀爬，宝宝可以学会如何在不同的空间中移动自己的身体。借助运动计划能力及宝宝从前在各样环境中积累的经验，宝宝可正确判断如何抬脚跨越横杠，何时协调双手，穿越爬行，渐渐的宝宝就会自主控制动作了。

（2）平衡练习（15～18 个月）：这是孩子们热爱上运动的一年，语言也开始发展了，但是语言通常是在运动能力之后发展的。家长对宝宝讲的话一定要与当时的情景相关，同时要尽可能多地陪宝宝散步，帮助他发展平衡能力，家长可以首先选择平地，然后尝试不同的地面进行练习。

（3）倒走和侧身走：这两种走法对身体意识和空间意识要求很高。起初家长可以协助宝宝完成，但最终还是让宝宝自己来，鼓励宝宝侧着走，倒着走，这对发展其视觉调整功能很有帮助。

2. 1 岁 6 个月～2 岁

在这个阶段，大多数宝宝还处于双侧协调阶段，双侧协调是指身体两侧做相同的动作，大脑有两个半球，左半球控制右侧身体，右半球控制左侧身体。而在这个年龄段，宝宝会同时使用两侧身体做同一件事情，比如儿童滑板、手指画画等，他们会选择使用哪只手或者两只手同时使用，这取决于他（她）需要的物品放在了身体的哪一侧。

平衡练习：平衡是婴儿原始反射被充分抑制后形成的自发功能。在宝宝运动过程中扶宝宝的手对于他（她）平衡能力的发展是有反作用的。平衡感是在无数次失去平衡感后获得的，家长们不必太着急。在这个阶段里，宝宝动作的协调能力和身体的灵活性都有明显的进步。宝宝手的使用更加自如，能够自己捧着杯子喝水，独自吃饭；能够将玩具箱内的各种玩具取出来再放回去，还能自己打开包装好的东西；可以码放 5 块左右的积木；能够画出直线；可以转动门把手把门打开，在玩球时，不仅可以很好地追着球跑，还会用手投球及用脚踢球。有的宝宝已经能够自己穿鞋子、穿衣服了。宝宝腿上的肌肉开始变得有力，能够跨过高度为 5 厘米左右的障碍物，也能在一段时间内独自做"金鸡独立"，可以从最后一级台阶蹦到地上，能蹬踩儿童三轮自行车。

这时的宝宝已经从稳稳地走路逐渐发展到会跑了，尽管跑得还不太稳。因此，从这个时候开始,父母可以和宝宝一同走路外出了,但一定要注意安全。

（二）语言发展

在这一阶段,宝宝的语言出现质的飞跃。从重叠音"抱抱""外外"等开始,逐步发展到电报语"去外外""坐车车"等,他以每个月平均说出 25 个新单词的速度发展着,满 2 岁时有可能达到近千个;并且宝宝将说出由两个单词组成的句子,如"大狗狗""削苹果"等,还能说出日常见到的大多数事物的名称。

（三）进入大脑发育最迅速的时期

这个阶段的宝宝身体各部位发育速度,以大脑最快。宝宝的因果关系理解力有了进步,并且已经颇具想象力,他会把所有圆圆的东西都说成像太阳,把弯弯的东西说成像月亮。宝宝的记忆力也有很大进步,已经能够理解一些抽象的概念,如今天和明天、快和慢、远和近等,会数 1～10,甚至更多,喜欢问更多的"为什么"。

（四）心理发展

（1）宝宝从 1 岁 2 个月到 1 岁 3 个月开始出现明显的认生,拒绝外人接近。

（2）如果语言发展较晚的孩子,可能会因为不能用语言表达而出现情绪急躁。

（3）1 岁半左右的孩子出现秩序感敏感期,会对与家庭成员或者物品摆放等比较关注,一旦发生变化即表现出不安。

注:如果孩子不情愿,千万不要勉强孩子接触陌生人;要尊重孩子秩序感的发展,不要刻意破坏,但是也不要过于由着孩子的性子。

三、养育建议

（1）在安全的前提下,给孩子充分的探索空间,但一定要记得起码的公共规则:不打扰别人、不以破坏为目的。

（2）1 岁半之后,大人不要过度"善解人意",在孩子还没有表达之前就满足他（她）的需求,否则孩子的语言表达没有机会得到训练,要多启发和鼓励孩子表达想法。

（3）给予孩子有爱的陪伴和适度的独处。

（4）鼓励孩子自己吃饭,从手抓到用勺子,并且食物一定不要总是太细软,应该慢慢靠近大人的正常饭菜的硬度,如果一直吃细软的饭菜,有可能会影响孩子发音器官的功能。

任务三：对 2～3 岁婴幼儿家长的建议和指导

案例导入

洋洋玩积木的时候,不停地把一些圆柱体放进不同的容器中,然后又把它们取出来。这些圆柱体大小不同,正好可以放进那些与容器相应的孔里,就像用软木塞盖住瓶子一样。一切过程看上去缓慢而有节奏。出于好奇,一直在教室外观察她的老师便数了数她这种重复的动作,结果是 42 遍。所幸的是,周围都很安静,没有人去打扰她,她每完成一个动作的时候,脸上总是不自觉地微笑。到最后她好像累了,环顾了四周后感觉像刚从梦中醒来似的。洋洋如此专注地反复做一件事,以至于感觉不到有人在观察着她。这样的情况在其他孩子身上也出现过,我们称为"重复练习"。每次完成那种体验之后,他们就像完成某种重大的任务一样,脸上充满了喜悦和快乐的表情。

▶ 案例思考

3 岁的孩子正处于注意力不能持久的年龄,通常这个时期孩子的注意力会不停地从一件事转移到另一件事。然而,孩子一旦碰到吸引他们的事物,就会忘我地投身其中,并一再地重复动作,注意力的集中程度十分惊人,这是为什么呢?

一、2~3 岁婴幼儿的生长发育指标

(一) 生理指标

满 2 岁后,孩子的 20 颗乳牙全部出齐。从龋齿的发病来讲,上前牙是比较多发的,到了 3 岁开始出现后牙的龋齿。因而,要培养孩子养成自己刷牙的习惯。

这个阶段,男孩体重达 11.4~18.3 千克,身长 87.3~102.5 厘米;女孩体重达 11.2~17.9 千克,身长 86.5~101.4 厘米。孩子标准体重的简易计算公式为

$$体重(千克) = 年龄 \times 2 + 8(千克)(或 7 千克)$$

标准身高长计算公式:

$$身高(厘米) = 年龄 \times 5 + 80(厘米)(或 75 厘米)$$

(二) 睡眠

3 岁大的孩子通常每天需要睡 12 小时,其中晚上要睡 10~11 小时,白天睡 1~2 小时。3 岁幼儿日间小睡的差异比起 2 岁的幼儿要大很多。

二、2~3 岁婴幼儿的发展特征

(一) 运动发展

(1) 2 岁左右开始可以双脚跳。

(2) 2 岁 6 个月左右可以跨越人体中线:右手到自己身体左侧做动作,或反之。

(3) 2 岁 6 个月左右身体两侧可以分别做不同的动作:如骑自行车、一只手转纸另一只手用剪子剪圆圈。

这个阶段婴幼儿的运动具体发展如下。

2 岁至 2 岁 6 个月:这个阶段,随着身体和空间意识的不断提高,宝宝的姿态和平衡感也得到提升,随着流向大脑的各个感官信息实现统合,大脑能够做出更加精确的反应。

同时,运动计划能力也得以进一步提高。平衡感和协调性对于宝宝来说非常重要,不管宝宝在这个过程中,遇到怎样的障碍和瓶颈,要坚信宝宝是没问题的。

2 岁 6 个月至 3 岁 6 个月:这个阶段,伴随着感官统筹和身体单侧运动能力的发展,大脑进入又一显著的快速发展阶段,幼儿进入这个阶段后,就逐渐发展成儿童了。他们开始认识他人,认知事物,并且记忆。这个阶段的宝宝,可以开始玩各种不同大小的球,会骑小三轮,能快速跑步,但有时还会跌倒,会使用剪刀,能端装水较满的水杯,能自己脱裤子衣服、穿裤子、穿没有纽扣的衣服;能画直线和简单人物、风景画。

此外,在这个年龄段,玩球的技巧和细节也要教给宝宝,不只是为了训练宝宝的手指意识、视觉和交叉式协调能力,更是为了提高宝宝对整个身体的认知,以及如何使用这些身体部位,从而获得更多的感官信息并发送给大脑,为今后完成更复杂的运动打下基础。

(二)语言发展

这时期是从单纯哭声到口头语音发育、计数发展的关键期。

宝宝到了 2 岁,开始对爸爸妈妈的语言产生反应。随着月龄的增加,宝宝开始逐渐受爸爸、妈妈语言的影响,语言能力开始由单双词句向完整的词句发展,由于发音器官不完整,会存在许多语音错误。例如会把"汽车"发成"汽汽"或者"车车",会用 b 代替 g、k,会把"老公公快快来"变成"老蹦蹦派派来"等。

2 岁 6 个月应该完全能够用语言表达自己的需求和想法。会说 50 多个字,发音已比较清楚;说到自己时,会用"我"这个代词,而不是用小名来表示自己;说到别人时,能正确地用"你"这个代词,而不再以"妈妈""爸爸""小花"相称;能指对身体上的 7 个部位;能模仿书中人或动物的动作;能把 4 块方木排成一列,组成一个火车;能模仿画直线和圆圈,画的垂线与实际垂线之间的夹角小于 30°,但画得弯弯曲曲的,画的圆圈并不圆,也许接不上;会说儿歌,但还不能准确地念出来,大多只能说出儿歌的开头和结尾几个字;能表示钥匙或钱币的用途,拿着钥匙时会准备开门,看到钱币时会放进口袋里,还同时发出汽车行驶的声音。

到了 3 岁,词汇量达到 200 个字以上,会使用礼貌用语,和大人进行完整的对话,表达自己的想法等;说话内容开始丰富,会使用礼貌用语,能和大人进行完整的对话,表达自己的想法等,并对语言有了一定理解,会自己故意重复说一些自己认为有意思的词逗笑。

(三)心理发展

这时的宝宝开始了人生的第一个逆反期,特别任性、难管、让人生气,哭闹起来很凶,但只要一满足他的要求,马上就露出笑脸。此时的情绪很不稳定,且都是暂时的、爆发性的。同时,宝宝开始会有意识地寻求与父母的亲近,获得父母的情感支持等行为,当父母在时,他们可以将父母作为安全基地进行游戏,出现了对照顾者持续稳定的情感。

这一时期孩子的特点如下。

(1)自我意识发展非常强烈。

(2)凡是都要自己做,被要求做什么都回答"不",所以大人要多给孩子选择,而不要命令或者控制。

(3)突然黏人、怕孤单,此时家长要多温柔陪伴和适度满足,注意原则性。

（4）很容易情绪化，总是跟大人较劲，此时家长要和善而坚定地陪伴，多共情。

（5）不会合作，有问题直接武力解决，此时家长不要批评指责，如没有危险，最好不干预。

（6）不会分享，想要别人玩具直接抢，此时家长不要批评指责，如没有危险，最好不干预。

3岁是一个培养情商的关键期，如何培养孩子的情商呢？

（1）品质的培养：每天抽一定时间和孩子聊天，让他讲讲幼儿园的生活，然后引导孩子养成一些好的品德。也可以通过读故事的方式引导，一个故事讲完后用简单的话总结这个故事所体现的那些好品质。不断重复，加强印象。

（2）爱心和同情心的培养：利用一切机会引导孩子具备爱心，知道关心别人，同情弱者。例如，平时在路上看见乞丐可以引导孩子关爱他们，还可以引导他爱护动物和植物。

（3）独立自主能力的培养：让孩子自己的事情自己做，提供机会让他决定一些事情，比如穿衣服给他两件衣服，让他自己选择喜欢的；出去玩可以让他选择玩的地方。平时他要自己做事情，尽量不要拒绝，如果要拒绝，需要告诉他原因，并对他的这种热情给予肯定。

当孩子两三岁的时候，出现了最初的自我概念，开始出现"给我""我要""我会""我自己来"等自我独立意向，如果这时幼儿的独立活动要求得到满足和成人的支持，将开始建立自我肯定情感，相反则容易产生退缩行为。大多数活动，包括学习，对于幼儿来说都是新鲜而有趣的，那么厌学情绪是怎么产生的呢？这很可能是成人喜欢以"简单的命令"使然，孩子容易因此对劳动和学习产生对立情绪或厌恶心理。

美国心理学家曾对1500位儿童进行长期追踪观察，30年后发现20％的人没有取得什么成就。与其中成就最大的20％的人对比，发现最显著的差异并不在智力方面，而在于个性品质不同。成就卓著者都是有坚强毅力、独立性和勇往直前等个性品质的人。可见孩子的独立品格对成长和成才是何等重要。

独立性是指一个人独立分析和解决问题的能力，它是社会生存及进行创造性活动必备的心理品质。幼教专家指出，生存教育的根本在于培养独立性，包括独立意识和独立能力，重点培养自理生活能力。

独立性的培养必须从小抓起。首先就是要求"摆脱成人控制"。2～3岁幼儿自我意识开始萌芽，言语和动作的发展迅速，对周围世界的认知范围扩大。他们喜欢到处看到处摸索，不要成人抱着，甚至不愿让人拉着手走路。他们已经能表达自己的意愿，对成人要他干的事，往往回答"不"。对自己要干的事又说："我会，我自己来。"

3岁宝宝发脾气如何应对？

首先，在孩子正发脾气时，不管他现在的语言能力有多好，都不要试图和他讲道理。家长要保持冷静，甚至表现得很轻松。如果家长提高嗓门、怒火升级，只会让情况变得更糟糕。如果可能，先别管他。但如果你们是在公共场合，要尽快带他离开现场，到自家的汽车上，或者到一个人比较少、不影响别人的地方去。

其次，在应对3岁宝宝发脾气时，还有一点特别需要注意，即千万不要对这个年龄段的孩子妥协，因为对孩子妥协会留下隐患。你的孩子会因此记住，遇到不合心意的事，大闹一场就可以解决了。

最后，以赞赏教育为主：多表扬，多鼓励。不要打孩子，那是最伤害孩子心灵的，不要讲粗话,注意以身作则。

三、养育建议

（1）如果一直孩子都是跟大人睡在大床上,2 岁一定要分床,但婴儿床可以在大人房间,和大床有一定的距离。

（2）如果是孩子的玩具,不要强迫孩子分享。

（3）如果孩子因为想要别人玩具,可以帮助孩子学习如何文明地和别人商量。

（4）2 岁前后可以开始进行排便训练,购买孩子喜欢的便盆,让孩子学习有需要就去坐坐。

（5）2 岁完全可以吃跟大人相同的饭菜,只是最好注意少油盐。

（6）2～3 岁也是充分做足入园前准备最重要的阶段,学习:自己吃饭、自己入睡、自己穿衣脱衣、自己如厕……作为父母,有义务和责任,给孩子机会在 3 岁前学习到能够完全照顾好自己,如果一直对孩子过度照顾、替代,就是剥夺孩子自我成长、自信、对自己负责的机会。

（7）营养建议。

① 忌食油炸、油腻、块大、质硬食品。

② 刺激性大的食品如咖啡、浓茶、辣椒、胡椒等应避免食用。

③ 含粗纤维多的蔬菜如芥菜、黄豆芽、金针菜、甘蓝菜、咸菜、泡菜等 2 岁以下的幼儿不宜食用。

④ 胀气食品如洋葱、生萝卜、豆类等,幼儿仅宜小量食用。

⑤ 熔点高的油腻食品如羊、牛、猪的脂肪及油炸甜腻食品等尽量少吃。

⑥ 带核水果如橘、樱桃、葡萄等宜榨汁供食,西瓜宜去子生食,桃、杏、李等宜小量煮食。

⑦ 带刺的鱼、带壳的虾蟹、蛤类、带骨的禽、兽类,经过去刺、去壳、去骨后,可供食用。

⑧ 整粒的硬果如花生、核桃、杏仁、榛子等须经磨碎或制成酱后,再供幼儿食用。

以上食物不仅容易引发孩子的胀气、过敏等体质方面的不良反应,更有可能对生命安全造成隐患。所以,请看护人一定要注意。

⑨ 合理烹调方式:幼儿主食以软饭、麦糊、面条、馒头、面包、饺子、馄饨等交替食用;蔬菜应切碎煮烂,瘦肉宜制成肉泥或肉末,易为咀嚼、吞咽和消化;硬果及种子类食物,如花生、黄豆等应磨碎制成泥糊状,以免呛入气管。幼儿食物烹调宜采用蒸煮等,不宜添加味精等调味品,以原汁原味最好。

⑩ 每天足量饮水,少喝含糖高的饮料。1～3 岁的宝宝,很多味道的东西不能吃,甜的成了首选,但是不要在饮料和食物里加过多的糖。

⑪ 吃太多不好。不要强迫孩子吃太多,孩子的胃比大人要脆弱,吃太多孩子的胃不易消化,容易导致腹胀,那样孩子会很难受,吃东西适可而止。

⑫ 在良好环境下规律进餐,重视良好饮食习惯的培养,不要利用食物作为奖励引诱孩子,不要让孩子对吃饭有罪恶感。

⑬ 鼓励幼儿多做户外游戏与活动,合理安排零食,避免过瘦与肥胖。

⑭ 确保饮食卫生,严格餐具消毒。

同 步 实 训

面向家长的早期教育指导

1. 实训目的

加深学生对面向家长的早期教育指导的认识。

2. 实训安排

(1) 学生分组参加早教中心面向家长的活动。

(2) 分析活动中面向家长的早期教育指导出现的问题及其原因。

3. 教师注意事项

(1) 由育婴师考证的具体考题导入对面向家长的早期教育指导的学习。

(2) 提供一些简单案例,供学生讨论。

4. 资源(时间)

1 课时、参考书籍、案例、网页。

5. 评价标准

表 现 要 求	是否适用	已达要求	未达要求
外在表现(参与度、讨论发言积极程度)			
对家长的指导是否符合规范			

知 识 结 构

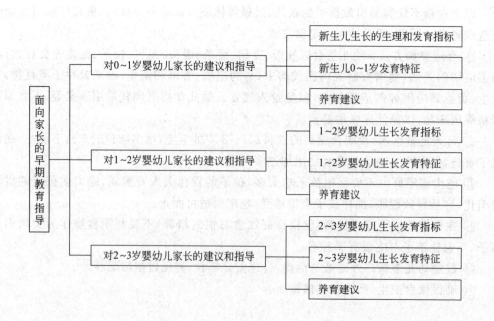

教学做一体化训练

一、重点名词

1. 大脑发育

2. 身体平衡感

3. 辅食

二、课后讨论

1. 0～3 岁各阶段孩子身体发育的指标有什么不同?

2. 0～3 岁各阶段孩子身体的发育特征是怎么样的?

3. 在孩子的成长过程中,其心理发展过程是怎么样的?

三、课后自测

案例:有三个同岁男孩,一个叫小杰,一个叫 Karl,另外一个叫小骆。4 年前,他们年龄都是 2 岁,同在一个幼教机构的亲子园。到了 3 岁,该上幼儿园了,由于三个孩子家庭的原因,有两个孩子离开了。小杰去了福中幼儿园,Karl 跟着爸爸回到家里,只有小骆仍然留下。

三种环境有差别吗?

小杰去的幼儿园,是一个大房地产商办的,不说大家都知道,设施齐全条件好。Karl 回到的是家庭,家庭对孩子来说应是世间最美好的地方。小骆留在的是普普通通的小区幼儿园。三个孩子都是好苗苗,只是暂时改变了教育环境。

三种环境有截然不同的教育方式:福中幼儿园让孩子们尽情地玩耍,3 个老师带三十几个学生,小杰算是突出的,什么都学,什么都会,回答问题却什么都说不清楚。Karl 在家里有爸爸做伴,专注地玩,专注地学习,再也不愿意去幼儿园。小骆所在的小区幼儿园,孩子们不打架就行了,有时也能看到老师带领一队小朋友在草坪上散步。一个玩、一个学习、一个散步,三种环境有三种特点鲜明的育儿方式。

三种果实,哪个更让人喜爱?

时过境迁,转眼幼儿园的生活已经结束,三个孩子都是 6 岁的小顽童了,聚在一起玩耍,个个活泼可爱。三种教育方式的结果也出来了,小杰的特点是:能把小朋友的玩具搞到手,小朋友还心服口服。Karl 能够在电脑上制表、写日记;会用英语简单对话;打乒乓球可以战胜哥哥姐姐;能解一元一次方程;还能够为爸爸妈妈煮饭,智商是 160,在 6 岁里算是很高了。小骆在草坪上踢球,倒地铲球射门最漂亮,其他方面就比较普通。三年的教育成长,如果把三个孩子看成三种成熟的葡萄,由小学这个"酿酒厂"选择原料,学校更愿意优先选择哪一种葡萄呢?

请大家分析一下三位不同孩子所受环境的影响以及带来的影响。

课 后 推 荐

图书：

1. 蔡迎旗.学前教育概论[M].武汉：华中师范大学出版社,2006.

2. 刘晓东,卢乐珍,等.学前教育学[M].南京：江苏教育出版社,2009.

3. 姚伟.学前教育学[M].长春：东北师范大学出版社,2012.

网站：

1. 上海学前教育网：http：//www.age06.com/age06.web/.

2. 中国幼儿教师网：http：//www.yejs.com.cn/.

电影：

1. 阳光宝贝(babies),托马斯·巴尔姆斯,法国,2010.

2. 小孩不笨,梁普智,新加坡,2002.

附：早教机构简介。